“十四五”职业教育国家规划教材

“十四五”职业教育江苏省规划教材

“十三五”江苏省高等学校重点教材

新编21世纪高等职业教育精品教材

市场营销系列

公共关系实务

第四版

主　编／霍瑞红

副主编／郑爱翔　陈　律　郁小芳

中国人民大学出版社

·北京·

前言

党的二十大报告提出，“以中国式现代化全面推进中华民族伟大复兴”，要“不断提升国家文化软实力和中华文化影响力”，“讲好中国故事、传播好中国声音，展现可信、可爱、可敬的中国形象”，这就要求我们深入实施“人才强国战略”，“引导广大人才爱党报国、敬业奉献、服务人民”，不断提升其人文综合素质和公关职业素养。

“一只南美洲亚马孙河流域热带雨林中的蝴蝶，偶尔扇动几下翅膀，可以在两周以后引起美国得克萨斯州的一场龙卷风。”“蝴蝶效应”在新媒体和自媒体传播时代对组织的影响日渐凸显，也掀起了组织公关活动的新风暴。一言一行乃形象，一举一动皆公关。坐在4S店汽车引擎盖上的维权女士、掀翻“权健帝国”的刷屏文章无不显示中国已经进入全民公关传播时代。这就对身处复杂变革时代的各类组织提出了更高层次的公关战略与战术要求。是否可以这样说：对于组织公关而言，这是最好的时代，也是最坏的时代?! 新时代、新环境、新技术对各类组织的公共关系创新提出了新的挑战。

本书是在2020年出版的《公共关系实务（第3版）》的基础上加以修订的。结合党的二十大报告中“功以才成，业由才广”的人才培养宗旨，以及新时代条件下新媒体的传播特点及对组织公关的影响，本书在修订时突出了以下几点：

1. 案例更富有时代特征及启发性。此次修订，我们对案例进行了全面更新，尤其是中国的几家典型企业，如华为、腾讯等，其发展壮大离不开公关的成功。因此在选择案例时，我们尽可能地引入这些优秀企业的公关案例，以提供更多更好的中国智慧、中国方案、中国力量，保证案例更具有时代感，也更富有借鉴性和启发性。

2. 增强中华文明的传播力和影响力，渗透爱国主义教育。我们在每一个项目后增加了“项目核心能力与公关素养自评”，以强化学生公关职业能力训练。同时，为了提升学生的人文素质修养并渗透爱国主义教育，我们有意识地在选择案例及补充一些视频资源时突出新中国发展的伟大成就，传播中华文明，彰显文化自信，增强学生的民族自信心及政府形象的美誉度。

3. 教材体系与内容更加完善，符合时代发展要求。党的二十大报告明确提出要“加强国际传播能力建设，全面提升国际传播效能”。结合新时代组织公关特点，我们对项目六任务三下的“自媒体时代组织危机公关处理”的内容和项目七“任务四　认知新媒体公关传播”的内容进行了修订，以使新内容更加凸显时代特征，并力求使教材体系与内容更加完整、新颖。

4. 注重运用现代信息技术，积极开发多样性、趣味性和延伸性教学素材，增加动画、视频等数字化教学资源，建设动态、立体、共享的课程教材资源库。

本次教材修订工作由无锡职业技术学院霍瑞红副教授、郑爱翔教授、陈律副教授和郁小芳老师共同完成。为了增强教材的应用性和实践性，我们还特别邀请无锡力马化工机械有限公司副总经理刘必东就企业公关案例给予修订指导，在此表示衷心的感谢！同时，我们还要感谢无锡职业技术学院崔平教授，他对教材修订工作提出了很多宝贵的建议，谢谢他的帮助与指导。

在编写、修订本书的过程中，我们吸收了国内外同行的大量研究成果，借鉴和引用了有关著作、论文和网站的相关文献资料及数字化资源，在此深表谢意；同时，我们还要感谢给予我们帮助和支持的中国人民大学出版社的各位编辑。由于水平有限，我们恳请各位同行赐教指正。

时代在奔跑，社会在进步，公关实践与理论探索也日新月异，让我们深刻领会党的二十大精神，紧跟时代发展的步伐，用公关之光照亮组织发展之路。

霍瑞红

目录

导 引

无锡力马化工机械有限公司是一家经改制而成的规范化股份制企业，具有 50 多年发展历史，现为国家高新技术企业，是国家“863 计划”智能机器人主题产业化基地，其产品在国内同类产品中处于领军地位。公司以“我们能做得更好”为发展信念，秉承“优质，因为专业；名牌，源于精品；创新，彰显特色；双赢，来自诚信”的核心经营理念，赢得了国内外市场的广泛认可，市场占有率行业领先。随着国家“一带一路”倡议的实施，公司积极拓展海外市场，并将战略重点转移到企业形象塑造和客户关系维护上，以推动客户成功为己任，为客户创造价值，努力迈向“互联网＋”新时代。为此，公司高度重视公关事务部建设，专门聘请公关专家对部门员工进行公关知识和业务的培训。培训师在开场白中说道：

从现在开始，让我们遨游在公关知识的海洋，驾驭公关实践的方舟，扬帆起航吧！希望大家掌握公关的真谛：

公关人员——事必躬亲行

公关过程——润物细无声

公关运作——十年磨一剑

公关效果——日久见人心

公关传播——好风凭借力

公关目标——更上一层楼

图 0-1 是培训师为该公司设计、安排的培训内容流程图。

我们的教材也依此流程展开。

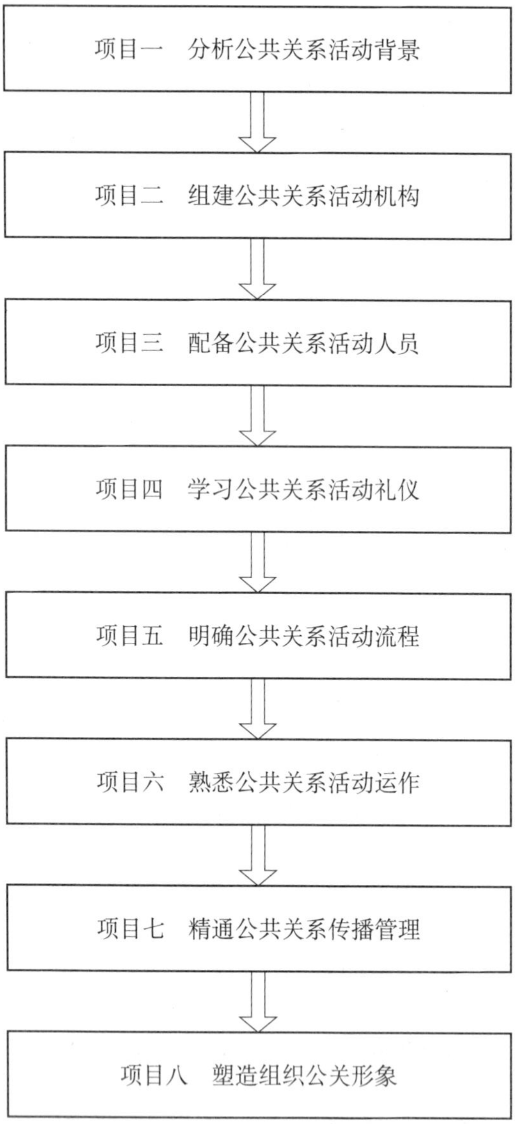
项目一　分析公共关系活动背景
项目二　组建公共关系活动机构
项目三　配备公共关系活动人员
项目四　学习公共关系活动礼仪
项目五　明确公共关系活动流程
项目六　熟悉公共关系活动运作
项目七　精通公共关系传播管理
项目八　塑造组织公关形象

图 0-1　培训内容流程图

项目一 分析公共关系活动背景

公关之源，源于发展

公关的全部的、真正的内涵，是把钱和物的交换，升华到情感的交流。

——原海尔集团总裁张瑞敏

项目解析

任何组织的生存与发展都离不开“天时、地利、人和”。公共关系作为一门协调组织与相关公众之间关系的科学与艺术，越来越受到社会各界的广泛重视，并被不断地加以创新运用。它既是现代社会经济高速发展的“衍生品”，也是信息传播技术的“展示台”，更是组织生存发展的“助推器”。本项目主要介绍公共关系的定义和要素、公共关系的起源、公共关系的职能及目标、公共关系的对象。

项目目标

1. 知识目标

（1）了解公共关系的基本要素和本质属性。

（2）明确公共关系的职能和公关对象。

（3）掌握公共关系的三大目标。

2. 能力目标

（1）能够帮助组织挖掘公关元素并分析公关活动背景。

（2）能够深入认识公关活动价值，培养公共关系意识。

3. 素质目标

（1）培养科学素养，注重人文积淀。

（2）正确认识国情，树立责任担当意识。

公关聚焦

公关之光照耀中华民族复兴之路

从公关学角度看，一定的组织借用特定的媒介，把某类信息传达出去就是公关。公关效果如何，就要看组织与特定时代背景结合的巧妙度，取决于最后酝酿出来的信息流的冲击波和感染力。

政府作为社会管理组织，也需要通过领导人公关来提升自身在百姓心目中的美誉度和信任度。但只有真正将人民的冷暖放在心上，真正为老百姓谋福祉的政府和领导人才能赢得百姓的拥戴。看看我们的习近平总书记是怎么做的吧！

2013 年 3 月，习近平总书记在莫斯科国际关系学院演讲时提出："实现中华民族伟大复兴，是近代以来中国人民最伟大的梦想，我们称之为'中国梦'，基本内涵是实现国家富强、民族振兴、人民幸福。"

2013 年 11 月，习近平总书记在与十八洞村群众交谈时称自己是"人民的勤务员"。这位"勤务员"，关心百姓冷暖，记挂老人友朋，平易近人，走遍祖国大江南北，访贫问苦、探望老人……

1-1 习近平的百姓情怀

2019 年 8 月，习近平总书记到甘肃考察。在敦煌莫高窟，习近平主动上前与来自大江南北的游客亲切握手。一双、两双、无数双激动的手伸过来，习近平用他有力而温暖的手一一接过。远处的游客热情欢呼着，习近平频频向他们招手致意，表达着他对人民的热爱。黄河岸边，市民们讲起了幸福感，习近平总书记幽默地说："你们幸福的一个原因还有兰州拉面。"几十年前梁家河的老百姓最大的心愿是"能吃顿肉"，习近平总书记一直惦念着。正是因为这种对人民的深厚情怀，党的十八大后，中国政府以前所未有的力度实施脱贫攻坚战。

2020 年 4 月，习近平总书记到陕西考察。他深入自然保护区、贫困山区、社区、学校、企业等，了解秦岭生态环境保护、脱贫攻坚、复工复产等情况，就统筹推进新冠疫情防控和经济社会发展工作、打赢脱贫攻坚战进行调研，看望慰问干部群众。

2021 年 3 月，习近平总书记赴福建考察调研。他先后到武夷山国家公园智慧管理中心、星村镇燕子窠生态茶园、朱熹园，了解生态文明建设、茶产业发展和传统文化传承等情况。

多年来，习近平总书记始终把人民放在第一位，把带领中华民族走上复兴之路作为行动指南。习近平到山西考察时，特意看望晋绥边区的老战士们。这既是尊老，更是对初心、赤子之心的始终不忘！在北京市八一学校，习近平与母校老教师们畅谈。满满的回忆，深深的关切，尊师重教，总书记作出了榜样。习近平踏雪走进内蒙古兴安盟阿尔山市伊尔施镇林业工人家，察地窖、摸火墙，坐炕头、拉家常。人心暖了、亮了……在河北省阜平县龙泉关镇骆驼湾村困难户唐荣斌家，习近平拿起桌上的药瓶仔细查看，嘱咐老人多多保重身体。细心的关照，仔细的叮嘱，家人般的话语，润物无声。

悠悠万事，民生为大。习近平总书记在2024年新年贺词中指出：“我们的目标很宏伟，也很朴素，归根到底就是让老百姓过上更好的日子。”各级政府要以人民为中心，持续增进民生福祉，不断增强人民群众的获得感、幸福感、安全感。

思考

1. 何为公关？→ 理解公共关系含义
2. 何时诞生？→ 探究公共关系起源
3. 为何公关？→ 了解公共关系职能
4. 对谁公关？→ 明确公共关系对象

任务一　理解公共关系含义

任务目标

完成本任务，你要理解公共关系的定义和本质属性，了解公共关系的三大要素。

任务布置

1. 在当地选择一家组织，分析说明其组织类型及公众构成，帮助组织识别公共关系现状，明确其主要公关对象及公关方向。

2. 搜集并查阅某企业发展历程资料，了解公关实践对企业发展的价值和促动力，增强公共关系意识。

一、公共关系的定义、基本要素与本质属性

公共关系一词是舶来品，英文为“Public Relations”。其中，“Public”可译作“公共的”“公开的”，也可译作“公众的”；“Relations”则可译作“关系”。因此“Public Relations”的中文表述可称为“公共关系”，也可称为“公众关系”，简称“公关”。

（一）公共关系的定义

公共关系作为一门新兴学科，从产生起，其理论体系就涉及不同的学科领域，实践应用的范围也相当广泛，因此人们对公共关系的理解也众说纷纭，大致可概括为以下几种：

1. 管理说

“管理说”强调公共关系在组织的生存和发展中承担着管理职能。正如著名公共关系

学者雷克斯·哈罗（Rex Harlow）博士所说："公共关系承担着一种独特的管理职能。它帮助一个组织建立并维持与公众之间双向的交流、理解、认可与合作；它参与处理各种问题与事件；它帮助管理者及时了解公众舆论，并对之作出反应；它明确并强调管理部门为公众利益服务的责任；它作为社会变化趋势的监视系统，帮助管理者及时掌握并有效地利用社会变化，使管理者与社会变动保持同步；它把健全的、正当的传播技能和研究方法作为主要的工具。"

2. 传播说

"传播说"侧重于公共关系的传播属性。著名公共关系学者弗兰克·杰夫金斯（Frank Jefkins）认为："公共关系就是一个组织为了实现与它的公众之间相互了解的目标，而有计划地采用一切对内和对外的传播方式的总和。"

3. 传播管理说

"传播管理说"将"管理说"和"传播说"结合起来，强调公共关系是组织的一种特定的传播管理行为和职能。著名公共关系学者詹姆斯·格鲁尼格（James Grunig）教授认为："公共关系是一个组织与其相关公众之间的传播管理。"

4. 咨询说

1978年8月，国际公共关系协会发表的《墨西哥宣言》中这样定义："公共关系是一门艺术和社会科学。它分析趋势、预测后果，向机构领导人提供意见，履行一系列有计划的行动，以服务于本机构和公众的共同利益。"

5. 关系说

"关系说"强调公共关系是一种公众性、社会性的关系或活动。公共关系先驱爱德华·伯纳斯（Edward Bernays）曾说过："公共关系是一种处理一个组织与公众或者是决定该组织活力的公众之间的关系的职业。"而普林斯顿大学资深公共关系教授希尔兹（H. L. Chils）认为："公共关系是我们从事的各种活动、所发生的各种关系的统称，这些活动与关系都是公众性的，并且都有其社会意义。"

6. 协调说

"协调说"认为公共关系主要是协调组织与公众之间的社会关系，"维持企业的营利性和社会性的平衡就是公共关系"。

7. 形象说

组织对公众所开展的所有公关活动都是想办法引起公众的注意，并赢得公众的赞赏和支持，因此公共关系的最终落脚点是为组织塑造良好的形象。"形象说"认为"公共关系是组织为了塑造组织形象，通过传播沟通手段来影响公众的科学与艺术"。

上述公共关系定义各有侧重。归纳起来，我们基本上可以从中看出公共关系的本质、任务、职能、目标和宗旨，从而概括出公共关系的全貌。

第一，公共关系的本质是组织借助一定的传播手段而开展的一系列管理活动。

第二，公共关系的任务是协调组织和各类公众之间的关系。

第三，公共关系的职能是在收集信息的基础上，了解公众对组织实施的政策和行为的评价，并依据公众的评价来改善组织的公关状态，提升组织的美誉度。

1-2　公共关系的定义

第四，公共关系的目标是为组织树立良好形象，获得组织内外公众的信任与支持，创造“天时、地利、人和”的优良生存发展环境。

第五，公共关系的宗旨是诚实、开放、互惠互利。

根据上述认识，公共关系的定义可描述如下：公共关系是组织利用一定的传播手段，使自己与公众之间形成双向交流、相互了解和相互适应的管理活动。

智慧火花

公关通俗解

公共关系——“90%靠自己做得对，10%靠宣传”。

公共关系——“让大家爱我”。

公共关系——“信与爱的结合”。

公共关系——“争取对你有用的朋友”。

公共关系——“一门研究如何建立信誉，从而使事业获得成功的学问”。

公共关系——“博得公众好感的技术”。

公共关系——“一个建立公众信任、增进公众了解的计划方案”。

公共关系——“就是讨公众喜欢”。

公共关系——“说服和左右大众的艺术”。

（二）公共关系的基本要素

公共关系的基本要素可概括为三个，即“组织”“传播沟通”“公众”。“组织”和“公众”是公共关系的承担者，分别是公共关系的主体和客体；“传播沟通”则是连接主体和客体的“桥梁”，其本质是组织与公众之间信息的双向交流通道，如图 1－1 所示。

图 1－1　公共关系三要素

（三）公共关系的本质属性

从图 1－1 中可以看出，公共关系三个要素之间的联系就是组织与公众之间通过传播沟通所形成的信息双向交流。公共关系既是一种组织的传播沟通关系，又承担一种组织的传播沟通职能，还是一门组织的传播管理学科。

传播沟通是贯穿整个公共关系的一条主线，是现代公共关系理论的精髓，因此组织与公众之间的传播沟通就是公共关系的本质属性。

过去，人们对公关的理解就是“说服”，就像公共关系先驱爱德华·伯纳斯所说：“大众就像黏土一样，你爱怎么捏，就怎么捏。”然而，随着公众的自主性和社会影响力大增，现在的公关则把大众提升到和组织平等的地位。2012 年，美国公共关系协会（PRSA）将公关的定义修改为：“公关是策略沟通的过程，目的是建立组织和公众之间的互惠关系。”这个定义摒除了过去由上到下的“管理”概念，转而强调与大众对等的“契合”（engagement）和“关系建立”，即现代公关更加强调传播沟通。

智慧火花

什么是公关？

公共关系，简而言之，就是一个组织通过传播手段对其利益相关者施加影响，以达到提升公众形象的目的。在这句话中，组织、利益相关者、传播手段、施加影响是四个核心的词汇。正确理解这四个关键词，能够帮助我们正确理解公关的内涵。

组织可以是政府、企业、学校、非政府组织（NGO）等任何一个机构，也可以是国家、城市、社会和人群。利益相关者因组织性质的不同而有所不同。例如，政府的利益相关者主要是公民、企业、社区居民、媒体等，企业的利益相关者主要是消费者、投资者、员工、政府、媒体等，NGO 的利益相关者主要是社会公众、政府、企业、媒体等，国家和城市的利益相关者是公民、外来访问者（游客和投资者）、企业以及其他国家和城市等。媒体是所有组织与其利益相关者进行沟通的有效工具。

传播手段多种多样，包括新闻报道、信息发布、宣传册、宣传片、网站、广告、软文、活动、营销（包括微博、微信营销）、赞助、游说、危机应对、社会责任报告、品牌沟通、形象传播等。公关专业人员针对不同的事件和人群，选择最有效的传播手段与公众进行沟通。公关传播通常具有战略性、计划性、目的性、针对性、过程性、整合性、操作性、灵活性、互动性以及公众性等特点。其中，战略性、过程性、互动性与公众性是区别公关传播与新闻传播、广告传播和市场营销传播的主要特征。

传统公关公司开展的主要业务是新闻发布、新闻稿撰写与投放、产品展示活动和社交活动。由于网络媒体的影响力日益增强，越来越多的公关公司开始重视使用新媒体传播工具（如博客、论坛、微博、微信、微视频、App 等）来帮助所服务的客户传播信息，施加影响，塑造形象。新媒体传播工具对青年一代产生的影响力是传统媒体无法替代的，公关公司应思考如何更有效地利用新媒体传播工具为客户开展全媒体服务。

公关对利益相关者施加的影响有四个层级：（1）建立认知度，即让利益相关者认知和了解组织；（2）建立认同度，即让利益相关者认同组织的价值观（包括伦理道德），以及组织所倡导的社会公益事业，如环保和节能；（3）建立喜爱度，即让利益相关者喜欢这个组织，喜欢组织的文化、社会使命感、经营理念、行为方式、仪表形象等；（4）建立信任度，即让利益相关者信任组织的愿景、承诺和负责的态度，特别是在组织发生危机的时候。

资料来源：范红．什么是公关［J］．国际公关，2012（3）．

二、公共关系的三大要素

（一）组织——公共关系的主体

组织是公共关系的主体，它是所有公共关系状态和活动的主体承担者。没有组织，公共关系也就不复存在。

在现代公共关系中，组织是指按照一定的宗旨、目标和形式联系起来的社会群体或社会集团，具体可包括：

（1）经济组织。凡是承担经济领域中的生产、交换、流通、分配等职能的组织就称作经济组织，如比亚迪股份有限公司、腾讯、中信银行等。

（2）政治组织。政治组织集中体现了社会某阶层的利益，具有政治职能和权力职能，包括政党组织、国家政权组织（中央及省市的政府机构）、司法组织及各种军事组织。

（3）教科文组织。教科文组织是满足人们文化生活等方面精神需要的组织，其基本职能是组织文体活动和教育科研活动，既包括文学、戏剧、影视、音乐、舞蹈、美术、书法、曲艺等文化艺术组织，也包括教育组织、体育组织、卫生组织、科研组织及各种学术和科研团体、协会等，如北京大学、无锡市人民医院等。

（4）群众组织。群众组织具有广泛的群众性职能，包括工会组织、青年组织、妇女组织、公益性组织、群众性协会和团体（如中国消费者协会、无锡市机电五金行业协会等）。

（5）宗教组织。宗教组织由具有共同宗教信仰的人组成，如少林寺、中国佛教协会、中国天主教爱国会等。

（6）社区组织。社区组织具有社区性职能，如居委会、业主委员会等。

任何一个组织都不是独立存在的，而是置身于一定的社会环境之中的。组织为了实现自己的目标、履行社会职能，就需要营造一个有利于自身生存和发展的最佳环境。这就需要组织处理好与各类公众的关系，谋求“好风凭借力，送我上青云”的境界，争取公众的理解、信任和支持。

公关大舞台

绽放公关力量　见证公关价值

2023年12月7日，由中国国际公共关系协会（CIPRA）主办、中青旅联科（北京）数字营销有限公司承办的第十九届中国公共关系行业最佳案例大赛暨2023中国公关嘉年华颁奖典礼在北京万达文华酒店隆重举行。来自中国外交、新闻、商务等领域的重要嘉宾，以及众多著名公关专家和公关从业者汇聚一堂，共同见证了这一行业盛典。

伴随着激情澎湃的音乐，第十九届中国公共关系行业最佳案例大赛颁奖典礼正式拉开帷幕。CIPRA名誉会长吴红波在致辞中表示，2023年的中国公共关系行业呈现出良好的发展势头，随着国家政策的支持和市场需求的增长，市场规模逐步扩大，服务模式不断创新，技术驱动明显。第十九届大赛既借鉴了国际经验，又结合了中国公共关系行业实际情况，符合当前公共关系传播趋势。大赛中获奖者们拼搏奋斗，充分发挥了自己的潜能，为我国公共关系行业的健康、有序发展作出了贡献。未来，随着中国崛起为世界大国，中国公共关系领域的潜力无限，将继续保持稳定发展，为社会各界提供更加专业、高效的服务。

中国公共关系行业最佳案例大赛迄今已举办了十九届，一直秉承“公开、公正、公平”的原则，总结公关实务经验，提炼公关专业成果，极大地提升了行业整体的专业技术和服务水平。本届大赛正式启动后，受到了业界和社会的广泛关注和支持。大赛的组织和评审根据中国公共关系行业发展的现实特点，并借鉴国际公共关系协会（IPRA）“世界最佳公共关系案例”的评选标准，由企业、公关公司、学术、媒体等资深人士组成的评委会，对所有案例进行跨界、联合、公平公正的评审，最终产生各奖项，有力地推动了中国公共关系行业的专业化、规范化、国际化发展。

中国公共关系行业最佳案例大赛自1993年创办以来，受到了众多全球500强企业、中国政府部门以及公共关系专业机构的积极响应。大赛旨在搭建交流学习的平台，汇集业内同仁的聪明才智，推动更多的优秀公关公司做大、做强、做精，鼓励其承担更多的行业责任和社会责任。

中国公关嘉年华是中国公共关系行业最具影响力的年度盛会，由CIPRA公关公司工作委员会主办，旨在促进业内人士的良好互动，传播公关正能量，向社会展现公关人的风采。

资料来源：第十九届中国公共关系行业最佳案例大赛暨2023中国公关嘉年华颁奖典礼在京隆重举行[EB/OL].（2023-12-08）[2024-06-10]. 中国国际公共关系协会网.

（二）公众——公共关系的客体

公众是公共关系传播沟通的对象。公共关系的全部工作都是针对公众来开展的，所以说公众就是公共关系的客体。公众虽然在公共关系活动中处于被影响、被作用的地位，但并不是盲目被动地接受一切影响，他们会根据自身的利益作出判断和反应，并采取相应的行动。因此要想与公众保持良好的关系，争取公众的理解和支持，首先就要了解公众所好。常言道：投其所好，对症下药。只有有针对性地对公众进行传播、与公众进行沟通，才能达到事半功倍的效果。

《现代汉语词典》把“公众”定义为“社会上大多数的人”。公共关系中的公众是指与某个组织直接或间接相关的个人、群体和组织，他们与该组织的目标和发展具有实际或潜在的利益关系，并对其产生影响。

公共关系是影响和吸引公众的艺术，如果离开它所指向的客体——公众，那么所有的公关活动都将成为“无源之水”“无本之木”。在组织发展过程中，由于其所面对的公众数量众多，且分属于不同的区域、单位和群体，对组织产生的影响力也不尽相同，因此，组织要做好自己的公共关系工作，首先要做的就是明确自己的公众对象，对公众进行分类。

（1）按公众与组织的内外关系可以分为内部公众和外部公众。

1）内部公众。此类公众是指组织内部的员工、股东或投资者等。

2）外部公众。此类公众是指组织范围外部的公众，如顾客、政府、竞争者、社区、新闻媒介等。

（2）按公众对组织的态度可以分为顺意公众、逆意公众和边缘公众。

1）顺意公众。此类公众对组织的政策和行为持赞同和支持的态度，组织可以维系并强化与他们的友好关系，以寻求依赖和支持。

2）逆意公众。此类公众往往对组织的政策和行为持否定和反对态度，是组织迫切需要改善其态度的公众。组织应尽可能缩小逆意公众队伍，并通过各种政策和活动来改变其态度，再慢慢将其转化为顺意公众。

3）边缘公众。此类公众是指对组织的政策和行为持中立态度或态度不明朗、不明确表态的公众。

组织在开展公共关系工作时，要通过多种沟通方式和手段稳住顺意公众，转化逆意公众，争取边缘公众。

（3）按公众对组织的重要性可以分为首要公众、次要公众和一般公众。

1）首要公众。此类公众是指与组织关系密切，关系组织的生死存亡，对组织具有决定性作用的重要影响力的公众。所以组织要集中人力、物力和财力来维系和改善同首要公众的关系。这类公众有企业的员工、投资者、消费者、供应商、政府主管部门等。

2）次要公众。此类公众虽然不直接影响组织的生存和发展，但间接地影响组织的各种活动和利益，如金融公众、社区公众、新闻媒介公众等。因此，组织也应尽可能地协调好与此类公众的关系，为组织的发展创造一个良好的“人和”环境。

3）一般公众。此类公众对组织的生存和发展影响较小，但组织也要对其予以密切关注，避免此类公众成为组织发展中的阻碍。

（4）按公众与组织发生关系的时间频率可以分为临时公众、周期公众和稳定公众。

1）临时公众。此类公众是指因某一临时因素、偶发事件或专题活动而形成的公众，如因某小区商品房质量问题而涉及的所有业主，因餐馆油烟排放而受到危害的居民，因醉酒驾车而被伤害的无辜路人及其家属等。“天有不测风云”，每个组织都有可能因突发事件而承受来自临时公众的压力，因此组织要未雨绸缪，提前做好各类应急预案，及时处理与临时公众发生的各种摩擦及纠纷，迅速化解矛盾。

2）周期公众。此类公众是指按一定规律定期出现的公众，如每年新学期开学的学生及家长、春节回家的务工人员等。组织可以针对周期公众有计划、有组织、有目的、有准备地传播信息，并开展一系列公共关系活动。

公关大舞台

网红帐篷，爱的帐篷

700余顶彩色的帐篷整齐地排列着，像一道道落在地上的彩虹。2019年8月28日，天津大学迎来2019级新生。为了方便学生家长住宿，天津大学在北洋园校区和卫津路校区共同搭建700余顶“爱心帐篷”。这已是天津大学第8年为送学家长提供“爱心帐篷”，这一贴心举措受到了广泛好评。

据了解，每逢开学季，大学校园旁边的宾馆总是一房难求，许多来自外地的送学家长面临落脚难题。天津大学针对这一问题，从2012年到2019年，连续8年为送学家长提供免费短期住宿服务，帐篷、枕头、防潮垫等必要物品一应俱全。除此之外，馆内配备了饮水机、卫生间、洗浴室等可供家长使用，还开放了空调，为家长们提供清爽入住体验。

连续多年为送学家长提供住宿的“爱心帐篷”已经成为网红，也成为天津大学迎新的一张名片。

资料来源：池如渊．【2019迎新】八年相伴，天津大学“网红帐篷”再次为新生家长提供免费住宿[EB/OL]．(2019-08-28)[2024-06-15]．天津大学新闻网．

3）稳定公众。此类公众是指具有稳定结构和稳定关系的公众，如老客户、老主顾、社区人士和宾馆、饭店的常客等。稳定公众是组织中最基本的公众，也是组织得以生存和发展的源泉，因此每个组织都会针对自己的稳定公众开展各种公共关系活动。例如，万科每逢节假日都要组织业主开展各项活动等，以加深与稳定公众之间的亲密关系，进一步提升自己在稳定公众心目中的美好形象。

(5）按组织对公众的态度可以分为受欢迎的公众、不受欢迎的公众和被追求的公众。

1）受欢迎的公众。此类公众是指组织希望与其建立和发展关系，对方也迎合组织的需要并主动对组织感兴趣的公众。这是一种两相情愿、一拍即合的关系，对双方的发展都有利，如为组织做正面宣传的记者，主动上门的投资者、合作者等。

2）不受欢迎的公众。此类公众是指想与组织建立和发展关系，而组织出于多方面的考虑不愿接触、力图躲避的公众，如向组织乱要赞助费的团体或个人、欲揭露组织短处的记者等。

3）被追求的公众。此类公众是指组织对其一厢情愿，希望与其建立和发展关系的公众，而公众却缺乏应有的热情，需要组织努力去争取和追求。例如，权威新闻媒介、政府要员、社会名流等，任何组织都愿意与他们建立联系，借以扩大组织的知名度和美誉度。

（三）传播沟通——公共关系的媒介

公共关系工作的中心就是运用传播沟通媒介使公共关系的主体（组织）与公共关系的客体（公众）相互理解、相互合作。因此，传播沟通是连接主客体的桥梁，是公共关系的媒介和载体，没有传播沟通，便没有公共关系。

1. 传播沟通的含义

传播沟通是指人与人之间的信息传递、交换与分享。传播沟通的含义主要有三方面的内容：(1) 信息的传递；(2) 信息的交换；(3) 信息的共享。

图1-2展示了公共关系传播沟通模式的四个要素。其中，反馈指的是传播者获知接收者是否以及如何接收信息的过程。反馈的过程也是检验传播沟通效果的过程。可见，公共关系的传播沟通体现了信息的双向沟通。

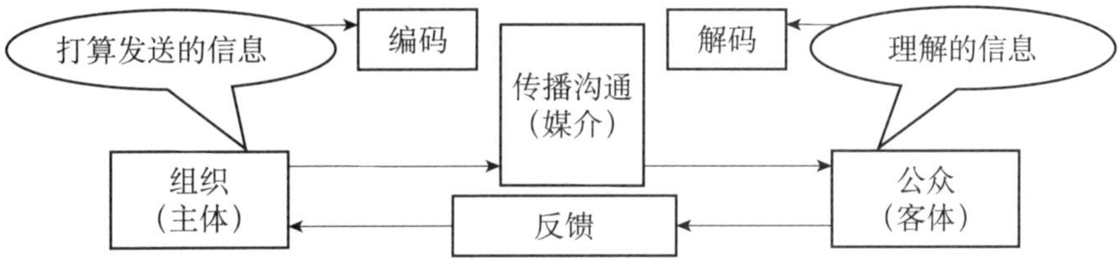

图1-2　公共关系的传播沟通模式

公关大舞台

浦发银行的跨界与传播

体育赛事一向是营销与公关传播连接最紧密的活动，尤其在中国，公众对国际体育赛事中国家队的表现关注度十分强烈，加之人口基数与爱国情结的影响，使国内体育IP (Intellectual Property) 的高热度成为一个“恒温”区域。《中国体娱IP跨界价值研究报告》显示，新兴综艺品类中有35.6%的观众喜欢观看体娱类综艺，体育爱好者占其中的34%。

浦发银行信用卡作为国内金融行业的知名品牌，在2019年韩国举办的世界游泳锦标赛上，签下国家跳水队与游泳队作为品牌代言人，并同时签下2019年亚洲大洋洲飞盘锦标赛独家特约合作方。金融行业在体育赛事中的营销本就是难以发挥的，而这次浦发银行信用卡可谓是有备而来。

1. 双方理念高度契合

这次品牌代言合作中能够使品牌与代言人团队产生共鸣的理念便是“有梦敢享”，品牌方的“梦”字精神与代言队伍的“逐梦”精神恰好实现了高度统一的理念契合，能够在公关传播过程中给公众留下足够的关联记忆与深刻印象。

2. 公关传播与营销连贯

品牌方抓住国家队的热度与赛事中突出表现带来的热点高潮，对赛事的实时动态进行跟踪，借助海报、图片及视频等多种内容创作形式紧跟话题，以抓住公众关注度。在网络端，品牌方还联合体育领域的关键意见领袖（Key Opinion Leader，KOL）进行内容合作输出，能起到在公众记忆中强化品牌形象的作用，也能借由体育赛事带来的情绪影响力完成与公众的话题互动，形成情感共鸣，并加深目标人群对品牌的好感度，将品牌“有梦敢享”的理念传播到年轻人群体。

品牌方在公关传播策略中充分利用网络主流媒介开展传播，并立足于微信与微博营销平台，实现新兴赛事项目在科普、观赛有感等方面进行多形式、多维度的实时报道，促进公众对品牌与赛事的认知和理解并产生和谐而顺畅的关联记忆，同时跟进相关 App 主题积分活动拉动公众参与营销活动的热情。

资料来源：公关传播与跨界营销的融合［EB/OL］.（2019-07-31）［2024-06-12］. 搜狐网.

2. 传播沟通的类型

传播沟通包括个体自身传播沟通、人际传播沟通、组织传播沟通与大众传播沟通四种类型。

（1）个体自身传播沟通。这是指人们为了平衡自我而进行的自身传播和自我交流，如自我反省、独自思考、自我安慰、自言自语等。个体自身传播是人类传播中最基本、最原始的形式，是人类一切传播沟通的基础。只有实现良好的个体自身传播沟通，才有可能更好地与外界进行传播沟通。

（2）人际传播沟通。这是指人与人之间的个体传播，如面对面直接进行交流和通过电话、网络等方式进行的非面对面的人际交流。这是最常见、最广泛的传播沟通方式。面对面的传播沟通一般通过语言媒介和表情、动作等身体媒介进行交流；非面对面的传播沟通除前面提到的电话、网络等方式外，还可通过录音机、录像机等电子媒介和书信、图片等文字媒介进行交流。

（3）组织传播沟通。这是指组织与其成员及其他组织之间的信息交流。组织与其成员之间的传播沟通主要有正式传播沟通和非正式传播沟通两种形式。正式传播沟通是指通过组织规定的正式渠道进行信息沟通，主要采用自上而下的下行沟通和自下而上的上行沟通的垂直方式进行传播；非正式传播沟通则是在正式传播沟通渠道之外进行的信息交流，如领导与员工之间融洽和谐的感情交流，员工与员工之间私下交换意见，这种沟通的具体方式主要是平行的横向传播。组织与其成员之间的传播沟通除了面对面的传播沟通之外，其他形式的传播沟通一般依靠组织的内部信息通道来进行，如机关报、广播、内部网络、文件、简报、板报、告示牌等。

组织与其他组织之间的传播沟通，即组织与其外部环境的传播沟通比较复杂，传播的主体是组织，传播的对象则十分广泛，传播以组织为中心，具有明确的目的性和可控性。

(4) 大众传播沟通。这是指职业传播者（如新闻工作者）通过大众传播媒介（如报纸、杂志、广播、电视和网络等）将大量复制的信息迅速、广泛地传递给人数众多、成分复杂的公众的一种传播活动。这种传播沟通的特点是传播者高度专业化和组织化，传播媒介高度现代化和技术化，传播对象大众化，信息反馈呈间接性和缓慢性，传播内容具有公开性和公共性。

大众传播沟通媒介的类型包括两大类：平面传播沟通媒介和电子类传播沟通媒介。前者包括报纸、杂志、书籍等，后者包括广播、电视、网络等。

任务二 探究公共关系起源

任务目标

完成本任务，你要了解公共关系的起源，知道公共关系史上的一些代表人物及其观点，了解公关理论及实践的历史发展脉络。

任务布置

广泛查阅各种文献及资料，了解公关理论和实践的前沿动态及发展趋势，拓宽公关专业视野，提升公关创新意识。

公共关系作为一种社会现象、一种思想意识观念、一种社会活动，古已有之，但作为职业和学科，却诞生于19世纪末20世纪初的美国。

一、早期公共关系

公共关系虽然是在19世纪末20世纪初才出现的，但像任何事物都有其胚胎、雏形一样，具有公关意识的思想和活动早在古代便已出现，只是当时人们并未认识到公共关系的意义，也尚未采用科学、系统的方法来美化形象，所以仍属于早期公共关系或公共关系的萌芽时期。

公共关系的源头可追溯到人类文明的多个发源地。当时的统治阶级虽然更多的是依靠国家机器——军队、监狱等暴力工具来维持他们的统治，但舆论手段的运用在处理其与民众的关系上仍然具有重要的地位，“水能载舟，亦能覆舟”就是当时统治阶级的认识。虽然“公共关系”一词在几千年前尚未出现，但作为人类的一种实践活动却古已有之。

在国外，考古学家在伊拉克发现了公元前1800年古巴比伦王国的一份农场公告，告诉农民如何播种、如何灌溉、如何对付病鼠害、如何收获庄稼等，这很像现代农业组织发布的宣传材料。这一发现被称为人类历史上最早的公关活动痕迹。

在古罗马，统治阶级更加重视民意，并提出“公众的声音就是上帝的声音”。整个社会都推崇沟通技术，一些精通沟通技术的演说家往往因此而被推选为首领。据记载，古罗马的独裁统治者恺撒就精通沟通之术。面对即将来临的战争，他通过散发各种传单来展开大规模的宣传活动，以便获得民众的支持。他甚至为此还专门请人写了一本记录他功绩的纪实性著作《高卢战记》，该著作成为一部纪实性的经典之作并广为流传。这些活动堪称古代社会公共关系实践活动的典范。

在中国，自发的公关活动亦广泛存在。相传在尧舜时代，部落联盟在交通要道竖立“诽谤木”，鼓励世人向部落联盟进谏。春秋战国时期，游说之风盛行，策士、门客四处游说，宣讲思想和主张。《文心雕龙》一书中有云：“一人之辨，重于九鼎之宝，三寸之舌，强于百万之师。”

1-3 公共关系的起源

当然，当时的公共关系只能算是一种“准公关”，其主要形式是人际传播，无论层次、范围还是效果都相当有限。

二、中期公共关系

中期公共关系萌芽于美国。在美国的独立战争中，独立运动的领导人利用集会、游行、展览、庆祝等机会，以诗歌、漫画、雕像等手段，宣传自己的政见，号召人民行动起来赶走殖民者。在美国获得独立后的总统竞选活动中，现代公关中常见的一些手法已经被普遍采用，如利用报刊、小册子宣传自己的政治主张，利用与选民见面、握手等机会与选民联络感情，最终达到拉选票的目的。

19世纪30年代，美国新闻传播业发展迅猛，大量廉价的媒介引发了一场“报刊宣传活动”，又称“便士报运动”。这场运动可以说是公共关系职业化的雏形，客观上造就了一大批深谙新闻传播的职业化公关人士。

在这场声势浩大的“报刊宣传活动”中，最有代表性的人物就是费尼斯·泰勒·巴纳姆(Phineas Taylor Barnum)。巴纳姆是一家马戏团的老板，以制造和杜撰神话而闻名于世。

巴纳姆曾制造过这样一个典型神话：他所拥有的马戏团里有一位黑人女演员海斯，在100年前曾经抚养过美国第一任总统乔治·华盛顿。这一消息发布后引起了轰动。巴纳姆趁机以各种笔名向报社寄去表明不同看法的“读者来信”，引起一场争论。于是很多人抱着好奇心纷纷到马戏团看个究竟，使马戏团票房收入猛增。海斯死后，尸体解剖表明，她只有80多岁，根本不像巴纳姆宣传的那样活了160多岁，也根本不可能抚养过华盛顿总统。可此时巴纳姆却宣称，他本人也是受骗者。实际上，巴纳姆早已从这场他策划的争论中得到了好处。

正是巴纳姆这种“神话式的宣传”，使得公共关系在起步时就违背了职业道德，因此该时期被业内称为“公众受愚弄时期”、“公共关系黑暗时期”或“反公共关系时期”。因为巴纳姆恪守的信条是“公众要被愚弄”“凡宣传皆是好事”，全然不顾公众利益，不顾职业道德，以与公关传播沟通背道而驰的欺骗手段赢得丰厚的利润和“名声”，所以这注定成为公共关系史上不光彩的一页。

当时，这种利用新闻媒介愚弄公众的现象，引起了新闻媒介的不满。据统计，1903 年至 1912 年的 10 年间，有 2 000 多篇揭丑文章发表，同时发表的还有社论和漫画，形成了美国近代史上著名的“清垃圾运动”（又称为“扒粪运动”“揭丑运动”）。

三、现代公共关系

（一）“说真话”时期——现代公共关系的开始

艾维·李（Ivy Lee）提倡“说真话”，认为“公众必须被告知”。艾维·李毕业于普林斯顿大学，是新闻记者出身。他认为单纯地把阴暗面揭露出来是一种消极的做法，并不能完全解决问题，应该用积极合作的态度，想办法消除误会、改变现状，而消除误会最好的办法是将事实真相告诉新闻界，采取信息公开的政策，这样不仅可以消除误会，还可以监督企业行为并促进其改善。他为了实现自己的理想，于 1903 年创办了第一家公共关系事务所，成为第一位通过向客户提供公关服务而收取佣金的职业公关专家。这标志着公共关系职业化的诞生。有学者将“说真话”时期称为艾维·李时期。

艾维·李的公关思想是“公众必须迅速被告知”和“向公众说真话”。他认为一个组织要获得良好的形象和声誉，不能依靠向公众封锁消息或以欺骗手段来愚弄公众，而是应将与公众利益相关的所有情况都告诉公众，以此赢得理解和信任。1906 年，艾维·李平息了美国无烟煤矿大罢工事件，还为洛克菲勒财团与宾夕法尼亚铁路公司处理了危机，重塑了形象。从此，他成为蜚声国内的公关专家，被誉为“公共关系之父”。

（二）“投公众所好”时期——现代公共关系的成熟

美国学者爱德华·伯纳斯以其杰出的研究，成为公共关系学的创始人，使公共关系进入了科学化阶段。有学者将“投公众所好”时期称为爱德华·伯纳斯时期。1923 年，他首次在美国纽约大学开设了公共关系课程，把公共关系引入了大学讲堂。同年，他撰写并出版了被誉为公共关系理论发展史上的里程碑著作《公众舆论之凝结》，为公共关系奠定了基本理论和方法体系。伯纳斯公共关系思想的核心是“投公众所好”，主张获得公众的谅解与合作应当成为公共关系的基本信条。如果说艾维·李的公共关系只有艺术而没有科学，那么伯纳斯的公共关系已开始既讲艺术又讲科学了。伯纳斯的理论探讨和公共关系实践为公共关系的职业化、科学化作出了重要贡献。从此，公共关系成为一种专门职业、一种艺术和一门科学。

公关大舞台

地球一小时活动日 “行动！共创未来”

地球一小时（Earth Hour）是世界自然基金会（WWF）应对全球气候变化所提出的一项全球性节能活动，提倡于每年 3 月最后一个星期六的当地时间 20:30（2024 年地球一小时时间为 3 月 30 日 20:30），家庭及商界用户关上不必要的电灯及耗电产品一小时，以此来表明他们对应对气候变化行动的支持。

2024 **年地球一小时活动日的主题是“行动！共创未来”。**

地球一小时活动的参与者遍布全球 190 多个国家和地区，他们共同呼吁关注自然资源破坏和气候变化的双重危机。在这个特殊的时刻，全球许多城市地标将同步熄灯，WWF 也同步邀请世界各地的人们、社区、商圈、企业共同参与到这一行动中来，关闭不必要的照明，用实际行动表达对环保的支持与承诺。

地球一小时活动日不仅一小时

地球一小时不仅是一个简单的熄灯仪式，更是我们对地球的承诺和行动。在熄灯的时刻，我们思考自己能为地球做些什么，并付诸实践。

1-4　2019 年“地球一小时”宣传片

地球一小时不仅是一个环保倡议，更是一个激励人们立刻采取行动、保护地球家园的积极信号。

地球一小时也不只有熄灯，鼓励每个人根据自己的生活方式和兴趣，以自己喜欢的方式来参与这一活动。您可以与家人一起制作环保手工艺品，与朋友分享绿色生活方式，或者加入当地的环保组织，参与环保行动。无论是亲近自然、了解自然，还是学习和了解自然保护、可持续发展和可持续的日常行为，我们都可以为地球献出一小时，为我们家园的环保洁净作出一份贡献。

资料来源：刘小歆，郭治权．众说节日｜地球一小时活动日“行动！共创未来”［EB/OL］．(2024-03-30)［2024-07-10］．百家号网．

（三）“双向对称”时期——现代公共关系的完善与提升

20 世纪 50 年代后，公共关系的理论和实践得到了迅猛发展，掀开了公关学科新的一页，它更加强调“双向沟通、双向平衡、公众参与”。

1952 年，著名公共关系学者斯科特·卡特里普（Scott Cutlip）和艾伦·森特（Allen Center）合作出版了一本公共关系学方面的权威著作——《有效的公共关系》。书中提出了“双向对称”的公关模式，把公共关系看成是组织与公众之间的一个互动过程，揭示了现代公共关系的真正本质。此书提出的“四步工作法”，即公关调查、公关策划、公关实施和公关评估，为公共关系这门学科奠定了方法论基础。此书多次再版，成为公共关系领域具有权威性的教科书之一。有学者将“双向对称”时期称为斯科特·卡特里普时期。

任务三　了解公共关系职能

任务目标

完成本任务，你要理解组织开展公共关系活动的必要性和重要性，认知公共关系活动的有效开展能帮助组织实现认知度、美誉度与和谐度。

任务布置

1. 查找资料了解两位网络达人。分组讨论：这两位网络达人有何不同？从公关角度探析两者的行为差异及形象差异，进一步理解公关内涵，并挖掘公关价值。

2. 请以当地一家组织为分析主体，调查了解该组织在公众心目中的认知度、美誉度与和谐度，并分析说明其近期的主要公关方向及重点。

公共关系不仅为组织的生存和发展创造了良好的外部环境和内部条件，而且渗透到社会生活的各个方面，并对社会生活产生了积极的影响。

一、公共关系的职责

公共关系的职责是指公共关系在组织的经营管理过程中发挥何种作用，即组织为什么要开展公共关系活动。根据公共关系理论及实践，公共关系的职责表现在收集信息、辅助决策、传播推广、协调沟通和提供服务上。

智慧火花

公关的核心价值——说真话

公共关系和广告、宣传虽然同属传播管理，但各自演绎的角色不同且具有明显的差异性。广告的传播对象是消费者，广告希望告诉消费者独特的产品或服务信息。宣传强调的是发送主体期望影响公众的信息。可见，广告和宣传是以单向传播为基调的。而公共关系则不同，虽然同样面对公众，但公共关系强调的是告知真相，让公众知道正在发生什么事情。公共关系从业人员的行为要专业化，要以真实、准确、公正和责任感面向公众。公共关系要为真诚对话建立道德、心理及智力方面的条件。一系列的关键词如真相、真实、真诚对话，强调了传播管理以“真”为前提。公共关系强调的是以双向传播为目标，即传播者与接收者都认为自己的意见能够影响对方，只有这样才能达成有效沟通。著名的定位理论创始人之一阿尔·里斯（Al Ries）在谈及公关、广告与品牌关系的时候明确指出，公共关系具有可信度，而广告没有。公共关系创造品牌，广告保卫品牌。

说真话是公共关系行业的核心价值。正是因为公共关系具有高度可信的特征，它适合扮演品牌建筑师的角色，适用于同日益多元的公众达成双向沟通。公共关系的任务是建立信誉，信誉是公共关系的价值所在。

资料来源：谢景芬．说真话是公关的核心价值［J］．国际公关，2010（5）．

（一）收集信息

公共关系的首要职责就是通过收集信息、监测环境来建立组织的预警系统。公关人员应运用各种调查分析方法，提高组织对复杂多变的公众环境的敏感度，帮助组织收集信息、监视环境、反馈舆论、预测趋势、评估效果，以维持组织与整个社会环境之间的动态平衡。

1. 与组织形象有关的信息

第一，组织形象信息。组织的整体形象体现在公众对组织所有要素的评价上。这些要素包括：公众对组织机构的评价，公众对组织管理水平的评价，公众对组织人员素质的评价，公众对组织服务的评价。

第二，产品及服务形象信息。对于经济组织而言，产品形象是其组织形象的客观基础，具体体现在产品的质量、性能、品种、款式、价格、包装等方面。其中，产品质量是影响组织形象的关键因素。

2. 组织环境中的各种社会信息

组织的发展不可避免地受各种社会环境因素的影响。因此组织可通过公共关系活动的开展，来监测社会变化趋势，收集社会政治、经济、文化、科技、军事、时尚潮流、民俗民情、舆论热点等各方面的动态信息，分析其对组织的各种直接或潜在的影响，以充分挖掘环境中的有利因素，避免不利因素，以保持组织与社会环境变化的动态平衡。

（二）辅助决策

公共关系部门是组织的“智囊团”，它在组织管理中起着“参谋”的作用：

（1）为确立决策目标提供咨询建议。

（2）为决策提供信息服务。

（3）协助拟定和选择决策方案。

（4）从公共关系角度评价决策效果。

（三）传播推广

公共关系通过履行传播推广职责，将组织的有关信息借助某种媒介渠道及时、准确、有效地传播出去，争取公众对组织的理解和信赖，提高组织及其产品、人员的知名度和美誉度，从而帮助组织营造良好的社会舆论，并树立良好的社会形象。

智慧火花

企业公关传播的星级大战

在广告费越来越难以承受、在媒体种类与数量越来越多、在消费者产生资讯焦虑的今天，公关成了企业品牌传播的重要武器。就好像几年前曾经流行的“公关第一，广告第二”所指出的，公关传播在很多企业的传播手段中起着越来越重要的作用。然而，公关的手法同样有高下之分，就目前的企业公关手段来看，不同级别的手段都占据着公关的舞台。

一 星 级：自娱自乐，自我夸赞

策略思想：自我宣讲

表现方式：自己组织公关活动，自己说自己好

传播思路：

处于这个级别的公关传播思路，基本方式就是自我宣讲，通过媒介发稿件，举行以产品发布为主题的新闻发布会，来向社会证明自己的东西就是好。这类公关手段充斥着各种报纸的版面，如报纸上写的“××企业近期发布了一款××产品，质量处于世界先进水平”，就是这类公关的经典写照。这类公关手段通常用于企业刚起步或者产品刚上市阶段，因无人知晓，所以只有自己夸自己。

二 星 级：不管好坏，只要曝光

策略思想：全面曝光

表现方式：正面新闻与负面新闻夹杂讲

传播思路：

很多企业或品牌希望在短期内就提升自己的知名度和影响力，因此不管什么手段似乎都可以使用，典型的表现方式就是用一些公关事件营销，制造一些具有轰动效应的话题，引起社会关注。例如，某广告公司在北京建造一间防弹厕所，一下成为社会新闻的焦点。对于一个可以不认真考虑长远的品牌形象，且当前处于不知名状态的品牌来说，全面曝光无疑是一个可以四两拨千斤的策略，不过也不能滥用，否则后期有些负面东西如果被放大了，会很难消除。

三 星 级：让别人说自己好

策略思想： 证言策略

表现方式： 寻找形象代言人，找意见领袖夸自己

传播思路：

公关有时候需要做得看不出破绽，就不能自己夸自己，自己夸自己是初级阶段的公关，聪明的公关应该知道利用别人的嘴巴来讲自己想讲的话，因此，这类公关的常态就是“借势升云”，其实就是找形象代言人、找专家、找意见领袖来说自己好。这种“证言”方式威力不小，特别是当很多消费者很难区分众多品牌差异的时候，有品牌权威人士推荐，就会使消费者的信心倍增。对于那些想提升自己品牌价值的企业来说，让别人说自己好无疑是一种不错的方式。

四 星 级： 声东击西

策略思想： 迂回策略

表现方式： 不提与自己产品相关的太多东西，而是用其他活动表现自己的形象

传播思路：

大部分的公关手段都太功利，明眼人一看就知道是厂家的故意炒作，在这种情况下，有一半消费者会跑掉。而高明的公关常常不露声色，比如卖药品的，常常邀请你参加一些健康检查活动，又是给你上课，又是请你参加活动，还给你小礼品，直到你要离开的那一瞬间，才将广告小心翼翼地塞进你的口袋，甚至有些人直到与你混熟了，才说要不你买点什么吧，这个时候你因为刚开始参加的活动而没有了防备，于是就容易接受。迂回策略比直接策略更有威力，因此这种策略运用得很普遍。

五 星 级： 说行业，说责任，不说自己

策略思想： 植入策略、关联策略

表现方式： 不提自己，不提产品，而是说社会责任，说行业价值

传播思路：

最高层次的公关莫过于高瞻远瞩、表现自己是行业领导企业、达到忘我境界的公关。当你在进行一次具有社会责任的传播的时候，你可以不提竞争对手，也可以不说自己，这样你可以得到更多的社会支持，因为大家都会认为这样做的企业其实是一点都不功利的企业，而且实际上你传递的是一种隐形的高端形象。人们因为你做的事情而把你的企业当作一个有高端价值的企业看待，从而把你的企业与别的企业区分开来。赞助活动、支持公益事业等都是这种策略的最佳体现，既提升了品牌，又得到了传播，还得到了支持，而且有助于企业品牌的长期建设。

资料来源：肖明超．公关策略分五星，你的企业是几星［EB/OL］．(2007-11-02)［2024-06-14］．和讯网．

（四）协调沟通

公共关系可帮助组织建立与社会环境之间的协调沟通机制，并通过各种协调沟通手段，为组织疏通渠道、发展关系、广交朋友、减少摩擦、化解敌意、调解冲突，成为组织运作的润滑剂、缓冲器，成为组织与各类公众交往的桥梁，为组织的生存、发展创造“人和”的环境。内部关系的协调，能增强组织凝聚力；广泛的社会沟通，有助于建立和谐的社会环境。

（五）提供服务

对于公共关系工作，其本质就是一种服务，它的管理职能和日常业务都具有明显的服务性质。在组织内部，其为各个业务部门和职能部门服务；在组织外部，其为社会提供服务。公共关系工作的成效也需要以其服务的质量和水平来衡量。公共关系通过信息性、传播性、协调性、支持性、辅助性的服务使组织内部运转更加顺畅，使组织外部环境更加和谐、美好。

二、公共关系的三大目标

公共关系的主体——组织，是人们为了实现特定的目标而建立的系统。作为一个系统，组织必须制定明确的组织目标。所谓组织目标，指的是组织争取达到的一种未来状态，是组织开展各项活动的依据和动力。公共关系承担着组织的一种管理职能，这种职能希望通过公共关系工作的开展，帮助组织达到树立组织形象、与公众共创和谐关系的状态。公共关系的目标涉及组织与公众的长远关系，可将其概括为拥有较高的认知度、美誉度与和谐度。

（一）认知度

“认知”英文为 cognition，意为认识、知晓。认知度是一个组织被公众所认识、知晓的程度，包括被认识的深度、被知晓的广度两个方面。

认知度与知名度相比，其内涵更加丰富。它不仅指组织的名声在多大范围内被公众所知晓，而且指组织有多少信息被公众所认知。任何组织开展公共关系工作，其目标之一就是希望拥有较高的认知度。

（二）美誉度

美誉度即一个组织获得公众赞美、称誉的程度，是公众给予组织美丑、好坏评价的舆论倾向性指标。美誉度与认知度不同：认知度是中性的，不存在道德价值的判断；而美誉度则是有褒贬倾向性的评价指标，是对组织道德价值的判断。

(三) 和谐度

与美誉度一样，和谐度也属于对组织道德价值判断的范畴，是美誉度在目标公众中的延伸，即一个组织在发展运行过程中，获得目标公众态度认可、情感亲和、言语宣传、行为合作的程度，是组织从目标公众出发、开展公共关系工作获得多少回报的评价指标。

一个组织在认知度、美誉度与和谐度上的提高，可以帮助组织内聚活力、外塑形象、广结善缘，营造良好的发展环境，帮助组织插上腾飞的翅膀。

任务四　明确公共关系对象

任务目标

完成本任务，你要能够清晰认知组织的公共关系对象，了解组织应遵循的公关原则。

任务布置

在当地寻找两家企业，调查分析这两家企业的内外部公关现状，比较其优缺点，并提出相应的改进建议。

对于公共关系的研究对象，可以从两个角度来理解：一是公共关系学的研究对象，二是公共关系工作的对象。这里着重介绍公共关系工作的对象。

组织与公众的关系，究其根本就是利益关系。协调组织与公众的关系，就是要找到组织与公众的利益相关点，了解公众需求及喜好，有针对性地开展公共关系工作，构建共生共赢的和谐关系。目前，组织的公共关系工作的开展有两个方向，一是内部公共关系，二是外部公共关系。

一、组织内部公共关系

组织内部公共关系包括员工关系和股东关系。其工作目的在于加强组织内部团结、提高组织整体素质，为开展对外公共关系工作奠定良好的基础。

(一) 员工关系

处理好员工关系就是要深度挖掘并满足员工的物质生活需求和精神生活需求，同时处理好组织内部关系，以充分调动员工的积极性，提高员工的创造力和战斗力。

1. 满足员工的物质生活需求

物质生活的需求是人类最基本的需求。员工参加工作的最直接目的是以劳动来获取报酬，员工也只有在满足基本生存需求的前提下，才能有其他需求的热情。组织满足员工的物质生活需求的具体措施包括：

（1）重视员工的工资收入。员工的工资收入是影响组织与员工关系最基本、最敏感的因素。一方面，组织应尽量提高员工的工资收入，保证员工的物质生活水平不断提高；另一方面，为了更好地发挥工资收入对员工的激励作用，组织应严格遵守“各尽所能，按劳分配”的原则。

（2）重视员工的福利待遇。员工的福利待遇是组织向员工提供的又一项物质利益，是增强组织凝聚力的具体表现。它主要包括：社会保险、医疗保险、教育培训、子女入学等。改善员工的福利待遇，不仅可以解除员工的后顾之忧，而且可以培养他们的集体主义精神，并使之转化为持久的工作热情。

（3）改善员工的工作环境。员工的工作环境不仅影响组织形象，也影响员工关系。不断改善劳动条件和劳动环境，认真做好劳动保护和安全工作，是组织应尽的义务，也是员工应享受的合法权益，而且良好的工作环境对提高劳动生产率、调动员工积极性、协调组织与员工的关系也具有十分重要的意义。

公关大舞台

善待员工就是赋能企业未来

广东中山一家橡胶公司近日贴出通告称，从2021年10月起，不论职位、工龄，所有员工一律调升28%的工资。“又是别人家的公司”，消息传出，绝大多数网友一片“啧啧”的羡慕声。

这则消息的背后，有着一个温暖的故事——疫情期间，公司员工不离不弃，出钱出力帮助公司共渡难关。这一年多来，公司生意好转，效益提高。员工投之以桃，老板报之以李，用涨工资这样的方式感谢员工对公司的付出。老板与员工同患难、共甘甜，充满着患难与共的温情，映照出人与人之间最朴素的善意。

突如其来的疫情，对企业发展造成了巨大的挑战。国家的政策扶持固然重要，但发挥企业员工的主观性和能动性，齐心协力，方能共渡难关。如广东中山这家橡胶公司，关键时刻员工有钱出钱、有力出力，甚至连做饭的阿姨都捐出了自己的积蓄，由此形成了强大的凝聚力和向心力，这正是企业爬坡过坎、应对一切风险挑战的根本。

企业在渡过了难关，走上了正轨后，也开始积极回馈员工，所以才有了现在集体涨薪28%的温暖故事。劳资双方在这样的一种良性互动中，可以说有情有义，彼此扶持。其实，无论在何种情况下，企业和员工都是利益共同体、命运共同体、事业共同体，彼此应相向而行、携手共进、互相成就。从企业发展角度看，善待员工，维护好和谐的劳动关系，就是为企业未来赋能。

善待劳动者，是企业经营者的美德，也是企业成功的秘诀。越是困难面前，越需要公司与员工的双重坚守与彼此支撑。只有让劳动者收入多一点、待遇好一点、权益更受保护、人格更受尊重，才能让企业行稳致远。

资料来源：唐伟. 善待员工就是赋能企业未来[N]. 湖南日报，2021-11-17(11).

2. 满足员工的精神生活需求

精神生活需求既包括人们自由地发挥自己创造性的需求，又包括人们对各种精神产品的需求。不同的员工因其文化素养、工作性质、个人经历和志趣爱好的不同，其精神需求也存在明显的差异。一般来说，员工所关注的精神生活需求主要集中在：尊重员工的主人翁地位，提高员工的责任感；合理地开发和利用人才，增强员工的自信心；提高组织的向心力，增强员工的自豪感；引导员工在日常工作中寻求生活的乐趣和意义。组织通过培养员工对本岗位、本组织的责任心、自信心和自豪感，使每位员工获得心理上的平衡与精神上的满足。组织满足员工的精神生活需求的具体措施包括：

(1) 培养员工健康向上的价值观，提高员工的忠诚度。员工的价值观是决定组织盛衰的一个根本因素，每个组织必须有一个基本信念和目标以维系、动员和激励全体员工，充分调动他们的积极性和主动性，为实现组织崇高的目标而努力奋斗。

(2) 切实保障员工的主人翁地位。员工只有以主人翁身份和感觉存在于组织中，才能把组织的发展看成是一种人生的自我实现，才能以塑造组织良好的形象为己任，通过自己的具体工作，为组织的良好形象增光添彩。

(3) 承认和尊重员工的个人价值。一般而言，组织追求的是团体价值，但团体价值是与团体中每一个成员的个人价值相联系的。组织价值需要通过个人价值来实现。因此，组织应当尊重员工的个人价值，引导员工的个人价值趋同于组织价值，使员工获得认同感与成就感，从而激发员工的活力和创造力。

公关大舞台

宗庆后的善举与员工的福祉

在这广袤的世界中，总有一些人如闪耀的星辰，用他们的善良和大爱照亮周围的人。宗庆后，便是这样一位令人敬仰的人。他的善行如春风拂面，温暖着每一个人的心灵，让人们不禁泪目。

宗庆后一生都在为员工的幸福而拼搏。他日夜操劳，心无旁骛，将全部精力都投入到工作中。他无暇享受生活，因为他深知自己肩负着两万多名员工和无数家庭的责任。他曾说："我要维护他们的利益。"这句朴素的话语，蕴含着他对员工深沉的关爱。宗老的人生目标简单而坚定：踏实办企业，让员工安心工作。他的公司为员工提供了丰厚的退休金，社保基数更是高达上限。即使是外地员工，也能按照杭州的标准享受社保待遇。

宗老的关爱无处不在。他看到公司门口的保安在烈日下站岗，心中满是不忍，立刻下令拆除高台。当员工的儿子身患重病时，他毫不犹豫地拿出 30 万元，挽救了一个生命。在追思会上，员工们泣不成声，念叨着宗老的好。一位年轻的父亲带着小女儿来到现场，他告诉女儿："你们上学的学校是宗爷爷捐助的，娃哈哈希望小学。"

1998 年的九江抗洪，他慷慨解囊；他还资助了众多山区的贫困教师。2020 年，虽然经济环境艰难，但公司员工的年均工资仍有 11 万多元。在追思会上，离职的员工赶来悼念，他们讲述着宗老的仁义。一位员工请假 4 个月，每月仍能领到 5 000 多元的工资，年终奖更是高达 17 000 多元。还有一位员工，因为宗老的捐助，第一次坐上了飞机，去看了外面的世界。

宗老对员工宽厚仁慈，自己却过着简朴的生活。他乘坐经济舱，在小理发店理发，穿着几十元的布鞋。他的邻居回忆起他的早餐，简单得让人难以置信。然而，正是这样一位朴素的老人，赢得了员工和百姓的爱戴。

正如一位在追思会上的人所说："宗老一身正气来上班，两袖清风回家去，天地之间有杆秤，秤砣就是老百姓。"他的善行如同火种，点燃了人们心中的善良之火。金杯银杯不如老百姓的口碑。只有被老百姓称赞，才是真正的伟大！

请铭记宗庆后的善举，让爱在我们心中延续，并努力去温暖这个世界，让世界更加美好。

资料来源：大爱无疆：宗庆后的善举与员工的福祉［EB/OL］.（2024-03-01）［2024-08-10］. 百家号网.

3. 妥善处理组织内部关系

组织中的上级与下级的关系，是组织内部的公共关系部门要面对的重要关系之一，它往往受到组织内部员工的地位或角色的影响，因为每个员工都会根据其地位与角色，对所接收的信息作出自己的理解和解释。由于组织中下级工作成绩的认可与发展前途往往受上级所左右，这使得下级在与上级接触的时候，会怀着一份特别的心理，从而影响其与上级的正常关系。下级为了自己的利益，有可能会选择对自己有利的信息，而尽量掩盖对自己不利的事实，或者只挑选上级喜欢的信息；下级在与上级的交往接触中，有时为了自己在组织内部的利益而奉迎上级，使上下级关系处于一种失真状态。

当然，从严格意义上说，上级与下级关系的建设是一种互动行为，下级不能完全依赖于上级，上级也需要下级能作出相应的反应。下级在与上级沟通的过程中既要克服畏惧的心理，又要力戒"拍马屁"的心理，要力求真实，顺其自然。只有上级与下级平等相处，紧密配合，才能真正建立一种良好的组织内部关系。

公关大舞台

致新员工书

您有幸加入了华为公司，我们也有幸获得了与您合作的机会。我们将在相互尊重、相互理解和共同信任的基础上，与您一起度过在公司工作的岁月。这种尊重、理解和信任是愉快地进行共同奋斗的桥梁与纽带。

华为公司共同的价值体系，就是要建立一个共同为世界、为社会、为祖国作出贡献的企业文化。这个文化是开放的、包容的，是不断吸纳世界上好的优良文化和管理的。这个企业文化黏合全体员工团结合作，走群体奋斗的道路。有了这个平台，您的聪明才智方能很好地发挥，并有所成就。没有责任心、缺乏自我批判精神、不善于合作、不能群体奋斗的人，等于丧失了在华为进步的机会，那样您会空耗了宝贵的光阴。

公司管理是一个矩阵系统，运作起来就是一张求助网。希望您成为这个大系统中一个开放的子系统，积极、有效地既求助于他人，又给予他人支援，这样您就能充分利用公司资源，就能借助别人提供的基础，吸取别人的经验，很快进入角色，更快进步。求助没有什么不光彩的，做不好事情才不光彩，求助是参与群体奋斗的最好形式。

实践是您水平提高的基础，它充分地检验了您的不足，只有暴露出来，您才会有进步。实践再实践，对青年学生来说尤其重要。只有实践后善于用理论去归纳总结，才会有飞跃的提高。只有摆正自己的位置，不怕做小角色，才有可能做大角色。

我们呼唤英雄，不让雷锋吃亏，本身就是创造让各路英雄脱颖而出的条件。雷锋精神与英雄行为的核心本质就是奋斗和奉献。在华为，一丝不苟地做好本职工作就是奉献，就是英雄行为，就是雷锋精神。

实践改造了，也造就了一代华为人。“您想做专家吗？一律从基层做起”，已经在公司深入人心。一切凭实际能力与责任心定位，对您个人的评价以及应得到的回报主要取决于您的贡献度。在华为，您给公司添上一块砖，公司给您提供走向成功的阶梯。希望您接受命运的挑战，不屈不挠地前进。您也许会碰得头破血流，但不经磨难，何以成才？在华为，改变自己命运的方法只有两个：一是努力奋斗；二是作出积极的贡献。

公司要求每一个员工，热爱自己的祖国，热爱我们这个刚刚开始复兴的民族。只有背负着民族的希望，才能进行艰苦的搏击，而无怨无悔。我们总有一天，会在世界舞台上占据一席之地。但无论什么时候、无论什么地点，都不要做对不起祖国、对不起民族的事情。不要做对不起家人、对不起同事、对不起您奋斗的事业的人。要模范遵守所在国家的法律法规和社会公德，要严格遵守公司的各项制度与管理规范。对不合理的制度，只有修改以后才可以不遵守。任何人不能超越法律与制度，不贪污、不盗窃、不腐化。严于律己，帮助别人。

您有时会感到公司没有您想象的公平。真正绝对的公平是没有的，您不能对这方面期望太高。但在努力者面前，机会总是均等的，要承受得起做好事反受委屈。“烧不死的鸟就是凤凰”，这是华为人对待委屈和挫折的态度和挑选干部的准则。没有一定的承受能力，今后如何能挑大梁？其实一个人的命运，就掌握在自己手上。生活的评价，是会有误差的，但绝不至于黑白颠倒，差之千里。要深信，是太阳总会升起，哪怕暂时还在地平线下。您有可能因不理解公司而暂时离开，我们欢迎您回来。

世上有许多“欲速则不达”的案例，希望您丢掉速成的幻想，学习日本人踏踏实实、德国人一丝不苟的敬业精神。现实生活中能精通某一项业务是十分难的，您不必面面俱到地去努力，那样更难。干一行，爱一行，行行出状元。您想提高效益、待遇，那只有把精力集中在一个有限的工作面上，不然就很难熟能生巧。您什么都想会、什么都想做，就意味着什么都不精通。做任何一件事对您都是一个学习和提高的机会，都不是多余的，努力钻进去，兴趣自然在。我们要造就一批业精于勤、行成于思，有真正动手能力和管理能力的干部。机遇偏爱踏踏实实的工作者。

公司永远不会提拔一个没有基层经验的人做高层管理者。遵循循序渐进的原则，每一个环节对您的人生都有巨大的意义，您要十分认真地去对待现在手中的任何一件工作，十分认真地走好职业生涯的每一个台阶。您要尊重您的直接领导，尽管您也有能力，甚至更强，否则将来您的部下也不会尊重您。长江后浪总在推前浪。要有系统、有分析地提出您的建议，您是一个有文化者，草率地提议，对您是不负责任的，也浪费了别人的时间。特别是新来者，不要下车伊始，动不动就哇啦哇啦。要深入、透彻地分析，找出一个环节的问题，找到解决的办法，踏踏实实地一点一点地去做，不要哗众取宠。

为帮助员工不断超越自我，公司建立了各种培训中心。培训很重要，它是贯彻公司战略意图、推动管理进步和培训干部的重要手段，是华为公司通向未来、通向明天的重要阶梯。您要充分利用这个“大平台”，努力学习先进的科学技术、管理技能、科学的思维方法和工作方法，培训也是您走向成功的阶梯。当然，您想获得培训，并不是没有条件的。

物质资源终会枯竭，唯有文化才能生生不息。一个高新技术企业，不能没有文化，只有文化才能支撑它持续发展，华为的文化就是奋斗文化，它的所有文化的内涵，都是来自世界的、来自各民族的、来自伙伴的，甚至来自竞争对手的先进合理的部分。若说华为有没有自己的核心文化，那就剩下奋斗与牺牲精神算我们自己的吧！其实奋斗与牺牲也是从别人那里抄来的。有人问我，您形象地描述一下华为文化是什么。我也不能形象地描述什么叫华为文化，我看了《可可西里》的电影，以及残疾人表演的《千手观音》后，我想他们的精神就叫华为文化吧！对于一个新员工来说，要融入华为文化需要一个艰苦过程，每一位员工都要积极主动、脚踏实地地在做事的过程中不断去领悟华为文化的核心价值，从而认同直至消化、接纳华为的价值观，使自己成为一个既认同华为文化又能创造价值的华为人。只有每一批新员工都能尽早地接纳和弘扬华为文化，才能使华为文化生生不息。

华为文化的特征就是服务文化，谁为谁服务的问题一定要解决。服务的含义是很广的，总的来说是为用户服务，但具体来讲，下一道工序就是用户，就是您的“上帝”。您必须认真地对待每一道工序和每一位用户。任何时间，任何地点，华为都意味着高品质。希望您时刻牢记。

华为多年来铸就的成就只有两个字——诚信。诚信是生存之本、发展之源，诚信文化是公司最重要的无形资产。诚信也是每一个员工最宝贵的财富。

业余时间您可安排一些休闲活动，但还是要有计划地读些书，不要搞不正当的娱乐活动，为了让您成为一个高尚的人，望您自律。

我们不赞成您去指点江山，激扬文字。目前，在中国共产党领导下，国家政治稳定、经济繁荣，这就为企业的发展提供了良好的社会环境，我们要十分珍惜。21 世纪是历史给予中华民族一次难得的振兴机会，机不可失，时不再来。“21 世纪究竟属于谁”，这个问题的实质是国力的较量，国际竞争归根到底是在大企业和大企业之间进行。国家综合国力的增强需要无数大企业组成的产业群去支撑。一个企业要长期保持在国际竞争中的优势，唯一的办法便是拥有自己的竞争力。如何提高企业的竞争力，文章就等您来做了。

希望您加速磨炼，茁壮成长，我们将一起去托起明天的太阳。

任正非

2014 年 12 月 19 日

资料来源：任正非．致新员工书 [EB/OL]．(2015-02-02) [2024-06-15]．搜狐网．

(二) 股东关系

股东关系是指企业与投资者之间的关系。它的主要对象包括董事会或董事局、广大的股民、金融专家。对于股份制企业来说，资金是企业的血液，而股东就是企业血液的输送者。良好的股东关系是企业的生命线，因为这种关系直接涉及企业的“财源”和“权源”。建立良好的股东关系，加强企业与股东之间的沟通，争取现有股东和潜在投资者的了解和信任，能够创造良好的投资氛围，稳定股东队伍，吸引新的投资者，最大限度地扩大企业的社会财源。

二、组织外部公共关系

组织外部公共关系的范围较广，有顾客关系、媒介公众关系、政府关系、社区关系等。

（一）顾客关系

1-5　滴滴自办“吐槽大会”

在市场经济条件下，顾客就是市场，有了市场，企业才有经济效益。因此，顾客关系是企业经营的生命线。社会经济组织要处理好与顾客的关系，就必须研究顾客的心理，确立“顾客至上”观念，尊重和维护顾客的合法权益，提供全方位服务，让顾客满意。组织可以从以下几个方面入手处理好与顾客的关系：

1. 提供优质的产品和满意的服务

顾客是组织的服务对象，顾客花钱是为了能给自己带来某种享受，满足自己某种需要，这一切首先取决于组织提供的产品和服务的质量。如果在这一问题上有所闪失，组织在顾客心目中的形象将毁于一旦。

为顾客提供满意的服务，组织首先必须端正服务思想，强化服务意识，把顾客的需要和利益放在首位，全心全意为顾客服务；其次要重视对员工的培训，把为顾客服务的思想落实到具体的服务工作上，从而真正把“顾客第一”的宗旨变为员工的自觉行动。

2. 认真听取顾客意见

我们经常说：“顾客永远是正确的。”事实上，挑剔的、无理取闹的顾客不是没有，但现代经营者仍把这句话看作一个真理，因为这句话高度地概括了组织和顾客的关系，说明组织在处理这一关系时要处在主动地位上，应负主要责任。听取顾客意见，是尊重顾客的一种表现。国内外不少组织还主动花钱买意见，从顾客意见、建议中了解顾客的需要和期望，为进一步改进工作打下基础。对于顾客的各种投诉也应正确对待，及时、诚恳地为顾客排忧解难，并将顾客的这些需求、意见、投诉作为提高产品质量和改进服务工作的依据。

3. 维护顾客的基本权益

从顾客角度来说，他们希望组织能尊重和维护其基本权益。组织应站在顾客的立场上，想顾客之所想，急顾客之所急。尊重顾客的权益，这本身也是一种信誉、一种形象。

4. 培养、引导积极的消费意识

如果组织想营造一个健康、良好、稳定的消费环境，就必须通过各种方式，培养顾客积极的消费意识。组织可通过印发指导性手册、举办操作表演会和实物展览会、举办培训班、开设陈列室、成立企业消费者俱乐部、组建客户微信群等方式，积极做好对顾客的指导与咨询服务，以培养和引导顾客积极的消费意识，增加顾客黏性。

公关大舞台

小米赠送首批用户 1 999 元红包

2021 年 8 月 11 日，在小米手机十周年发布会上，雷军宣布向第一批购买小米手机的 18.46 万名用户赠送 1 999 元红包，共 3.7 亿元。这个红包在 8 月 16 日当天可以在小米商城买任何东西，没有任何门槛。

以下是雷军文章全文：

十年前的今天，我一直忐忑不安：小米手机第一代，定价 1 999 元，只在网上销售，并且没有任何线下体验店，能卖得动吗？不可思议的事情发生了：8 月 16 日发布，9 月 13 日首发，第一次预订量就高达 30 万台。真的太疯狂了，远超我们的想象。当时的小米，连滚带爬干了 3 个多月，到了 12 月 17 日，才完成了首批所有订单。

我们最近仔细统计了一下，耐心等了我们几个月并支付完尾款的用户，高达 18.46 万人。1 999 元，18.46 万台，3.7 个亿，这是我们创业收到的第一笔款。

有了这一笔收入，我们滚动发展，才有了今天的世界 500 强，才有了今天的全球第二。在小米手机十周年这个特别的日子，我还想做一件特别的事情。我跟大家商量：能不能把小米手机首批用户的购机款全部退了？

啊，3.7 亿，全退了？这是一笔不小的数字。

我跟同事们说，当年大家的这 3.7 亿，是小米成长路上的第一滴水、第一缕阳光。没有用户的支持，就不会有今天的小米。用户的心，是永远无法用金钱来衡量的！

我们正式决定：向小米手机首批 18.46 万用户，每人赠送 1 999 元红包！

现在开始，我想诚挚地邀请所有小米手机首批用户，回到小米商城，输入“小米手机十周年”，领取这份心意。这个红包，在 8 月 16 日当天，可以在小米商城买任何东西，没有任何门槛，没有任何套路。

1 999 元红包，代表了小米三万六千名员工感恩的心！我们会永远感恩所有帮助过我们的米粉朋友们和合作伙伴们！

资料来源：雷军：向小米手机首批用户每人赠送 1 999 元红包 [EB/OL]. (2021-08-10) [2024-07-20]. 新浪网.

（二）媒介公众关系

媒介公众是报纸、杂志、电台、电视台、网站等新闻机构和新闻界工作人员（包括记者、编辑等）的总称。对公共关系工作人员来说，媒介公众是一种特殊公众，具有双重性质。一方面，它是组织实现公共关系目标的重要手段，是组织与各类公众沟通的中介；另一方面，它也是组织努力争取的重要公众。

媒介公众影响大、威望高，是引导民意的主要力量。它可以直接引发新闻，甚至“制造”新闻。在欧美国家，新闻媒介被看作继立法、司法、行政三大权力之后的“第四权力”。同时，记者也被看作“无冕之王”。在欧美国家，公关员的第一要务就是与新闻界接触，协调好与媒介公众之间的关系。

著名企业家李·艾柯卡（Lee Iacocca）曾说过：“当某一个人因某事受到谴责时，新闻界马上给予公布，而当事实证明他无辜时，新闻界的报道则很迟缓。要跨越这一差距，靠的就是和新闻界人士的良好关系。”艾柯卡非常善于处理与新闻界的关系，他的忠告是：“一个得不到新闻界信任和好感的企业，是不可能有大发展的。能得到新闻界的信赖，是一个企业最重要的财富。”

组织要处理好与媒介公众的关系，可以从以下几个方面入手：

1. 主动提供新闻素材

组织在与新闻媒体交往时，除适时召开记者招待会、组织记者参观访问外，还应及时、经常、客观地向新闻媒体提供具有新闻价值的、符合新闻传播规律的新闻稿，通过与媒体保持密切合作来加大组织名声的传播力度。

此外，组织应充分了解大众传播媒介的特点，掌握各类新闻机构的编辑方针和报道计划。要密切关注舆论导向和新闻热点，通过自身努力，争取大众传播媒介的注意和报道。

2. 建立长期合作关系

组织应经常及时地向新闻媒体提供组织的有关信息，并尽可能邀请新闻媒体参与组织的各项活动，使之成为组织的义务宣传员，并尽可能为新闻媒体的报道提供帮助、便利和服务。要指定专人负责与有关记者、编辑保持联系，对待记者要一视同仁，以礼相待。不论是大报、小报还是中央报、地方报，不论是写表扬稿还是写批评稿的记者，组织都要同等对待。

3. 提供真实信息

新闻必须具有真实性。组织向媒体提供虚假的信息，一旦揭露出来，不但失信于社会公众，而且失去了新闻媒体这一特殊公众的信任。媒体的嗅觉相当敏锐，它们更倾向于报道组织的一些负面新闻以博人眼球。而组织只愿意提供好消息，掩饰坏消息，这就可能导致组织与新闻媒体的矛盾和摩擦。因此，组织要向新闻媒体提供真实的信息，争取得到新闻媒体及广大公众的理解和支持，创造良好的社会舆论。

4. 妥善处理与媒体的冲突

组织与媒体之间由于立场、观点、角度等不同，不可避免地会产生一些分歧。组织应当充分理解新闻媒体，不要把自己放在媒体的对立面。组织确实有失误时，应勇于承认，而不能与媒体交恶。即使媒体进行了失实报道，也不可激化矛盾，应侧重于沟通情况，促进相互了解，消除沟通中的障碍。

智慧火花

媒体公关应该怎么做?

苹果手机新品发售刚出来的时候，手机上爆炸性的新闻不断冲击我们的视觉感官。一个预售的发布新闻就能让几百部预售手机瞬间抢售一空，这就是媒体公关的力量！那么企业该怎样做好媒体公关呢？

1. 明确自己的公关定位和需求

企业在找媒体进行沟通交流前，一定要明白企业公关的目的是什么，要明白企业的长期定位和阶段性定位是什么，然后找到适合自己的媒体渠道报道，这样效果才是最好的。

企业平时找媒体公关的主要目的有：融资、产品宣传、品牌塑造等。因此，企业只有先弄清楚找媒体公关的目的，才能在后面有的放矢，同时还需要结合企业文化特色、产品服务、经营理念等多个方面来进行综合考虑。只有整体思路对了，才能进行后面的公关活动策划。

2. 准备好新闻话题和材料

因为已经在第一步了解了媒体公关的目的，所以企业第二步就需要拟定相关的新闻话题稿，准备相关的内容材料。例如：如果企业是出于产品宣传需求来借助媒体公关力量，那么企业策划的新闻和产品活动相关话题需要围绕这次“推出的产品”。企业首先要对产品有很全面的了解，然后通过大众能够轻易理解的话来表述给大众，让大众知道这个产品的优势、性能、差异化等。大众只有清晰地了解产品才会去买单。

产品的宣传资料一定要准备得非常充分，大家想了解的地方事先一定要有准备好的专业话术应对，这个就需要企业在前期下足功夫。企业一定要把这场报道想要传达给大众的知识点事先撰写好，对于企业背景、发展途径、别的产品报道就不要准备太多话术，否则会让大众搞不清楚这次的活动究竟想表达的是什么。

3. 寻找到合适的媒体平台

基于前面两点都已经做好，第三步就是要选择合适的媒体渠道了。选择媒体渠道是有标准的：优秀+合适+专业。

什么是优秀的平台？就是这家媒体拥有专业的经验和良好的口碑。选择这样的一家媒体来报道产品宣传活动是很具有说服力和影响力的，这时候报道出来的内容大众会更加容易接受和信任，相信传播效果也会更加突出。千万不可为了低价位选择不靠谱的媒体报道，到时候如果效果不好，则前期付出都会付诸东流。

如果想自己选择媒体来报道，但是事先不了解这家媒体公司的背景和专业效果，那么可以进行背调。背调要调查的不仅是媒体的实力和资源，还要调查媒体平时工作涉及的内容是否和企业需要宣传的内容相符。例如：电子数码行业的公司不可以找娱乐新闻来报道，这种新闻爆出来会给大众一种奇怪和不信任的感觉。企业要针对目标媒体来思考其推广内容与目标媒体的领域是否存在兼容性，必须找到和企业自身宣传产品特性处于完全相同“频道”的媒体。重合度大才能有更多的经验来进行产品公关策划活动，才能实现真正意义上的合作共赢。

4. 选择最符合需求的记者

第四步就是选择合适的记者，除了对公关媒体需要审慎考虑外，挑选记者也是媒体公关中非常重要的一环。记者是直接与企业进行接触和交流的人，但是记者在工作中也有其侧重和关注的方面。所以企业需要调查记者在平时所关注和感兴趣的方面，可以通过之前的报道内容来了解其报道风格。企业私下也可以接触一部分记者，来观察他们对于产品宣传的经验和态度。有了合适的记者后，企业在和记者沟通中，一定要尽量投其所好，这样有利于快速建立密切畅通的联系。

其实对于企业来说，会经常和记者沟通，所以借助媒体来发声是常事。和合作愉快的记者建立稳定的合作关系也是很重要的。这样在后期企业一旦需要媒体公关或者重大新闻发布的时候，可以及时知会记者前来报道。同时，随着长期的接触和合作，企业和记者之间的磨合和默契也会越来越好，在未来的媒体公关中可以减少成本支出，并且效果也会越来越好。

5. 进行友好沟通和协商

企业在合作前需要和媒体记者进行双方的合作意向以及协商准备。企业和媒体记者在交流中了解彼此的需求和问题，后面企业就可以围绕所要发布的新闻主题和媒体记者进行正式的交流了。在交流中，企业一定要和媒体记者说明在新闻报道上表达的主题以及内容观点。如新产品发布宣传时，企业需要和媒体记者沟通清楚产品的特质、优势。只有让媒体记者充分了解，才能在后续的报道中给出想要的方案。在沟通中，企业要做到尊重媒体，这样才能保持良好的沟通环境，以利于项目的进展，也可为后期合作打下基础。媒体发布新闻报道之后，可能后期并没有达到企业的理想推广效果，而且在报道中还会出现一些负面信息，这些负面信息会对企业发展造成不利的影响。面对这些负面信息的时候，企业需要反思自身是否有需要改正的地方，并且及时做好应对此次危机公关的策划工作。当然如果是媒体单方面的报道性失误，要及时礼貌地指出来，让媒体进行澄清或者做其他处理，可以及时减少对企业的负面影响。

以上就是企业需要媒体公关时要进行的操作步骤，每个步骤都很重要，需要企业人员认真对待，保障环节通畅。只有这样，才能让一场成功的媒体公关活动如期顺利开展，达到企业预期的完美效果。

资料来源：媒体公关应该怎么做［EB/OL］.（2022-06-22）［2024-06-15］. 百家号网.

（三）政府关系

政府是国家权力的执行机关，即国家行政机关。政府关系是指组织与政府之间的关系，其对象包括政府的各级官员、各职能部门的工作人员。任何组织都必须面对和接受政府的管理和监督，需要与政府的各种职能部门打交道，如市场监督管理、人事、财政、税务、审计、市政、交通等行政机构。这些行政机构代表社会公众最普遍的、共同的利益来行使社会管理的权力，因此，政府及其职能机构是任何组织的公共关系对象中最具社会权威性的对象。

协调组织与政府的关系，保持良好的沟通可帮助组织争取政府及各职能部门的理解、信任和支持，从而为组织的生存和发展创造良好的政策环境、法律保障和增强行政支持力度。组织可邀请政府有关人员参加组织的活动，听取和征询他们的意见，请他们指导。

(四) 社区关系

社区关系的对象是指组织所在地的区域关系对象，包括当地的人力资源管理部门、地方团体组织、左邻右舍的居民百姓等。社区关系亦称作区域关系、地方关系、睦邻关系。社区在地理上与组织密不可分，是组织的生存空间和根基；处理好组织与社区的关系，就要做社区的“好居民”，热心于社区事业，关心和支持社区建设，积极参与社区的各项公益活动，努力为社区出力、作奉献。加强组织与社区的沟通，通过联谊会、意见征询、座谈会等形式，争取社区公众对组织的了解、理解和支持，为组织创造一个稳定的生存环境。

思维与技能训练

一、想一想

1. 举例说明公共关系的构成要素有哪些，各要素间有何联系。

2. 如何理解公共关系的职责和三大目标?

3. 公共关系的发展经历了哪些历史阶段? 现代公共关系产生和发展的主要原因是什么?

4. 你认为数字化时代公共关系的发展趋势如何?

5. 分析组织应如何处理好内外部公共关系。

二、做一做

1. 请在当地选择一个组织，分析该组织的目标公众类型和特点，并进行实地调查，以了解该组织在目标公众心目中的形象。

2. 请查找 2008 年 5 月四川汶川大地震和 2010 年 4 月青海玉树大地震时，时任国务院总理温家宝亲赴灾区现场指挥抗震救灾工作的有关资料，从公共关系角度谈谈温总理此举在国际社会中的影响力。

三、技能实战训练

[实战项目]

实地探访与观摩你常去购物的超市或商场，试着帮助这些商业组织挖掘具有公关价值的元素与行为。

［实训目标］

1. 培养观察分析能力，进一步理解企业公关价值的具体体现。

2. 能帮助企业有效挖掘公关元素，提升企业公关形象与公关管理。

［实操流程］

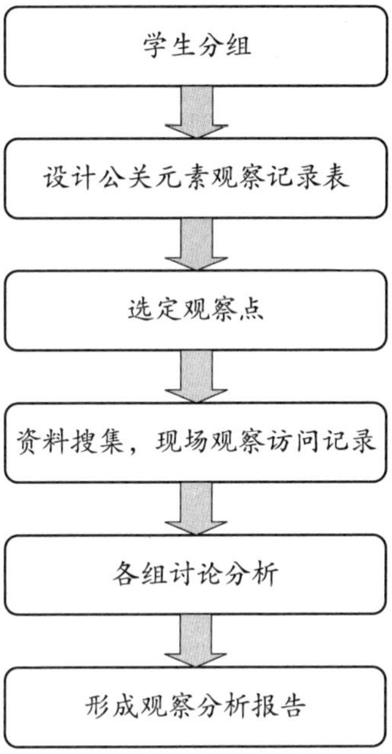

［注意事项］

1. 观察点选择要具有典型性与代表性。

2. 团队成员合理分工，通过资料搜集及现场访问了解公众对企业的评价与看法。

［实训成果与评价］

1. 成果：

(1) 各组完成企业公关现状与公关效果分析报告一份（PPT 形式）。

(2) 报告内容要紧密结合企业公关实践，积极挖掘公关元素，分析企业公关现状与效果，并指出企业公关优势与不足（各至少 3 条以上）。

2. 评价指标：

序号	项目	评价标准	比重（分）	得分
1	内容	报告内容充实，结构完整，重点突出；PPT 精美	30	
2	态度	团队分工明确，合作意识强	20	
3	知识	观点提炼正确，具有科学性和可行性	25	
4	技能	能充分运用专业知识，具备解决企业问题的能力	25	
总分			100	

项目核心能力与公关素养自评

	核心能力（素养）	是否提高
通过学习本项目，你的哪些核心能力得到了提升：	信息搜集能力	
	分析与判断能力	
	创新发展能力	
	追溯历史能力	
通过学习本项目，你认识到的公关素养有：	公关意识	
	公关敏感性	
	公关元素提炼	
自评人（签名）： 年 月 日		教师（签名）： 年 月 日

项目二 组建公共关系活动机构

公关之成，成于专业

> 公关就是解决你最头疼的事，而不是你让我做什么我就做什么。
>
> ——原 NEC 通讯（中国）有限公司公关总监蔡莉

项目解析

对于任何组织，其公共关系问题的解决及公关价值的实现必须借助于一些特定的机构。这些机构既可以是某个组织，也可以是组织内部的某个部门，还可以是某个团体。组织（部门或团体）不仅需要解决自身的公共关系问题，扮演公共关系实施主体角色，还需要具备公关管理“美容师”或“创新大使”的身份，帮助组织处理公共关系事务，进行有效的形象传播管理。本项目主要介绍公共关系部门、公共关系公司及公共关系社团的搭建及职能。

项目目标

1. 知识目标

（1）认知公共关系活动实施主体的类别、职能及工作内容。

（2）了解并比较几种公共关系活动机构的特点及优劣。

2. 能力目标

（1）结合组织实际状况组建公共关系活动机构，明确部门分工及岗位职责。

（2）分析各种公关机构的优势及缺陷，帮助组织选择公关活动的最佳实施主体。

3. 素质目标

（1）树立爱岗敬业意识，强化团队合作。

（2）坚守职业道德，遵法守法。

（3）精进公关技能，弘扬工匠精神。

公关聚焦

从宣传到传播

——中国迈入公关时代

2023年3月，中国国家形象宣传片《PRC》正式对外发布。宣传片通过展示中国的自然风光、历史文化、科技创新、社会发展等内容，向世界呈现了一个真实、立体、全面的中国形象。早在2011年，“国家形象宣传片”人物篇就首次亮相纽约时代广场，向世界推介中国，标志着中国国家公关时代的到来。

随着国力提升、国际地位的变化，中国在心态上更加积极，在姿态上更加自信，开始注重对外展现一种“负责任的大国”形象。

早在申奥过程中，中国就使用了大量的公关和广告手段。只是那时还未称作“国家形象广告”，而是叫作“申奥宣传片”。时任中国传媒大学教授何辉认为：“在本质上，所有这些都是国家形象宣传的一种方式。”

在中国国际公共关系协会为北京2008年奥林匹克运动会申办委员会（简称北京奥申委）专门举办的研讨会上，当时作为北京奥申委副主席的北京市副市长刘敬民指出：北京申奥本身就是一个大的公关活动，其目的就是塑造北京新形象。

北京申奥成功不乏国际著名公关公司的运作。北京奥申委出资约2 400万美元专门用于申奥公关。包括伟达、奥美、博雅等众多国际公关公司都参与了北京申奥的整体形象包装。由于这些海外公关巨头的介入，决策过程变得更加专业化、国际化。

在北京申办2008年奥运会的过程中，专业公关公司介入政府活动，既是中国因国家崛起而更重视国家形象的一种选择，又是政府全能主义姿态的一种转变，即由包办一切转而对专业分工、专业价值的认可和引入。

资料来源：陈俊宇．中国迈入公关时代［J］．中国新闻周刊，2010（34）；最新“国家形象宣传片”发布：《中国进入新时代》［EB/OL］．(2017-10-21)［2024-06-25］．中华人民共和国国防部官网．

思考

1. 组织应该如何有效地开展公关活动？ → 设立公共关系部门
2. 何为公关专业分工与专业价值？ → 组建公共关系公司
3. 如何加强公关行业沟通与规范？ → 了解公共关系社团

公共关系机构是专业从事公共关系工作的组织机构，代表特定组织进行公共关系活动，其实质是公共关系的实施主体。现有的公共关系机构主要分为三类：一类是组织内部设立的公共关系部门（如公共关系部、公共事务部等）；另一类是专门承接公共关系委托业务、代理其他组织从事公共关系业务的商业性服务机构（如公共关系公司、公共关系事务所等)；还有一类是制定、规范公关行业准则及从业人员职业道德，并组织公关理论及实践研讨的非官方性群众组织，我们称之为公共关系社团。

任务一　设立公共关系部门

任务目标

完成本任务，你要明确组织内部公关部门设立的模式和原则，了解公关部门应承担的职能和工作内容，能有效帮助某个组织设计公关部门架构并合理配备工作人员。

任务布置

在当地分别调查三家不同规模的企业组织，了解三家企业承担公关工作的部门名称、机构设置模式、职能及人员配备情况，分析其现有公关部门设置是否合理并提出改进建议。

越来越多的组织将公关管理纳入组织发展战略中，在组织内部设立相应的职能部门，如公共事务部、公共信息部、公关广告部等，并配备专职的公关人员有针对性地开展公关管理工作。公共关系部门要配合组织发展目标，贯彻组织经营活动宗旨，为组织树立良好的社会形象而开展专业化工作。它与公共关系公司的根本区别在于：前者是为实现本组织的公共关系目标而服务，而后者则为所有前来进行公共关系咨询的客户服务。目前在我国，随着企业业务范围的扩大，公共关系问题也日益突出，大部分企业均开始设置公共关系部门或聘请公共关系顾问。

一、公共关系部门的职能

2－1　公共关系部门

公共关系部门作为组织机构系统的一个职能部门，其核心目的是帮助组织树立良好的形象。公共关系部门对内、对外有两方面的工作：对内是协调组织内部的各种关系，建立组织文化；对外则处理各种公众关系，收集和发布信息，塑造和完善组织整体形象。在组织内设置公共关系部门，首先，可强化和协调组织内部的员工、职能部门、领导的关系，帮助他们相互了解、相互协调、相互配合；其次，可使组织与外部的客户、协作单位、政府主管部门、传播媒体以及竞争对手相互理解、相互合作，从而为组织创造良好的发展环境，并优化组织形象；最后，还可帮助组织监测环境因素的变化，发挥参谋咨询作用，为组织创造良好的生存发展空间保驾护航。公共关系部门的具体职能表现在以下几个方面。

（一）收集和处理信息

任何组织决策均依赖于全面而准确的信息。公共关系部门的首要职能就是收集和处理各种社会信息。公共关系部门要通过建立四通八达的信息网络，来广泛收集所有关系到组织生存与发展的信息，并对这些信息加以甄别、归类、分析，从而使组织了解公众对它的评价及赞誉，分析组织未来的发展趋势，并据此制定或调整组织相关决策。收集的信息包括：

（1）组织形象信息，即公众对组织员工素质、管理制度、组织文化、行为表现等方面的综合评价。

（2）产品形象信息，即公众对组织产品的质量、性能、款式、价格等方面的评价、意见及建议。对于商业组织而言，产品形象是决定其组织形象的关键因素。

（3）行业动态信息，即组织所处的行业发展动向及竞争对手状况。

（4）社会环境信息，即影响组织生存发展的政治、经济、文化、科技等方面的各种信息。

（二）为组织领导提供决策咨询

公共关系部门要发挥“智囊团”和“参谋长”的作用，帮助组织决策者识别和评估各种环境影响因素，引导组织行为朝正确的方向发展。这具体包括：分析预测组织活动的效果，提醒和修正决策者的失误，提供有利于组织与外部环境相适应的决策，分析各种决策的得失利弊等。

（三）对外传播与推广

组织理念及行为的公开化及透明化有利于公众更好地了解和评判组织。组织要想赢得公众的理解和支持就必须重视传播与推广。公共关系部门在组织内部就起到了“喉舌”的作用，通过与媒体合作及召开发布会，让公众能时刻听到来自组织的声音，增进公众对组织的了解。

（四）强化内外部协调沟通

公共关系是“广交朋友的艺术”。通过对内沟通、对外交往，公共关系部门能帮助组织广结善缘，化解冲突，为组织搭建起广泛的社会网络，提高组织的和谐度。

（五）教育引导员工

一个组织，只有全体员工都建立起公共关系的意识，都来参与公共关系的工作，这个组织的公共关系状态才能是良好的。因此，公共关系部门的职责之一，就是要做好教育引导工作，即在全体员工中普及公共关系知识，传播正确的公共关系理念，提高公关意识，使全体员工坚守“公众至上”的理念。

二、公共关系部门的设置原则

（一）专业化原则

该原则体现在两个方面：一是公共关系内容的专业化，公共关系部门必须集中力量努力实现组织的公关目标，做到日常事务的专业化；二是公共关系人员的专业化，公共关系人员必须具有强烈的公共关系意识，接受过专门的培训，具备一定的专业水准和能力，具备积极进取和开拓创新的精神等。

（二）权责相等原则

在组织内部，公共关系部门只是一个服务性机构，不具有决策权。但作为组织形象的“设计师”和“代言人”，其责任重大，因此必须赋予它相应的权力和权威，为其顺利开展工作奠定制度基础。

（三）精简性原则

公共关系部门要因事设人，做到规模适当、人员结构合理、应变能力强和工作效率高。另外，公共关系部门的内部层次不宜过多，以免影响组织内部的交流和工作效率。

（四）协同性原则

从制度设计上要考虑方便与其他部门的合作，注意协调组织内部关系。

智慧火花

企业公关的作用有哪些?

企业公关的优与劣代表了企业展示给大众形象的好与坏。企业在处理与社会、与公众的关系时，利用媒体的特殊性向社会输出良好的品牌口碑与对外形象，从而达到提升企业价值的目的。

1. 传播企业的核心理念

我们经常看到的广告就是企业公关的常用手法之一。每个广告的产生都有一个需要社会公众了解的“中心词”，这个中心词能够有效地向社会公众传递出企业文化和企业价值。在这一过程中，传播企业的核心理念是关键，这种潜移默化的老旧方法虽然见效较慢，但却是最有效的办法之一。

2. 塑造企业的对外形象

除了常见的广告模式的传播方法之外，产品的线下官方公关活动能够更直接、更有效地传播出企业真正有用的核心产品。媒体的传播会扩大企业的知名度，达到塑造企业对外形象的目的。

3. 促进企业的发展

企业需要社会公众的支持与信赖，在提升企业的口碑和对外形象的同时使得企业利益快速增长，从而促进企业的未来发展。通过多种渠道进行企业口碑和形象的传播能够带动企业的经济增长。

资料来源：企业公关的作用有哪些［EB/OL］.（2021-08-23）［2024-06-25］. 百家号网.

三、公共关系部门的设置模式

组织规模及类型不同，对公共关系机构的设置要求也会有所不同。对一个具体的组织而言，选择设置什么类型的公共关系部门，重点应考虑部门的规模和运行机制。

（一）对公共关系部门规模的考虑

从机构规模来看，组织内部的公共关系部门有大、中、小三种不同的类型。

大型公共关系部门人员众多、机构复杂，通常适合于大型组织设置。

中型公共关系部门则介于大型公共关系部门和小型公共关系部门之间，适合于中等规模的组织设置。其设置如图 2-1 所示。

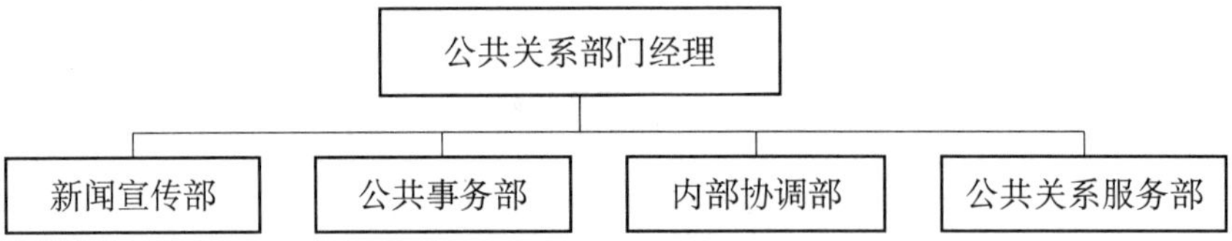

图 2-1　中型组织的公共关系部门

小型组织的公共关系部门的人员一般在 10 人以下，机构简单。其设置如图 2-2 所示。

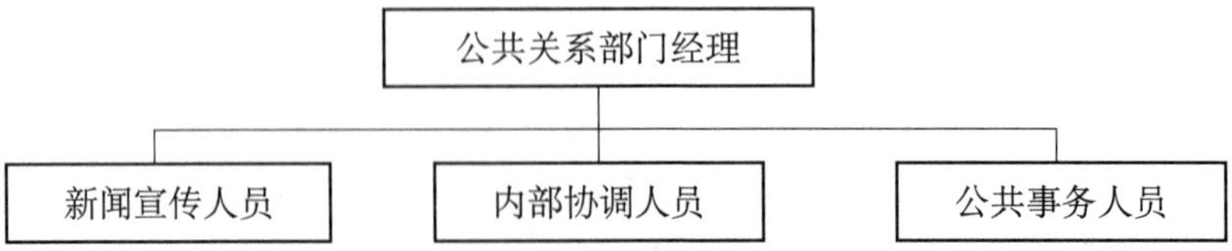

图 2-2　小型组织的公共关系部门

（二）对公共关系部门运行机制的考虑

从运行机制上看，组织内部的公共关系部门大体有三种类型。

一是总经理直接负责制。这种运行机制的特点是，公共关系部门的领导人由组织的一名最高决策者兼任，组织的公共关系部门与组织的决策层直接挂钩联系。公共关系部门及工作人员能够站在组织全局的高度考虑和把握公共关系工作，尤其在组织内部进行联络沟通的过程中，其工作的权威性、有效性大大增强。这是一种较为理想的运行机制。

二是总经理间接负责制。这种运行机制的特点是，组织的公共关系部门等同于组织的其他部门，同其他相应的工作部门一样，有特定的分工和职能，对组织的最高领导人负责，其工作范围受到一定的限制。尤其是在进行组织内部沟通时，由于其地位与其他部门是平行的，这就大大降低了其沟通的权威性和有效性。

三是公共关系委员会制。这种运行机制的特点是，在组织最高领导层与公共关系部门之间，设置一个由组织最高领导人和各相关部门负责人组成的公共关系委员会。这种运行机制多为特大型组织所采用。委员会定期召开会议，统筹安排组织的各项公共关系工作，例如研究、制定组织年度或专项公共关系计划，审批公共关系工作预算，监督公共关系计划的实施及评价公共关系工作的效果等，委员会并不直接处理具体的公共关系事务。这种运行机制有利于提高公共关系部门工作的权威性和计划性，调动组织内部各方面的积极性，使大家都来关心、支持、参与组织的公共关系工作，但也往往容易束缚公共关系部门及工作人员的手脚，使其工作缺乏灵活性和创造性。

四、公共关系部门的人员配备和分工

公共关系人员是指在一定组织中从事公共关系工作的专职人员，是组织实施公共关系活动的主体。随着时代的发展，公共关系工作对公共关系人员素质、技能的要求越来越高，其素质、技能的高低将直接影响公共关系工作的成败。

（一）公共关系部门的人员配备

公共关系部门的人员配备应根据机构工作量的多少及组织规模的大小而定。具体人员配备如下：

1. 主管人员

公共关系部门一般设正、副经理各一名，他们的职责包括：（1）制定公共关系目标和实施方案；（2）确定公关方向，选择公关首攻点和突破口；（3）制定公关总预算，确定公关活动开展所需的人力、物力和财力；（4）管理、安排、指导本部门人员的工作；（5）定期向组织领导层汇报公共关系的有关情况；（6）负责协调与社会各界及相关部门的联系；（7）充当组织公关活动的策划人及新闻发言人。

2. 一般人员

一般人员是指在组织里具有各种专项技术的人。根据公共关系部门的日常工作，组织应配备六类人员：(1) 编辑、撰稿人员，主要负责采写组织的新闻、演讲稿，编辑年鉴、组织内部刊物等；(2) 新闻联络人员，负责与媒体及专业广告公司的沟通、协调，负责各类活动的具体督导、实施；(3) 调查分析人员，主要研究公众心理，进行组织内外部的公众调查，并对此进行分析，撰写分析报告；(4) 策划人员，主要是根据调查分析结果，提出公共关系创意，制定公共关系计划，策划公共关系活动；(5) 组织人员，其任务是准备、组织、实施公共关系活动，全面执行公共关系计划；(6) 技术人员，主要是从事专门技术的人员，如摄影师、美工设计师、法律顾问等。

另外，选拔公关人员时，为了最大限度地发挥公共关系部门的作用，人员聘用要兼顾专业知识结构互补、性别互补、年龄互补及经验阅历互补几个原则。

智慧火花

公司公关团队的组建和运作

1. 选人的方法论

性格好：公关是公司对外的窗口，需要相关知识架构比较完备的人员。对于创业公司来说，其更需要性格开朗、和蔼可亲的公关工作者，这样才能和记者们打成一片。

有专业背景：公关人员要对自己所在的行业和产业有足够的认识，这样才能寻找到合适的新闻点。也就是说，公关人员要对行业的发展趋势及相关的发展情况优劣势了如指掌。

阅读量大：考查这一点，很简单的方式就是了解公关人员经常浏览的网站，近期在相关行业媒体上发表了哪些文章，每天花在阅读上的时间是多少，平时还会关注什么媒体。

还要注意的是，公司要看公关人员的知识储备量，同时要给予那些资历相对较浅的年轻人更多的关注。

2. “兵马未动，粮草先行”

先做公关还是先做产品，这两件事情是不冲突的。“营销之父”菲利普·科特勒认为，营销是在产品塑造过程中完成的。公关其实是营销的一个重要手段。

公关不是在产品已经成形之后才开始的，而是在产品的研发过程中，公关人员就开始寻找具有传播力的故事点和新闻点。也就是说，在产品上线之前，公关工作就已经开始。例如，小米手机在发布之前就会放出很多素材。

3. 公关时收集素材的能力

公关人员要善于积累各方面的素材，比如公司的发展路径，会议、内部团建等都需要公关人员平时积累的内容。公关的实质是创造内容和与外部渠道沟通的媒介。公关人员如果平时不注意积累，当需要素材时，就会捉襟见肘。

4. 新媒体和公关的融合

在内部建构上，公司要将新媒体运营和公关相融合，将其放在一个团队中去操作，由一个领导把关、带队。这样很多内容资源可以实现共享，更容易整合对外的宣传工作。当公司需要公关时，其可以从新媒体中摘取，相应的很多传播点也可以在新媒体上实现引爆。

5. 与产品部门的沟通

公关人员除了对外普遍延伸触角外，还需要经常和产品部门沟通，要经常性地向产品经理了解公司产品的研发背景、研发动态及公司对产品的整体规划等内容。

资料来源：狂人．不会“自黑”的你，达不到 PR 的最高境界［EB/OL］．(2018－06－11)［2024－06－25］．中国公关网．

（二）公共关系部门的人员分工

根据公共关系部门的工作特点，可以从以下三个方面来进行人员分工。

1. 按工作内容分工

按工作内容分工即按公共关系的工作手段设置分工，公共关系部门下设新闻报道组、编辑出版组、技术制作组、活动策划组、业务拓展组、信息调研组等，如图 2－3 所示。

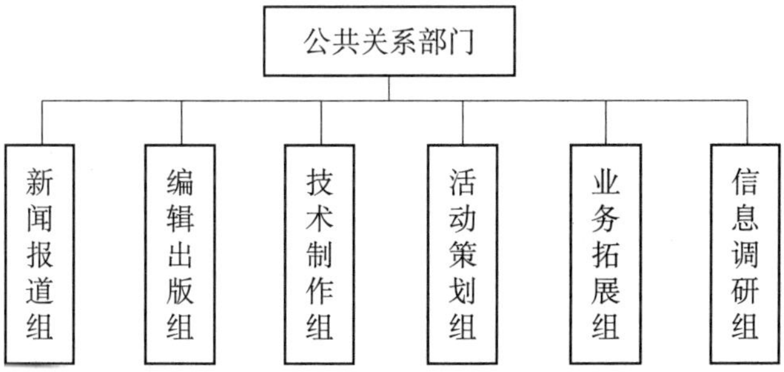

图 2－3　按工作内容设置的公共关系部门结构

2. 按工作对象分工

按工作对象分工即在公共关系部门下设内部公共关系部门、外部公共关系部门和专业技术制作部门三个机构，如图 2－4 所示。

内部公共关系部门：主要负责员工关系、股东关系等。这些关系的处理需要与经营部

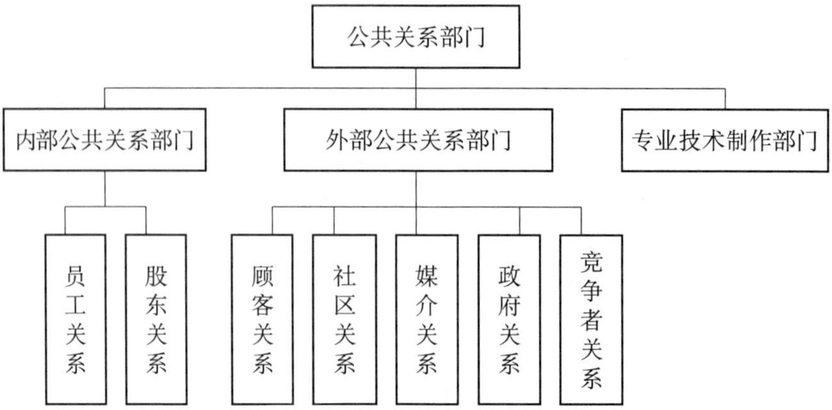

图 2－4　按工作对象设置的公共关系部门结构

门、财务部门、工会组织等配合，特别是人事部等部门的协助处理。这主要通过编印刊物、员工调查、职工活动、股东年会等方法加强双向沟通，加强员工和股东的归属感、荣誉感，调动员工的积极性，创造和谐的内部环境。

外部公共关系部门：主要负责顾客关系、社区关系、媒介关系、政府关系和竞争者关系。负责处理这些工作的公关人员，要善于利用新闻传播、广告宣传、意见沟通等方法，巩固和改善组织与各类公众的关系，为组织的发展创造一个和谐的外部环境。

专业技术制作部门：公共关系工作涉及很多专业技术，如编辑、广告策划和制作、美术装饰、拍照摄像、新闻发布、谈判演讲、专题活动等。公共关系部门应根据公共关系工作的手段和技术进行分工，这样有利于提高技术水平和传播效果。

3. 按工作区域分工

按工作区域分工即按组织工作所涉及的区域设置公共关系部门下设机构，如在公共关系部门下设国内公共关系部门和国际公共关系部门两个分支机构，如图 2－5 所示。

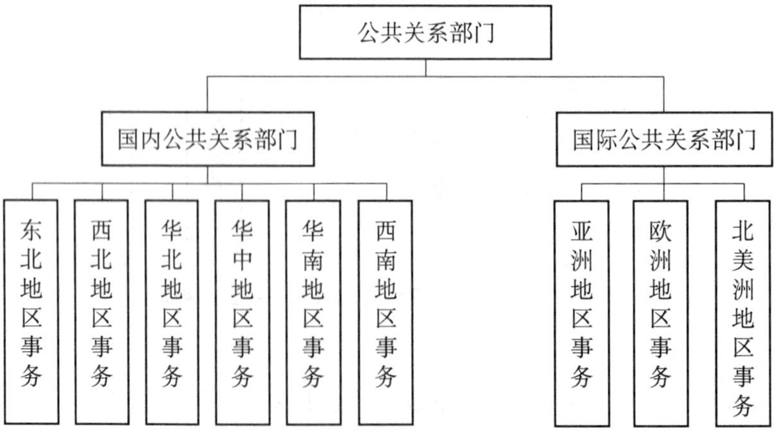

图 2－5　按工作区域设置的公共关系部门结构

五、公共关系部门的工作内容

公共关系部门因为担负着帮助组织进行内外沟通、塑造组织形象的任务，所以工作面相对较广，而且内容繁杂，见表 2-1。

表 2-1 公共关系部门的工作内容

工作性质	具体工作内容
日常工作	A. 监测组织环境、收集公众意见、接待来访及处理投诉
	B. 撰写组织有关活动的宣传稿、新闻稿、演讲稿
	C. 协调与媒体及记者的关系
	D. 筹划、设计和分发组织的各种宣传品和馈赠品
	E. 在互联网上注册组织域名、设计网络主页并管理电子信息
	F. 组织安排相关领导参加社会有关活动
	G. 了解、分析竞争对手的公共关系状况
	H. 与政府有关部门的工作人员保持联系
	I. 密切联系有业务往来的公关公司、广告公司等业务伙伴
	J. 参与公关社团的有关活动，如会议、评比等
定期活动	K. 出席有利于组织形象塑造的各种会议，参与组织决策
	L. 参加行业会议，加强组织与同行的沟通
	M. 编辑出版组织内部刊物，安排布置宣传项目
	N. 加强与社区公众及网络公众的联系
	O. 组织安排集体娱乐活动
	P. 组织安排员工教育培训
	Q. 协助撰写组织年度工作报告
专题活动	R. 举行记者招待会或新闻发布会
	S. 举办展览展销会
	T. 进行公关谈判、游说、策划活动
	U. 策划制作公关广告
	V. 组织公共关系赞助活动
	W. 实施组织开放活动，安排公众参观
	X. 举办组织庆典活动
	Y. 举办与公众有关的联谊活动
	Z. 举办各种竞赛活动

六、公共关系部门的优势

(一)熟悉组织内部情况

作为组织内部的职能机构，公共关系部门及其成员对本组织的公关现状更加了解，很容易抓住问题的症结所在，有针对性地开展工作。同时，公共关系部门人员与本组织的其他人员关系较熟，更有利于促进内部的沟通和信息的传递。

(二)工作效率高

公共关系部门因为是组织内部常设机构，所以发现问题可以马上着手处理，尤其是对于一些突发事件，能及时商讨对策并拿出解决方案，可大幅度地提高工作效率。

(三)便于内部沟通协调

由于公共关系部门隶属于组织，是组织的一个职能部门，部门工作人员对组织运行程序比较熟悉，且了解各部门及工作人员的职责及特点，因此在处理各种问题时，沟通相对便利、通畅。

(四)公关费用相对较低

聘请外部公共关系公司开展公关工作往往花费巨大，但公共关系部门作为组织内部的职能机构，因为与组织是利益共同体，所以在制定公关方案时会本着花小钱办大事的原则来开展公关工作，这样会大大降低公关成本。

智慧火花

公共关系部门的五种段位

公关战是如今企业间关系互动的常态，因此企业公共关系部门的专业性就显得颇有价值。目前企业公共关系部门可大致分为五个段位：配合、发布、消灭价值、创造价值、耳目喉舌。

大多数企业的公共关系部门是以配合媒体关切与媒体需求为主。企业创业之初，基本上会招聘的第一个人，就是与媒体有点关系的。当有媒体想报道(或找麻烦)时，这个人能配合联络，找下素材，予以接待，简单处置舆情。这是大多数企业对公共关系部门的认知，这是最低段位。

再高一档的段位，叫发布。发布不是传播，是能够在内部根据业务需要，进行一些信息收集、提炼、加工工作，并根据加工内容，联络媒体进行一些消息输出。

这样的发布是有价值的，不管其影响范围多大，穿透力如何。比如说，一个企业在对外开拓发展过程中，不管是政府、合作伙伴，还是目标用户，第一次接触该企业，往往首先是上网搜一搜，查看该企业的相关信息。如果一家企业网上信息极少，更新速度极慢，那么这家企业很可能实力不强，活力与影响力不够。

因此，许多企业公共关系部门的工作就是持续地曝光，有声、有影、有动静。这个段位的最大问题是，发布往往被当成目的而非手段（发布本身不应该成为目的），并且发布的内容往往无主题变化，内部有什么消息，略微加工后就发布什么消息，并不为主题服务，也不管是否达到了传播目的。

发布之后再往上一个段位就是消灭价值。这是善于公关战的公司常做的事。眼里盯着竞争对手，靠挫敌人锐气而存在。这比只发布软文的难度大很多，但因为在竞争中成本低廉，又能扰乱对手心智，所以往往被频繁使用。

再往上一个段位是创造价值。创造价值需要什么呢？简单地讲，公共关系部门要有敏锐的舆情处置力、完善的话术体系构建力，以及在洞察及顺势基础上的渠道引导力。

最高的段位，自然就是公共关系部门能成为企业的耳目喉舌。公共关系部门不仅能收集行业的发展动态和行业内标杆企业的启示性动作，及时将其转化为公司决策的依据，更能对内凝聚人心，对外输出价值观，塑造良好的品牌形象。

资料来源：赵明．从今日头条与腾讯公关战，看PR对企业的5种价值[EB/OL]．(2018-10-10)[2024-06-28]．中国公关网．

任务二　组建公共关系公司

任务目标

完成本任务，你要了解公共关系公司的基本类型和业务内容，分析公共关系公司的专业优势、市场价值及对各类组织发展的贡献度。

任务布置

从2022年中国十大公关公司排行榜中任意选择一家公司，查阅、收集公司资料，了解其发展史、业务范围、市场影响力及完成实施的公关项目，加深对专业公关公司的认识和了解。

公共关系公司又称公共关系专业公司（也称公共关系咨询公司或公共关系顾问公司，以下简称公关公司），是具有独立法人资格和地位、以营利为目的的商业性服务机构。公共关系公司一般由各具专长的公共关系专家组成，专门从事公共关系咨询的工作，或者接受客户委托为其提供公共关系服务。

随着社会交往圈的扩大及信息传播的透明化，任何组织都存在公共关系协调的问题，都不同程度地需要专业化的公共关系机构为其出谋划策。因此，公共关系公司如雨后春笋般纷纷出现，其业务范围不断扩大，业务量也迅速增加。由于公共关系公司具有较高的专业水准、广泛的社会影响和显著的工作效率，因此越来越多的组织将内部公共关系部门与外部公共关系公司运作相结合，以便更好地发挥公共关系的管理职能。

一、公共关系公司的工作内容与基本类型

（一）公共关系公司的工作内容

随着公关观念的深入人心，各类组织对公共关系的重视程度越来越高，这使得专业公关公司的市场前景日趋广阔。目前专业公关公司业务分工越来越细，内容也越来越丰富。一般而言，公关公司的业务内容主要包括以下几个方面：

1. 强化传播沟通，协调公众关系

公关公司最基本的业务内容就是通过专业化操作，及时、准确、客观、完整地将组织的信息传递给公众，并将公众信息反馈给组织，尤其是在组织与公众之间产生冲突或摩擦而沟通又难以进行时，公关公司就可以以第三方的身份来了解分歧所在，从中调停，促成双方的和解。从这种角度看，公关公司就是“协调使者”或“传播大使”。

2. 实施公关调查，提供决策咨询

组织决策有赖于提前掌握各种信息，如市场信息、行业信息、组织影响力信息、政府信息等。但组织由于自身的种种局限性，如精力、能力、主观性、条件等，又不可能真正做到对各种信息的及时、准确、客观、完整的掌握，因此可委托公关公司进行专业调查，并进行相关咨询。还有相当一部分公关公司本身就是专业的调查公司、咨询公司，它们利用专业知识、技术、经验、队伍、信息网络等独有的资源，开展调查，收集资料，研究对手，分析动态，预测趋势，为组织决策提供咨询。

3. 进行公关创意，策划公关活动

在现今社会，组织要想赢得公众信赖和支持，就必须在理念和行为上获得公众认可，而吸引眼球、聚集人气则是提高组织认知度的最有效方法。这就要求组织通过独特的创意、新颖的活动来引起公众注意并产生好感。对于公关公司而言，在实力相当、水平接近的同业竞争中，好的创意与策划往往是克敌制胜最有力的武器之一，正所谓“智慧能取胜，创意可争先”。因此，公关行业中那些缺乏经验、缺少客源、急于创出知名度的新公司或资金不足、经验有限、实力薄弱的小公司更应该重视创意创新，以期达到出奇制胜、

四两拨千斤的效果。

4. 塑造组织形象，加强品牌推广

向公众展示美好形象并进行品牌推广、提高自身知名度与美誉度是任何一个组织的愿望，但塑造既有创新又有个性，同时也为公众所认可、欢迎的美好形象却并非易事。往往是迎合了公众口味就没有了个性与创意，无法吸引眼球，不仅不能提高知名度，还会被贬为俗气；而过分突出了个性与创意，又不能为公众所认可和接受，被斥为另类，降低美誉度。因此组织可借助公关公司的专业优势，来创造雅俗共赏的组织形象。

5. 提供教育培训服务

公关公司所开展的教育培训业务主要有两类，一类是公关业务培训，一类是基本素质培训。公关业务培训一直是我国公关公司的一项重要业务内容。在我国公共关系初创时期，院校公关教育还不能满足社会对公关专业人员、专业知识的需要，因而培训公关从业人员、普及公关专业知识曾是公关业务培训的主要内容。近年来，随着院校公关教育的普遍开展，特别是公共关系职业准入制度的建立，公关业务培训越来越多地转向与专业资格认证相结合。基本素质培训是我国公关公司近年来蓬勃开展的一项重要业务，这类培训涉及公关礼仪、职业道德等内容，强调体验式学习。此外，以提高心理素质、培养意志品质、焕发团队精神、学习人际交往等为内容的拓展训练也越来越热门。目前，很多公关公司都引入了专业拓展训练这一业务。中国国际公共关系协会的有关调查显示，公关培训与战略咨询、增值服务、活动管理等已并列为我国公关公司四项主要盈利手段。

公关大舞台

第九届中国大学生公共关系策划创业大赛总决赛圆满结束

2023 年 10 月 22 日，中国国际公共关系协会（CIPRA）主办的第九届中国大学生公共关系策划创业大赛总决赛在上海复旦大学举行，共有 17 名大赛评委出席。

经审核，共有 1 227 个作品参加本届大赛。经三轮评选，共 424 个团队获文案一、二、三等奖，其中一等奖 62 个、二等奖 159 个、三等奖 203 个。根据赛制，获得一等奖的团队亮相总决赛并角逐金、银、铜奖。10 月 21 日，入围团队分选题进行了预赛，16 个团队脱颖而出。10 月 22 日，经过激烈争夺，复旦大学的“还是要从容应队”、中国传媒大学的“养生第一梯队”和兰州大学的“策划拜拜队”3 个团队荣获金奖。中国传媒大学的“洋娃娃和小熊跳舞队”、浙江大学的“睡睡碰碰车队”、浙江工业大学的“陀螺队”、清华大学的“BE 敢死队”和浙江工业大学的“自力更生队”5 个团队荣获银奖。国际关系学院的“ICE”、复旦大学的“伽有儿女”、上海师范大学的“Miracle Factor”、复旦大学的“卿描旦写队”、广州南方学院“YOLO PR”、南昌大学的“深藏不露（BLUE)”、华东师范大学的“你的十蓝”和厦门大学的“营养优家”8 个团队荣获铜奖。为表彰相关企业和高校对此次大赛的支持和贡献，大赛评出了“公益奖”“特别组织奖”“组织奖”。

本届大赛的主题为“高质量 新发展 向未来”，彰显对公共关系行业可持续发展的美好愿景，旨在探寻公共关系对品牌化时代社会和经济发展的赋能，关注传播新技术新媒体的创新运用，使参赛选手从一线实践中得到了锻炼。大赛自3月29日在中国传媒大学启动后，持续近7个月开展各项赛事工作，其中4、5两个月组织出题企业和业界专家赴20所高校进行了巡讲，数千名师生聆听了选题解析和专业辅导，部分提案作品的创意和实操性得到了企业和专家的一致好评。

资料来源：中国国际公共关系协会．第九届中国大学生公共关系策划创业大赛总决赛圆满结束[EB/OL]．(2023-10-23)[2024-06-24]．中国国际公共关系协会网．

6．代理专项公关业务活动

相关业务活动代理主要是指一些操作性、劳务性公关业务的代理，如制作广告与宣传材料、筹备展览展示活动、组织考察、承办会议、筹办庆典、设计制作礼品等。

总之，公关公司工作内容的设置比较灵活，根据客户的需要可因地制宜、因时制宜、因事制宜。

(二) 公共关系公司的基本类型

目前，无论是国内还是国外，公共关系公司的发展趋势均呈现出专业化、多样化、灵活化特点。不同的公共关系公司在规模、结构及业务范围方面有很大差别。归纳起来，公共关系公司大体可分为三种基本类型：综合服务型公共关系公司、专项服务型公共关系公司及顾问型公共关系公司。

1．综合服务型公共关系公司

综合服务型公共关系公司通常可提供多种公共关系服务。此类公司一般拥有先进的信息搜集系统和信息储存与分析系统，也拥有能够通过多种途径广泛采集世界各国政治、经济、文化、法律、风俗习惯及市场动态等多方面信息的经验丰富的专家。此类公司具有较大的规模，业务范围广泛，实力雄厚，可为不同类型的客户提供多种形式的服务，比如跨国、跨区域市场的开发，政府、社区、媒体、顾客及雇员关系的处理与协调，客户组织形象识别(CI)战略的策划与实施，公众调查及人员培训等。

2．专项服务型公共关系公司

顾名思义，专项服务型公共关系公司是指可以为客户提供特定项目服务的公司，其服务项目一般仅限于一种，或专项为客户进行市场调查，或专项为客户组织某种公共关系活动。专项服务型公共关系公司的人员通常都是某一个领域的专家，在该工作领域有广泛的关系网和丰富的经验。这类公司较之综合服务型公共关系公司，其经营规模和业务范围要小。

3．顾问型公共关系公司

从某种意义上来讲，顾问型公共关系公司也是一种专项服务型公共关系公司。它所开展的服务一般仅限于为客户提供咨询，作为客户的“参谋”，对其公共关系事务提出意见或建议。只不过，它所提供的意见或建议往往具有综合性，并不局限于单一方面。顾问型公共关系公司的组织成员，基本上都是已有一定名望的某一领域的专家，如新闻传播专家、社会心理分析专家、公众关系协调专家、市场分析与预测专家等。这些专家阅历广、知识新、头脑灵、眼光远，不仅能为客户提供决策咨询的服务，还可以为客户提供各种公共关系具体业务的指导。那些与顾问型公共关系公司建立长期业务关系的组织可委托其负责代理某些特定的公共关系业务，以帮助组织取得良好的公共关系效果。

公关大舞台

公关公司助力政务舆情新突破

随着互联网的快速发展和对社会生活的深度介入，新闻传播日益呈现社交媒体化的特点。2016 年以来，党中央多次强调新时期新闻舆论工作，指出新闻舆论工作是治国理政、定国安邦的大事，也是事关旗帜和道路的要事。

中国国家发展和改革委员会作为最受媒体关注和群众关切的政府机构，时刻处于社会舆论和媒体焦点的风口浪尖之上，其新闻传播与舆情管理工作面临着前所未有的考验。为此，广州市发展和改革委员会与第三方公关公司——广州关键点品牌管理顾问有限公司开展了专项合作，针对广州市发展和改革委员会新闻传播与舆情管理的有效性、实操性、技术性等方面进行研究。广州关键点品牌管理顾问有限公司利用自身舆情监测系统对其进行定量、定性的研判分析，了解广州市发展和改革委员会目前的舆情现状，客观把握舆情的核心诉求，借助线上与线下的整合沟通，实现传统媒体与新媒体的良性互动，并完善相关制度，有针对性地制定符合广州市发展和改革委员会实际的舆情预测、预警和应对措施，形成专项调研报告。

正如广州关键点品牌管理顾问有限公司总经理江帅所说：“如今传统媒体和新媒体日益融合，政府做好新闻传播和舆情管理工作，确保能经受住新闻传播和社会舆论的考验愈加重要。”

资料来源：新媒体新挑战，公关公司助力政务舆情新突破 [EB/OL]．(2016-12-28) [2024-06-28]．环球网．

二、公共关系公司的优势

与组织内部设立的公共关系部门相比较，独立的公关公司的优势主要是：

（一）立场公正、客观

公关公司应该是独立于组织与公众之外的“第三者”，立场相对公正。当公关公司处理组织外部事务，如宣传推广、调解组织与公众之间的矛盾冲突等的时候，其扮演的是类似“裁判员”的角色，可以比较好地避免那种组织内设公关部“自家人向着自家人”“既当运动员，又当裁判员”的尴尬局面，使公众更容易接受。当公关公司处理组织内部事务，如劳资冲突、拓展训练等的时候，这种立场可以使公关公司避免“当局者迷”的主观性、片面性，摆脱组织传统价值观念的束缚和固有等级秩序的顾虑，从旁观者的角度，客观、公正地发现问题、提出建议。

（二）社会关系资源丰富

公共关系是组织与公众打交道，因而社会上的人脉、传播媒介、关系网络等社会资源的开发、利用具有特别重要的意义。在这方面，公关公司自然具备组织内设的公关部所没有的优势。特别是一些有一定行业背景、机构背景、地域背景、人员背景的公关公司，其社会关系资源的丰富是其他任何机构都无法比拟的。

（三）专业水平高，职业意识强

公关公司及其员工作为专业机构与专业人士，具有丰富的公关工作知识、技能、经验和相应的职业精神、职业道德、职业声誉。作为一个实践性、操作性很强的行业，上述这些“软资本”是公关公司成功的根本保证和无价之宝。

公关大舞台

黑公关还要横行到几时?

1. 何为黑公关

黑公关是指打着公共关系的名头，为了纯粹的商业目的发布负面新闻或评论，并有计划、有组织地进行炒作，煽动舆情，以诋毁、诽谤目标企业和个体来获利的行为。

不同于正常的舆论监督，黑公关是一种恶意的、重复的、攻击性、毁灭性的网络行为。它会刻意夸大负面信息，甚至捏造假新闻，利用眼球效应，对目标进行声誉攻击。

当下，黑公关已经形成一条严密的网络黑产业链。为谋求经济利益，黑公关主体会通过发布“黑稿”对企业进行威胁，要求“有偿删帖”；或者是承接任务，帮助施害企业攻击其他商业竞争对手。

黑公关的恶意攻击往往会使企业的商品声誉、品牌声誉受到严重损害，而这些无形资产已成为企业竞争中的重要影响指标，它的修复更是困难且代价巨大的。

2. 黑公关流程

（1）研究攻击对象“痛点”，制造“弹药”。

“不打无准备之战”，发动攻击之前，黑公关推手会先对攻击对象进行“痛点”研究。根据主体的性质、行业特点、商业动向、历史过往等，结合网友心理、舆论热点，策划出最能引爆舆论情绪的主题事件，比如食品企业发生食品安全问题、IPO企业出现财务造假、公益宣传期被曝道德负面等。主题事件还将通过进一步的“专业”包装，进而制成文字、图片或视频等炒作材料，以增强这些“弹药”的杀伤力。

（2）研究传播路径，形成“热点”。

要想形成快速的传播，传播路径的选择与策划也十分关键。不同的信息在不同平台的发酵速度不同，黑公关推手会根据舆论特性，规划出最有效的传播路径。是由社交平台发酵到自媒体平台，还是由自媒体平台过渡到社交平台，抑或全面合力？经过指定传播路径的流动，炒作材料将逐渐成为“热点”，获得关注。

（3）“舆论打手”出击，引导意见气候。

在信息的流动间，“舆论打手”将配合出击。网络水军、枪手及发帖机器人将在平台间密集发帖，并有节奏地加入讨论。在话题影响力形成的同时，伪装的“假民意”将带动意见气候向推手预期的方向旋转，让被攻击对象逐渐陷入负面舆情危机中。

（4）推动次生舆情，加重危机。

负面舆情危机一旦升起，黑公关也有了更多可乘之机。在不同的发酵节点，推手可根据事件发展与舆论态势，持续性地放出其他“弹药”，或者针对企业应对中的不当之处进行攻击，推动次生舆情的产生与发展，加重危机局势。

3. 黑公关手法

（1）造谣诽谤。

舆论传播的规律往往是“好事不出门，坏事传千里”，黑公关有时会直接编造企业的虚假负面谣言，借助匿名身份或模糊主体散播消息，在消息不对称带来的情绪恐慌及“假民意”的裹挟下，普通网友也会“中招”，相信造谣诽谤的内容。

（2）断章取义、移花接木。

这种手法也是企业黑公关中最常见的一种，因为它可帮助包装信息的可信度。黑公关通过对企业过往的广告、动态、高层发言、资料或外部媒体报道的内容节选，以断章取义或移花接木的方式，基于真实信息进行恶意曲解，以制造挑动大众负面情绪的内容，对企业进行打击。

（3）关键节点带节奏。

“借东风”一招也常被运用到黑公关的不法行为中，在行业新规出台、同行被曝负面新闻等外部特殊节点下，舆情通常更易被搅动，黑公关更易获得关注与相信；而在企业新品发布、商务合作、融资、上市等内部特殊节点下，黑公关攻击的伤害则将更为精准，可直接对被攻击对象造成制衡或打压效果。因此，推手们会在这些节点下，发布带节奏的信息，影响对方正常运营。

4. 黑公关为什么可怕

(1) 万稿齐发，大众判断力减弱。

黑公关背后有强大的组织力，通过专业水军和发稿机器人，短时间内便可实现成千上万条信息的多平台发布，聚合成虚假的、一边倒的舆论环境。“假民意”不但会让大众判断力减弱，变得易轻信谣言，甚至混淆权威媒体视听，导致事态升级。

(2) 操作专业，攻击力强劲。

企业黑公关产业链的形成，也代表着其操作专业性的提升。黑公关推手深谙舆情之道，能够把握议程设置和舆情节奏的密钥，擅长挑起舆论情绪，并且“装备齐全”，有大量的账号资源、灰色工具，攻击快速强劲。而他们系统地伪装让其更易隐匿于网络间，不便企业的溯源与纠察，监管、治理难度剧增。

(3) 信息留存，后续影响难消除。

互联网是有记忆的，黑公关撤退后，其发布的大量负面信息、稿件或仍会长期留存于网络间，持续发挥作用，形成对舆论环境的误导。除了可见的留存外，接触过黑公关信息的网友们也会一定程度地留下潜意识记忆。在奥地利心理学家西格蒙德·弗洛伊德(Sigmund Freud)的理论中，这些潜意识记忆只是暂时性沉寂在脑海中，但当同类信息再次出现在他们面前时，记忆中的相关信息就会被再次激活，从而强化他们对这个信息的态度。因此，如果企业未能应对好黑公关，澄清信息的传播、说服力度不到位，那么这些攻击的后续影响将持续对企业产生负效应。

5. 如何应对黑公关

(1) 主动应战——舆情监测建立。

面对黑公关的攻击，与其事后花费成倍的代价来澄清、修复品牌声誉，且成效难料，企业不如主动应战，拿下主导权。主动应战首要的是感知到攻击的存在，建立各种舆情监测系统，保证企业可获得24小时的风险防护。监测系统应依据需求自动对企业全网相关信息进行收集与筛查，一旦发现负面风险信息就向指定人员发送预警，从而快速采取行动，阻断攻击。

(2) 科学应战——危机管理进行。

在舆情监测机制的运行下，黑公关难以遁形，接下来企业要做的便是解决它。建立舆情监测系统，企业可对黑公关信息进行溯源与传播路径追踪，快速、精准地找到攻击开始的时间、人员、平台、内容，并梳理出发酵过程中的重要KOL、节点，以便及时整理出相关信息，帮助法律证据的固定与澄清信息的留存。

此外，企业公关部也需要对黑公关的影响进行评估，研判其是否已获得一定量级的传播，是否影响到了企业口碑，是否需要规模性公关行动，网友如何看待相关信息，哪些内容、平台需要重点澄清等。在舆情监测系统中，公关人员可获悉传播热度、传播层级、平台热度、网络情绪变化、热点话题、重点KOL等大数据信息分析结果，并据此辅助形成分析报告，帮助企业制定危机管理方案。

(3) 强势应战——法律武器回击。

面对黑公关的攻击，企业需要拿出强硬的态度与手段进行回击，最好的方法便是借助法律的力量。首先，企业需要通过专业律师发布声明，警告黑公关推手，同时对“不明觉厉”的流量跟随者作出警示，遏制不实信息的攻击，对舆情环境进行正向的引导。其次，企业就前期确定的法律证据，通过提起诉讼等方式进行追责，保护自身的合法权益，这不但是让黑公关推手获得应有的惩罚，还是向外对黑公关力量树立威慑；更重要的是它能大大地帮助企业进行品牌声誉维护，相比企业单方面的自证，法律的权威佐证效果会更佳。

(4) 柔性修整——后续影响消除。

网络舆情环境的复杂，让企业对“战后”舆情环境的修整成为必要。首先，在获得法律支持的情况下，企业可合法地向相关平台、KOL 提出要求，要求其删除虚假诽谤的相关内容，并要求攻击方进行公开道歉与澄清。但这一步须谨慎，不可逾矩要求删除中立、客观的风险信息。同时，企业可向公众及媒体公示出相关法律文件，以声明行为的合法合理，以防被“有心之人”利用，形成网友对企业“心虚”“霸道”的误解，引发次生舆情危机。其次，企业可在公关网络中向关系良好的媒体进行发稿邀请，让其客观地帮助澄清，以正面、中立的信息帮助净化舆情环境。

资料来源：一文看懂什么是企业“黑公关”[EB/OL]．(2022-07-12)[2024-06-28]. 百家号网．

（四）机构设置及人员配备灵活

对于需要公关服务的组织而言，公关公司是一种社会资源，除履行合同外并无其他责任与义务，可以完全根据实际需要来决定委托合同的经费、时间、人员等，不必担心出现组织内设公关部受机构规模及人员编制的限制，公关业务繁忙时无暇应付的情况。

任务三　了解公共关系社团

任务目标

完成本任务，你要了解公共关系社团的特征、职能及工作内容。

任务布置

请查阅资料，了解公共关系的行业规范和从业者应具备的职业道德标准。

一、公共关系社团的定义及特征

公共关系社团是指公共关系领域内具有行业性和专业性的非营利性的群众组织或社会团体，如各种形式的公共关系协会、学会、研究会以及联谊会、俱乐部、沙龙等。

公共关系社团作为非营利性的群众组织或社会团体，其自身性质决定了它具有以下特征：

2-2 公共关系社团

(一) 广泛性

公共关系社团的广泛性体现在它的成员既包括公共关系行业中各方面的组织或从业人员，又包括不同地区新闻、科研、文教和党政机关各界人士。通过这种组织形式，公共关系社团可以建立更广泛、畅通的信息渠道和社会关系网络，有利于成员之间沟通交流，更好地为各自的工作服务。

(二) 松散性

公共关系社团虽然也是一种组织，但是没有严格的组织机构，也不具备强制性。其成员只是对公共关系有着共同的兴趣而聚集在一起研讨问题，组织机构比较松散。

(三) 服务性

公共关系社团的优势体现在社团可以聚集一批公共关系领域的专家，他们对公共关系理论和实践都较为精通，可以为社会提供咨询服务。为社会服务是公共关系社团的宗旨，服务质量的高低是公共关系社团生命力之所在。通过服务，公共关系社团既满足了社会对公共关系的需求，又提高了自身知名度。

(四) 非营利性

由于公共关系社团的宗旨是为社会服务，因此其并不是营利性组织。与公共关系公司不同，公共关系社团所提供的服务是无偿的，其本身不能从事商业经营。

二、公共关系社团的职能

公共关系社团最基本的职能是充分组织和动员公关领域的人力资源，推动公关理论与实践的普及与发展。公共关系社团的职能具体体现在以下几个方面：

(一) 沟通信息

公共关系社团通过举办会议、组织活动、发行书刊、创办网站等各种形式，打破地域、部门、机构、身份等的壁垒，推动全行业的乃至行业外的全方位信息沟通，实现信息资源共享，促进行业发展。

（二）规范行为

艾维·李的《原则宣言》（*Declaration of Principles*）的发表意味着自公共关系成为一种职业的那天起，公关业内人士就没有忘记自律。几乎所有公关行业规范，包括行为准则、职业道德规范、行业准入资格等都是由公共关系社团来制定、推广和监督执行的。

（三）维护权益

公共关系社团通过建立会员间的关系网络，将会员个体联系为行业整体，使社团成为“会员之家”，从而有效地增强了维护公关从业人员合法权益的力量。当2003年中国公关行业遭到“非典”危机时，中国国际公共关系协会于5月22日及时提出了《中国公关业抗击“非典”行业自救指导意见》，帮助中国公关业尽快渡过难关。

（四）推广业务

公共关系社团通过会议、演讲、培训、出版物、评比等各种形式，普及公关知识，宣传公关意识，推广公关业务。

智慧火花

公共关系协会

公共关系协会也称公共关系社团，是指社会上自发组织起来的、非营利性的从事公共关系理论研究和实务活动的群众组织或社会团体。行业性协会的建立和发展，是公共关系成熟的一个标志。国际公共关系协会成立于1955年。随着公共关系的发展，公共关系协会也在我国各地广泛出现。1986年11月，上海市公共关系协会成立。1987年6月，中国公共关系协会成立以后，各省市乃至地县和乡镇都出现了公共关系协会。公共关系协会主要包括协会、学会、研究会、俱乐部等组织。

资料来源：什么是公共关系协会［EB/OL］. MBA智库·百科.

三、公共关系社团的工作内容

各国的国情及公关行业发展水平不同，各个公关社团的宗旨也不同，因而其开展的活动也不尽相同。公关社团主要有以下几项工作内容：

（一）主办会议与活动

公关社团经常定期或不定期地组织会员召开各种行业性的年会、交流会、研讨会、报告会以及考察、联谊等活动。例如，在我国，中国国际公共关系协会自1996年起每两年主办一届中国国际公共关系大会，以及每年主办一次中国公关业工作研讨会，为中国公关事业的健康发展以及与世界公关同行业的对话起到了良好的推动作用。

公关大舞台

凝聚社会共识，讲好中国故事

为充分发挥公共关系在高质量发展中的重要作用，2023年12月16日，由中国公共关系协会主办的2023中国公共关系发展大会在京举办。大会主题为“公共关系服务高质量发展”。来自国家有关部委、企业、高校、智库，全国各省、自治区和直辖市公共关系协会主要负责人，公关公司、新闻媒体等单位的业界精英和专家学者代表近200人参会。本次大会通过主论坛+圆桌论坛的形式，共同探讨积极推进公共关系理论与实践发展创新，凝聚社会共识，讲好中国故事，提高传播效能，推动国家治理体系和治理能力建设。

清华大学新闻与传播学院院长、中国公共关系协会学术委员会副主任周庆安提出，话语体系建设要构建有效的积极内容，讲好中国对世界是一种冲击，而非冲突；讲清中国之于世界是一种差异，而非差距；讲出中国在世界探索先行，而非先进。在对话中探索积极内容的根本，其必须是真实、客观、全面的。话语体系要成为国际传播中的权威力量，要讲好所有的中国故事，在不同类型的叙事中都成为权威。

此外，大会还首次举办年度公共关系优秀案例展示，会上发布了20个优秀案例和15个展示案例。贵州“村超”、“淄博烧烤”、中核集团联动《流浪地球2》、《花木兰》成功巡演美国、巴奴用诚意化解舆论危机、甘孜文旅局长高效回应游客关切等案例入选。

本次大会由中国上市公司协会、中国中小商业企业协会、五洲传播中心协办，并得到包括红星新闻在内的多家媒体支持。

资料来源：胡伊文．凝聚社会共识，讲好中国故事 中国公共关系发展大会在京举办[EB/OL].(2023-12-17)[2024-06-29]. 网易．

(二) 行业调研与评比

作为对公关实务的研究、评比和探讨，举办一年一度的公关案例的评优活动，是国际公关业的惯例，如国际公共关系协会的“世界最佳公共关系案例金奖大赛”、英国公共关系协会的“卓越公关案例剑奖大赛”等。中国国际公共关系协会自1993年起每两年举办一届“中国最佳公共关系案例大赛”，自1998年起每年进行一次行业调查，并撰写年度行业调查报告公开发表。这些活动在为业界提供基础信息、发展动态，示范引导公关事业健康发展等方面起到了推动作用。

（三）制定规范，监督会员

公关社团要制定公关行业的行为准则、职业道德规范等自律性文件。《中国公共关系职业道德准则》于1991年5月23日由第四届全国省市公关组织联席会议通过。2006年9月，中国国际公共关系协会公关公司工作委员会审议通过了《公关服务行业自律公约》，以规范公司公关行为。公关社团不仅制定这些规范，还负责修订、监督、执行这些规范。

（四）制定职业准入制度，开展职业资格培训

制定职业准入制度、开展职业资格培训、进行职业资格考核、颁发职业资格证书等也是公关社团的一项重要工作。1993年，中国公共关系协会推出了“公共关系职业资格证书”培训活动。此举是中国公关社团为中国公关行业规范资格、提高素质、优化队伍、健康发展所作出的重大贡献。

（五）发行刊物，创办网站

国际公共关系协会的《国际公共关系评论》（现更名为《前沿》）是世界上著名的公共关系权威学术刊物。我国最早问世的公共关系专业报纸是由浙江省公共关系协会主办的《公共关系报》，1988年1月在杭州创刊。1989年1月25日，陕西省公共关系协会和中国公共关系专业委员会联合主办的《公共关系》杂志在西安面世。迄今，我国已有公关报刊数十种，并建立了行业门户网站——中国公关网。

公关大舞台

公关行业：广阔的发展前景与挑战

公关行业的发展前景广阔，呈现出日益增长的趋势。随着全球化和数字化的发展，企业和组织越来越重视公共关系的作用，对公关的需求和投入也不断增加。

（1）公关行业的发展前景在很大程度上受到市场环境的影响。在当前竞争激烈的市场环境中，企业和组织需要更好地维护和塑造品牌形象，以吸引更多的目标受众和保持竞争优势。公关作为企业和组织与公众之间的桥梁，发挥着至关重要的作用。通过有效的公关策略和手段，企业和组织可以提升品牌知名度、美誉度和影响力，增强市场竞争力和占有率。

（2）数字化的发展对公关行业产生了深远的影响。随着互联网、社交媒体等数字化平台的普及，公关行业开始涉及数字营销领域。数字营销通过互联网、移动设备等渠道进行宣传和营销，具有覆盖面广、传播速度快等特点。公关人员需要关注社交媒体的发展趋势，制定相应的策略，通过微博、微信、抖音等社交媒体平台与公众进行互动和传播，扩大企业和品牌的知名度及影响力。

(3) 公关行业的发展前景将更加广阔。随着市场环境的变化和科技的发展，企业和组织对公关的需求将不断增加。同时，随着公众对信息和品牌的意识不断提高，对公关行业的要求也将不断提高。因此，公关行业需要不断创新和进步，以适应市场和公众的需求变化。

(4) 公关行业需要不断推进数字化转型。随着数字化技术的不断发展，公关行业需要不断探索新的数字化手段和平台，以提升宣传和营销的效果。例如，公关行业通过大数据分析、人工智能等技术手段，可以更好地了解公众的需求和行为特征，制定更加精准的营销策略。此外，公关行业通过虚拟现实(VR)、增强现实(AR)等技术手段，可以创新宣传形式和体验方式，提升公众对品牌的好感和忠诚度。

(5) 公关行业需要加强国际化合作。随着国际市场的不断扩大和全球化进程的加速推进，公关行业需要加强国际间的交流与合作。学习国际先进的公关理念和经验，可以提升本土公关行业的整体水平和服务质量。同时，参与国际公关项目和活动，可以提升本土企业和品牌的国际知名度和影响力。

(6) 公关行业需要注重人才培养和创新。随着公关行业的不断发展壮大，对高素质、专业化的人才需求如策划人员、执行人员、媒介人员、监测与分析人员等也日益增加。公关行业需要注重人才培养和创新，通过加强教育和培训以提高人才的专业素质和能力水平，通过创新实践和工作坊等方式来鼓励人才不断尝试新的策略和方法，通过建立良好的企业文化以吸引更多的人才加入这个行业中。

资料来源：公关行业：广阔的发展前景与挑战[EB/OL].(2023-10-30)[2024-06-30].百家号网.

思维与技能训练

一、想一想

1. 组织内设立公共关系部门需要考虑哪些因素？公共关系部门的职能是什么？设立时应遵循什么原则？

2. 组织内部的公共关系部门应配备哪些人员？对人员构成有何要求？

3. 公共关系公司有哪些基本类型？其工作模式如何？

4. 为什么要组建公共关系社团？其工作内容有哪些？

5. 比较分析各种公关活动机构的优势与劣势。

二、做一做

1. 上网查找一家专业公关公司的基本资料，了解公司的日常管理、服务项目及业务流程等内容，并思考如何在恪守职业道德底线的基础上，更好地挖掘公关公司的商业价值。

2. 假设你已拿到一家排名前10的专业公关公司的录用函，请为你自己设计一份公关职业生涯规划。

三、技能实战训练

［实战项目］

请在当地寻找一家能体现区域经济发展特色、员工规模为1 000人左右、经济效益较好的工业企业，为其组建公关职能部门，全权负责处理公司的公共关系事务。公共关系部门组建方案具体包括机构设置要求、管理制度制定、人员配备情况、岗位职责、业务流程等内容。

［实训目标］

1. 能有效地帮助企业分析公关现状，合理规划公关部门设置、人员配备及业务内容。

2. 能明确公关人员岗位职责和素质能力要求。

［实操流程］

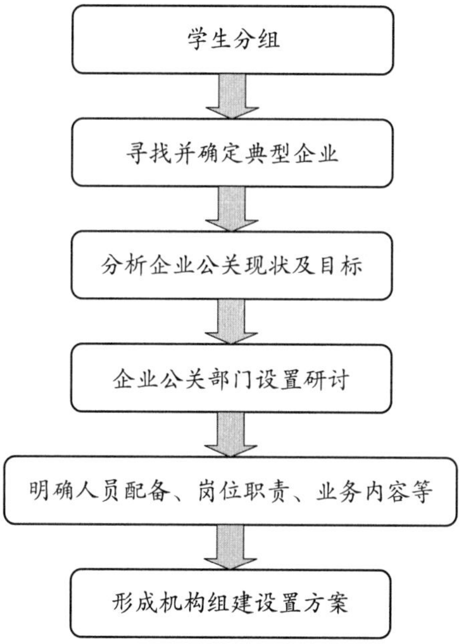

［注意事项］

1. 所选择的企业要具有典型性和代表性。

2. 深度了解企业经营现状，通过采访企业领导和员工，了解企业发展愿景及规划，公关机构设置要符合企业实际发展需要。

［实训成果与评价］

1. 成果：

（1）各组完成企业公关部门设置方案一份（包括部门名称、岗位设置、人员配备、业务内容、管理制度等）。

（2）方案要科学、合理、可行，能帮助企业有效开展公关活动。

2. 评价指标：

序号	项目	评价标准	比重（分）	得分
1	内容	设置方案完整，结构合理，内容明确	30	
2	态度	工作态度严谨，团队合作高效	20	
3	知识	部门设置原则、模式及工作内容描述分析准确	25	
4	技能	能结合企业公关现状合理设置公关部门及人员	25	
总分			100	

项目核心能力与公关素养自评

	核心能力（素养）	是否提高
通过学习本项目，你的哪些核心能力得到了提升：	组织能力	
	公关管理能力	
	分析与判断能力	
	创新创业能力	
通过学习本项目，你认识到的公关素养有：	职业道德水准	
	趋势分析研判	
	市场开拓	
自评人（签名）： 年　月　日		教师（签名）： 年　月　日

项目三 配备公共关系活动人员

✻ 公关之根，根系创新 ✻

> 公关人员永远要比客户想得早。最合格的公关人员，其实应该是幕后英雄。
>
> ——奥美集团亚洲区公关柯颖德

项目解析

组织公共关系目标的实现取决于公关团队，而公关团队的成功取决于公关人员。公关人员职业能力和素质的高低决定了组织公关目标能否实现。因此要了解公关人员应具备的知识结构和能力要求，努力挖掘和提升公关人员的职业素质和潜能。

项目目标

1. 知识目标

（1）明确公共关系人员的角色类型及素质要求。

（2）了解公共关系人员应具备的知识和能力。

2. 能力目标

（1）能客观、准确地进行自我评估，挖掘自身公关潜质。

（2）有意识地培养、训练自己，提升公关职业素养。

3. 素质目标

（1）注重人文积淀，提升文化素养。

（2）强化个人道德修养，做到诚信友善、明礼遵规。

（3）塑造职业精神，爱岗敬业，培养工匠意识。

公关聚焦

什么样的人适合做公关?

什么样的人适合做公关?

从性格方面来讲，公关人员要有开放的胸怀、包容的心态。这是因为公关是跟人打交道的工作，如果个性过于挑剔可能就做不好。做公关还要充满想象力，喜欢琢磨事，另外还要追求精益求精的精细化管理。一般做过公关的人，大家会说这个人比较强势，比较主动，这也是工作的性质所造成的。公关总是讲无中生有，就是我们自己先生出一个东西，再把这个东西通过媒体传播出去。公关需要主动进攻的能力，追求完美、喜欢“摔跤”。

从技能方面来讲，公关人员要有创意能力、策划能力。策划工作是一个非常理性的过程，不光需要想象力，还需要文案、方案、稿件等的策划能力。同时，做公关也需要有演讲能力，因为公关做到一定程度的时候可能要出去演讲。另外，做公关还需要有项目管理能力、团队管理能力等。项目管理能力具体来说就是需要考虑做一个项目能赚多少钱，为客户节省多少成本。当做到一定程度时，客户经理一定要有销售能力，包括客户开发、媒体关系，比如你拿这篇稿子能不能说服更多的记者帮你发出去，说服的过程就是销售的过程。如果你服务国际客户，就需要具备外语能力。

从背景方面来讲，哪些人更适合做公关呢?有记者背景或编辑背景的人进入公关公司会比较合适。另外，有广告行业背景的人因为对营销比较了解，所以进入公关公司也会有比较好的发展。

怎样才能成为称职的公关人?

首先要向行业学习。公关人应注重学习，比如我们要做电信领域的公关，就要了解电信的热点，如电信重组、5G等，只有了解这些，我们才能更好地和运营商、设备厂商沟通，我们才能给他们提供一些建议。

其次要向客户学习，学习产品服务理念和文化。还要向媒体学习，始终让我们保持最强的敏感性。

最后要向同行学习，掌握各种各样的知识。尤其是面对传媒行业日新月异的变化，我们要始终保持学习的态度，了解用户的市场需求。

资料来源：什么样的人适合做公关[EB/OL].(2017-07-30)[2024-07-01].豆丁网.

思考

1. 什么人适合做公关? → 了解公共关系人员素质要求
2. 公关人应具备何种知识与能力? → 培养公共关系人员知识与能力

任务一　了解公共关系人员素质要求

任务目标

完成本任务，你要明确组织内部公关人员的角色类型，了解公关人员应具备的素质。

任务布置

在班级分别组建若干公关团队（每个团队6～8人），分析每个成员的性格特点和具备的公关素质，并以此来明确每个成员的公关角色。

素质是指一个人获得知识或从事某种工作所必须具备的一些先决条件。这些先决条件既包括先天因素，如相貌、智力等，也包括后天因素，如经过家庭、学校、社会教育后具有的一定的知识基础、社会生活经验等。

公共关系人员的素质，是指从事公共关系工作的职业人员在性格、品德、知识、心理等方面的综合素质。

公共关系人员素质的高低决定了其工作的态度和能力，也决定了组织开展公关活动的效果和公关目标的实现。随着公共关系在社会生产和管理中的地位不断提高，组织也将公关人才的选拔和培养纳入组织的发展战略中，对不同角色类型公共关系人员应具备的基本素质要求和职业标准也进行了规范和说明。

一、认识公共关系人员角色类型

公共关系工作内容复杂，活动形式多样，因此公共关系工作需要一大批人去做。由于公共关系人员工作性质、范围、职能的不同，公共关系工作也有着不同的角色分工。公共关系人员具体可以分为四种类型的角色：专家型角色、领导型角色、技术型角色和事务型角色。

3－1　公共关系人员角色类型

（一）专家型角色

专家型公共关系人员是指研究和解决公共关系理论与实践问题的权威，他们有渊博的知识、丰富的经验，有较高的理论水平与宣传推广能力。他们是公共关系队伍的中坚力量与精英。专家型角色主要包括以下人员：

1. 公共关系顾问

公共关系顾问是公共关系的高层次工作者，是处理和解决公共关系难点及问题的技术型专家，他们拥有较高的专业水准和职业道德，能够做到居安思危、未雨绸缪，能够有前瞻性地对公共关系问题进行处理和把握。对公共关系顾问的素质要求主要包括：

（1）制定与实施公共关系方案，为相关组织做决策参谋；

（2）帮助建立与公众的沟通渠道，协调与公众的关系；

（3）提供各种业务咨询，选择有效媒介传播信息，解决公共关系难题；

（4）指导和教育一般公共关系人员，提高他们的素质与水平。

2. 公共关系学者和教育家

公共关系学者和教育家是公共关系研究与教育方面的专家。他们从事社会调查，进行公共关系理论研究，总结公共关系实战经验，从事不同层次的正规教育与业余培训。这些人主要包括：权威的新闻记者与编辑、专栏作家、大学教师和相关研究人员等。

（二）领导型角色

领导型公共关系人员是指在各类公共关系组织或相关单位中担任领导职务者，包括公关部经理、部长、主任、兼职领导、社会活动家等。对他们的素质要求主要包括：

（1）制定公共关系工作的目标，策划公共关系活动方案与程序，为各阶段公共关系工作确定任务；

（2）进行公关活动预算并加以合理分配，确保公共关系工作的正常运转；

（3）参与高层决策活动，及时反馈社会公众意见与舆论，从公共关系角度为决策者提供参考意见，充分发挥公关部门的职能作用；

（4）及时处理公共关系部门的各种问题，领导、检查、监督本部门人员的各项工作；

（5）总结评估公共关系工作，定期向组织提交报告，对公共关系工作效果进行分析说明；

（6）对内协调各部门的工作，对外作为组织的发言人。

3-2 公关经理职业发展路径

智慧火花

公关高管为何屡屡翻车？

2024年5月9日，有关媒体报道百度副总裁璩某已从公司离职。至此，在网络上闹得沸沸扬扬的百度高管事件告一段落。

此前，身为百度公关业务负责人的璩某曾在社交平台上发布多个短视频，内容涉及职场文化和管理方法等话题。在五一长假期间，该账号发布了4条短视频，拥有95万粉丝量。

在短视频中，她直言“员工闹分手提离职我秒批”，表示企业和员工只是雇佣关系，没有义务去了解其个人情况。她还称工作没有假期，要求员工 24 小时手机开机，随传随到，自己因为工作太忙而忘记了儿子生日等。

这些言论在互联网上引发了大量网友的关注和讨论，随后有人挖出该视频账号的热度、点赞数和粉丝数据存在问题，账号涉嫌由交易获得，而非璩某本人从零起步培养。

在接下来的几天里，又有百度离职员工曝出，璩某要求其负责的公众沟通部成员人人开设短视频账号，并设置了相应的互动数据考核指标，称员工若不做短视频内容，将无法得到晋升和考核评优机会。

短时间内，舆论风向从讨论互联网大厂公关一号位是否需要下场当网红，开始转向质疑她作为公司高管以及公关负责人，公开场合的言论却在影响百度公众形象。

无独有偶，小鹏汽车原公关总监徐某也曾因发文怒怼记者而导致企业形象受损。2023 年 12 月 24 日，某媒体记者撰文批评了小鹏汽车在广州车展中将提问记者赶出会场的做法。徐某随即在朋友圈回应道“我没请过他来，毕竟连财报都看不懂”，这一言论迅速引起了公众和媒体的广泛讨论。

徐某随后在微信群里解释说，她并不是一个“圆滑”的公关人，也没有要与媒体人对立的意图。她强调自己尊重那些讲事实、讲道理、关注内容的媒体人。然而，这次事件却激起了社会广泛的讨论，并最终导致了她职位的调整。

上述事件对公关高管的专业能力和公关敏锐度提出了重要挑战。企业公关高层的一言一行，可能都会对企业的长远发展产生深刻影响。在当今的社会环境中，有效的公关管理对于维护企业品牌形象至关重要。

（三）技术型角色

技术型公共关系人员是指具体从事专项技术的业务工作人员，主要包括记者、编辑、摄影师、广告人员、设计师及其他技术人员。他们以技术专长承担相应的公共关系工作，是公共关系实务活动的主要开展者。他们可以是配备的专职固定人员，也可以是根据需要聘请的临时性专门人才。他们的工作效率与表现直接关系到整个公共关系活动的成败。

技术型人才是公共关系计划与目标的具体执行者和业务技术实施者。对他们的素质要求包括：

（1）进行技术沟通，在公共关系程序中承担某一方面的具体任务，并利用自己的特长发挥作用；

（2）参加过专业化的学习与训练，掌握公共关系工作所需要的某项或几项专门技术；

（3）是具体业务工作者，技术熟练，在传递信息、沟通媒体关系中进行组合和搭桥活动，是公共关系活动中的中转站与联络纽带。

(四) 事务型角色

事务型公共关系人员是指从事一般日常公共关系工作的人员。他们是最基层的公共关系人员，主要包括秘书、办事员、招待员、翻译、导游等。

事务型公共关系人员应懂得公共关系的基本知识，知道公共关系的计划与安排，勤勤恳恳，任劳任怨，不计较地位得失，服务态度好。他们是公共关系队伍中数量最多的人员。

事务型公共关系人员从事的工作很繁杂，大量是基础工作。对他们的素质要求主要包括：

(1) 筹备或实施已拟定的公共关系工作计划或活动；

(2) 接待国内外宾客，安排会议；

(3) 联系客户、客商和消费者，直接听取他们的意见或建议，为他们排忧解难；

(4) 接触新闻界的朋友，筹备新闻发布会，起草有关文件；

(5) 收集资料、信息，整理档案以及进行其他文秘工作等。

总之，他们主要按上级的意图去完成各项具体的工作，一般不参加有关公共关系事务的决策活动。但他们又不同于一般的服务人员，不仅为公众提供服务，而且通过自己的服务实现组织既定的公共关系目标。

二、认知公共关系人员素质要求

3-3 公共关系人员素质要求

公共关系人员的素质是从事公共关系工作的人员所必须具备的先决条件。简单来说，就是对公关人员在思想、心理和身体等各个方面的要求。

(一) 思想素质要求

1. 具备高尚品德

品德是指人的品质与道德。公共关系人员所从事的是一种塑造组织形象的创造性劳动，是一项说服乃至征服公众的工作，这就要求其本身具备高尚品德的魅力，这种魅力可以成为征服公众的法宝。具体地讲，公共关系人员的品德应该包括以下几个方面的内容：

(1) 尊重事实。宣传的真实性是公共关系的生命，“讲真话”是公共关系活动最基本的要求。公共关系人员无论是与公众打交道，还是收集信息、调查研究、传播信息，都必须以真实为处事原则，不得有意传播虚假或容易使人误解的信息。只有这样，才能收集到可供组织决策参考的可靠信息，才能在公众中为组织树立良好的形象。

(2) 公正无私。公正意味着公共关系人员对所有的公众要一视同仁，平等相待，不能以貌取人，以地位待人。不论是对过去的公众还是现在的甚至将来的公众，不论是对老主顾还是新客户，不论是对职高位尊权大者还是职低位卑无权者，都应一样看待，不能厚此薄彼。无私则要求公共关系人员不能将个人利益凌驾于组织利益之上，更不能通过牺牲组织利益来换取个人利益。

（3）勤奋进取。公共关系人员应该具有吃苦耐劳、勤奋努力、不怕困难、不怕挫折、不断进取的精神。

（4）热心助人。公共关系人员与人打交道的机会极多，在处理人际关系的活动中，应当以善解人意、乐于助人作为自己行为的一条准则。

（5）正直磊落。在竞争中，不做诋毁竞争对手的事，也不搞违背职业道德的事，不用行贿、收买的手段来开展工作。

2. 恪守职业道德规范

公共关系人员时时刻刻都与公众打交道，从某种程度上讲，他们就是组织的形象代表。因此，个人遵守职业道德规范直接影响组织的形象和信誉。公共关系人员在工作中应恪守下列职业道德规范：

（1）恪尽职守。公共关系人员的职责是努力塑造良好的组织形象，为组织的生存和发展创造和谐环境。这就要求公共关系人员恪尽职守，热爱本职工作，培养强烈的社会责任感。

公关大舞台

新时代公关行业的职业道德培养

党的十九大报告指出："深入实施公民道德建设工程，推进社会公德、职业道德、家庭美德、个人品德建设，激励人们向上向善、孝老爱亲，忠于祖国、忠于人民。"职业道德是公民道德建设工程的重要组成部分，是具有群体性特征的职业规范的总和。而公共关系是一项管理功能，通过制定政策与程序来获得公众的谅解和接纳。它是一种有意识的管理活动，借助公关活动的策划与实施来帮助组织建立良好的公共关系。因此，公共关系不仅是一种社会活动，而且是一种道德活动。公关人员的职业道德培养对加强诚信社会建设是非常必要的。现在人们已经意识到公关人员职业道德培养对品牌形象、企业组织形象乃至国际形象的塑造至关重要。但在现实生活中，仍有许多公关人员在公共关系活动中不遵守职业道德规范，从而给社会带来恶劣的影响，甚至引发行业形象的危机。很多企业公关出现了诸如信任度降低、触碰法律法规底线、社会责任丧失等问题。公关人员违背职业道德，导致企业公关危机的爆发，使公众对公共关系产生误解，同时也影响了公关行业的整体形象。

资料来源：杨菁．新时代公关行业的职业道德培养［EB/OL］．(2020-08-03)［2024-06-25］．参考网．

（2）诚实可信。诚实可信是一种高尚的品质。公共关系人员的基本工作是与公众交往，倘若在交往过程中采取不诚实的态度，会使其所在的组织蒙受巨大的损失，其后果不堪设想。

(3) 不谋私利。公共关系人员从事的是服务公众、服务组织、服务社会的工作，每个公共关系人员只有为公众、组织、社会谋利益的义务，而没有谋个人私利的权利。

(4) 讲求信用。在市场经济条件下，许多经济关系都是契约关系。在公共关系活动中，组织与公众之间常常订有协议，执行合同、履行协议已经成为一种社会公德。因此，公共关系人员要遵守协议，不食言、不负约，做到“言必信，行必果”。如果不守协议，不讲信誉，实际上等于与公众断交，把公众推给竞争对手。

公共关系活动要真正做到讲求信用，有时要付出极大的代价，甚至要作出牺牲。信用是信誉的保障，信用的建立并非一朝一夕之功，而是需要作出持久不懈的努力，付出辛勤的劳动和汗水。公共关系活动的信用准则是建立在持之以恒的原则之上的。

(5) 礼貌谦逊。一个公共关系人员是否对公众具有魅力和吸引力，不仅与他/她的外貌有关，更重要的是他/她对公众是否有礼貌。如果公共关系人员能够做到彬彬有礼、态度和蔼、言语亲切、举止文雅，则会使公众感受到礼遇和尊重，产生好感和被认同感，从而赢得公众信任。

(6) 奉公守法。公共关系人员应具备法律意识，表现在知法、守法和护法上。在诸如签订合同、发布信息、策划广告、赞助捐赠等公共关系活动中，奉公守法对于公共关系人员来说显得极为重要。公共关系人员还要学习和熟悉与本组织业务有关的法律，如《中华人民共和国宪法》《中华人民共和国刑法》《中华人民共和国民法典》《中华人民共和国广告法》《中华人民共和国商标法》等。

(二) 心理素质要求

1. 气质

气质是指人的比较稳定的个性特点，表现在人的情感、认识、语言和行动中比较稳定的动力方面的心理特征。它是构成公共关系人员素质的重要方面。

公共关系人员应具备什么样的气质呢?

从古希腊医学家希波克拉底(Hippocrates)所揭示的胆汁质、多血质、黏液质和抑郁质四种气质类型看：胆汁质的人，直率、热情、精力旺盛，但情绪易兴奋冲动，脾气多暴躁；多血质的人，活泼、好动、敏感、反应迅速、善于交际，但注意力容易转移，兴趣较易变换，做事往往缺乏持久性；黏液质的人，安静、稳重、沉着，善于忍耐，但沉默寡言，情绪不易外露，反应迟缓；抑郁质的人，细心、谨慎，体验深刻，善于觉察到别人不易觉察的小事物，但孤僻、忧郁，行动迟缓、疑虑重重。

就以上这四种气质类型而言，一般认为多血质类型的人更适合从事公共关系工作。多血质的人以其活泼、大方、机智、聪敏、善于交际、兴趣广泛的气质特征，能够使自己具有较强的凝聚力，使组织领导的决策和措施得到顺利贯彻和落实，并能较好地掌握公众的意见、态度和期望，使信息及时反馈。显然，这是开展公共关系工作的优越条件。当然，对他们而言，必须克服工作中不能持之以恒的气质弱点。

多血质气质类型的人更适合从事公共关系工作，这并不等于说其他气质类型的人就不能从事这一工作。事实上，在实际工作中，典型气质类型的人并不多见，大多数人的气质类型介于两种或两种以上类型之间，而且人的气质表现并不取决于气质类型，主要取决于人在社会实践中的生活条件和教育条件，这些条件可以影响甚至改变人的气质类型。因此，即使从遗传角度看，属于胆汁质、黏液质甚至抑郁质的人，只要注意在工作实践中认真克服自身性格上的弱点，不断地完善自我，也是能够胜任公共关系工作的。

3-4 气质的类型

2. 性格

性格是一种表现人的态度和行为方面的比较稳定的心理特征，是个性的重要组成部分，与人的气质密切相关。优秀的公共关系人员应具备以下性格特征：

（1）开朗、有耐心、宽容。公共关系人员不仅要善于向公众表达自己的意向和愿望，能以诚恳的态度说服公众，而且应以极大的耐心，认真负责地听取公众的意见和反映。公共关系人员与公众交谈时，应使自己与公众之间形成一种平等、融洽的气氛，既让别人能愉快地接受自己的想法而没有感到被强迫，又使对方感到他的意见和反应得到了尊重。否则，态度急躁，不能耐心说服别人，也无耐心听别人的讲话，交谈往往就无法深入，其效果也会适得其反。同样，公共关系人员如果没有宽容的性格，言谈咄咄逼人，好为人师，容不得对立意见的存在，则容易造成与公众关系的紧张，也无助于形成良好的交往气氛。因此，公共关系人员应该宽宏大量，善解人意，处处为社会公众提供方便，不计较对方的小过失，还能给对方“下台阶”的机会，而不以自己的成功使对方感到尴尬。

（2）沉着冷静、勇敢顽强。公共关系工作面临的人与事往往是非常复杂的，各种矛盾层出不穷，公共关系人员稍有不慎，就会铸成大错。因此，公共关系人员遇事一定要沉着冷静、慎重思考，千万不要被表面现象迷惑，更不要被一时一事的变化左右。当然，沉着冷静绝不等于拖拉，而应该是忙而不乱、处乱不惊、有条不紊。公共关系人员对于那些经过深思熟虑的事或认准了的事，应该毫不迟疑地大胆去做，不要优柔寡断，坐失良机。同样，对工作中的失误，也要敢于承担责任，勇于改正。此外，顽强的毅力是公共关系人员促成公共关系事业成功的必要保证，无论做什么事，都不可半途而废，应该顽强地应对各种困难的局面并处理相关事情，要有坚持到底、锲而不舍的精神，否则将一事无成。

（3）富有幽默感。幽默既是一门艺术，又是一门科学。从现代公共关系看，幽默是人与人交往的“润滑剂”。公共关系人员要学会幽默，掌握幽默技巧，这也是现代人的一项基本素质。

公共关系人员在与人交往中，有时会使对方产生误解。这时，公共关系人员如果能随机应变，开个玩笑，带点幽默，就能巧妙地摆脱困境。这比声嘶力竭地争吵或郁郁寡欢、言语乏味的往来有效得多。

性格的完善需要不断地修炼。公共关系人员可以对照正反两方面的个性特征，反省自己，尽力弥补过失，并抛弃缺点，使自己的个性更加完美，具备一切有利于待人接物的个性条件。

智慧火花

公关职场新人五条守则

1. 积极“举手”，主动“揽活儿”，表现出你对公关工作强烈的兴趣。当新项目出现的时候，要乐于帮助团队或同事开展工作。是的，这可能意味着你需要付出更多的时间和精力，但是非常值得，会帮你积累更多的经验。

2. 保持好奇心，对媒体始终保持学习的心态。每天都要抽时间看报纸、杂志以及电视节目。

3. 离开舒适区，接受新的挑战。如果一项工作跟你过去的经验、经历完全不搭界，那就大胆试试吧！

4. 记住，领导并不会读心术。主动告知领导你的目标，并主动寻求建议。

5. 养成记笔记及会议记录的习惯。笔记和会议记录不仅能表现出你对会议的积极参与，还能保证随后的执行不偏离会议讨论结果。

资料来源：赛琳娜·崔．公关新人五条守则［EB/OL］．(2013-01-16)［2024-06-28］．美通社网．

3. 意识

公共关系意识是公共关系人员的思想灵魂，它是一种现代经营管理思想、观念和原则，是公共关系实践在人们思维中的反映，一旦形成，就会成为制约人们公共关系行为的一种力量。良好的公共关系意识能促使公关人员始终处于一种积极主动的工作状态，创造性地完成各项公共关系工作。公共关系意识不是先天获得的，而是需要通过后天学习逐步培养的。

公共关系意识是一种综合性的职业意识，它大致由以下几个方面的内容构成：

(1) 塑造形象的意识。公共关系的核心概念之一是形象。在现代社会中，良好的形象是组织的无形资产，公共关系的一切工作都是围绕形象目标而展开的。塑造形象的意识是公共关系意识的核心。在公共关系思想中，最重要的是珍惜信誉、重视形象的思想。

具有形象意识的公关人员，清醒地懂得认知度和美誉度对自己组织的生存和发展的价值。他们会时时刻刻像维护自己的眼睛一样维护自身的形象，甚至视其为自己组织的生命。

智慧火花

写给公关新人：如何在 hard 模式下完美开局

每年都会有不少人满怀憧憬地开始公关生涯。这些公关新人，有的是刚刚踏入职场，有的则是从其他领域转到公关领域。不管是哪种，希望下面的信息能有助于公关新人尽早进入状态。

1. 多问不一定有用，有时还有反作用

学习公关的第一步是搞清楚基本概念，并且把所有概念记牢。有经验的人对具体问题的分析性回答，是最有价值的，公关新人在基本概念都不了解的情况下，不要轻易发问。比如不要问“公众号有几种类型，如何注册”，而是改问：“××官微是不是注册服务号比较好？他们公司应该不需要这么高的更新频率。”再比如不要问“媒体有几种类型，哪些是主流媒体”，而是改问：“××挺符合活动要求的，但是不是特别难邀请?”

2. 书本知识不是万能的

公关能力永远是在实践中锻炼出来的。即使天天捧着书，或者把所谓的标准操作流程打印出来每天看，而没有实践，也绝对理解不了需要做什么、需要什么人做、怎么做、为什么这样做等问题。

有了实践之后，就是总结与复盘，然后尽可能地举一反三。

公关不能“内测”，没有“演习”，或者弄个“邀请码”小范围看看反应。公关每次都是真枪实弹，所以并没有很多实践的机会让新人去试。

因为不可能每种情况都来一遍，就只能靠推演：“不适合A的，是不是也不适合B?”“这次做成了，有多少是偶然因素，有多少是必然因素，下次是否还管用?”边实践、边总结、边看书是最佳组合。

3. 案例不是捷径

公关的特殊性在于，每一个项目都有独特的背景与需求，市场调查、产品定位、竞品分析、推广目标、推广策略也都不同。如果脱离了品牌、客户的个性化需求、目的、资源配合等背景，就根本无法讨论。

对于公关新人来说，知识体系不完备，也没有经验，根本不具备看出案例中重点的能力。盲目地看案例，不仅没有帮助，而且特别容易让人觉得自己见过大世面，什么都懂。这是要注意的。

4. 没有板上钉钉，任何事情都有“变数”

不要认为媒体说了“一定会来”就会来，或者“肯定能发”就会发。不是他们要欺骗，而是他们随时都有可能被突发的重大新闻、交通堵塞、版面挤占、领导临时安排任务等改变。

不要认为主办方说的“很多重量级嘉宾会来”就真的会来，他们跟A说B确认来，跟B说C一定到，跟C说A已经订了机票。

不要认为业务部门说的数字都是可以对外说的，一定要他们发邮件，并抄送领导。

不仅是人，有时物品也会不靠谱。彩排试了很多次的屏幕突然不亮了，前面用得好好的翻页器突然不动了，提早走位过的艺人还是站错了……没有什么不可能，要有强大的心理以及另一套行动计划。

5. 要习惯“被打断”,“按计划执行”只是传说

公关部理论上也是有年度计划的,不过执行率可能相当低。即便公司内部没有变化,新的传播手段、媒体介质、政策倾向、社会热点都会让公关策略有颠覆性改变。已经做好的方案,“报废”是常态,“改来改去”才是公关部的正确打开方式。

同时,因为规划常常不作数,节奏就会被打乱,做公关必须具备的一个能力就是多任务处理。要学会遇到多任务的时候不慌乱,考虑清楚优先级,把最大的精力和时间花在最重要、最有结果的事情上,其他的要学会用投入产出比最高的方式来解决。

6. 细致,能让新人快速脱颖而出

细致,是公关人整个职业生涯中永远需要具备的素质,也是让公关新人快速脱颖而出的法宝。

你有没有先把所有领导的名字抬头背熟,并且对着照片记住他们的脸?

你的资料里,能否做到没有错别字?部门要发布的东西,你会不会多看一眼,并且顺便校对出几处“手误”?

要求你做的工作,能够细致到什么程度?查的信息有没有追溯来源,有没有核查真伪?

从事公关这一职业,如果你不能让人觉得可靠,是不会获得发展机会的。而细致,是可靠的第一步。

资料来源:姚素馨. 写给公关新人:如何在 hard 模式下完美开局[EB/OL]. (2018-07-18)[2024-07-20]. 搜狐网.

(2)服务公众的意识。任何组织的公共关系工作都必须着眼于公众。当组织利益与公众利益发生冲突时,满足公众利益应该是第一位的。现代公共关系教育的先驱、美国著名公共关系学者爱德华·伯纳斯早在 1923 年就指出:公共关系工作是为了“赢得公众的赞同”,“公共关系应首先服务于公众利益”。具有服务公众意识的人,能时时处处为公众利益着想,尽一切可能来为公众服务,努力满足公众要求,从而正确把握公共关系工作的方向。

(3)真诚互惠的意识。真诚互惠,“与自己的公众共同发展”是组织开展公关工作的原则,也是组织是否真诚对待公众的试金石。

(4)沟通交流的意识。沟通交流的意识,实际上可以说是一种信息意识或开放意识。组织以开放姿态和胸怀向公众和社会袒露真情,这种走出“象牙塔”、营造“玻璃屋”的公关举措,能增强组织行为的透明度,可以使组织坦诚地、全面地面向公众、融入社会,以达成与公众、社会的双向交流。

(5)创新审美的意识。塑造组织良好形象是一个创新审美的过程。组织的良好形象一

旦塑造起来，就会保持相对的稳定。在稳定中应谋求发展、创新和突破，这样才能超越自己，才能超越其他组织。

组织形象的塑造是一门具有创造性的艺术，因此必须加入审美意识，只有具有美感的形象，才能为人所欣赏、所接受。组织富有艺术美的活动，可以吸引社会公众的参与和投入。

(6) 立足长远的意识。塑造组织形象，是一件“润物细无声”的工作，需要通过长期努力才能取得成功。因此，切忌急功近利，要立足于长远，追求长期效益。

(7) 协调意识。组织与相关公众之间关系的协调是公共关系的本质属性。组织要想方设法与公众建立信任与合作的关系，因此公关人员要有协调意识。这是公关人员最基本的职业素质之一。

(三) 身体素质要求

公关人员的工作性质决定了他们必须具备良好的身体素质。公关人员从事的工作是繁重的，他们只有身体健康、精力充沛才有可能有效地完成各项工作。

1. 健康状况良好

为了处理好各方面的关系，参与各种事务，公关人员必须四处奔波，随时参加各种活动，接触各种人物，适应各种环境，这就需要健康的体魄和良好的适应能力。

2. 仪容美，富有活力

要做到仪容美，首先要有良好的外观条件，其次要进行适当的修饰。富有活力的公关人员，会在社会活动中给公众留下美好的印象。

3. 年龄结构合理

公关人员的年龄直接影响其身体素质、智力水平和公共关系技能。要做好公共关系工作，需要将各种年龄层次的人进行合理的搭配。

在宣传推广、收集信息和社会调查中，可以充分发挥青年人的作用；在外交谈判和其他活动中，中年人是骨干；在处理组织与公众的纠纷时，老年人是最合适的人选。由于不同职责的公共关系人员都有着最佳的工作年龄，因此，在确定公关团队时要合理搭配年龄组合，一般以中青年所占比重相对大些为宜。

任务二 培养公共关系人员知识与能力

任务目标

完成本任务，你要了解公共关系人员的知识结构要求，明确合格的公共关系人员应具备的专业知识和能力要求。

任务布置

请访问当地一家公司的公共关系人员，调查了解在公关实践中公共关系人员应具备哪些知识和能力，并分析比较自身的不足，作出个人公关职业提升发展规划。

随着社会公关意识的普及，公共关系专业化水平也显著提高，这对公共关系人员的知识结构与职业技能都提出了新的要求。公共关系人员只有掌握相应的专业知识和操作技能，并善于在实践中不断总结、提高，才能适应不断创新的公共关系工作的需要。

一、公共关系人员的知识要求

公共关系学是一门综合性的应用学科，其学科体系涵盖公关人员工作所需要的专业知识及其他相关知识。公共关系人员的知识是公关知识体系在公关人员头脑中的内化，具体包括公共关系的基本理论知识和实务知识、相关学科知识及专业操作知识。

(一) 公共关系的基本理论知识和实务知识

1. 公共关系的基本理论知识

公共关系实践需要理论做指导。公共关系的基本理论知识包括：公共关系的由来和历史沿革、公共关系的基本概念、公共关系的职能、公共关系活动的基本原则、公共关系的三大要素（组织、传播沟通和公众）的概念和类型、不同类型公共关系工作机构的构建原则和工作内容、公共关系工作的基本程序等。

2. 公共关系的基本实务知识

公共关系是一门应用型学科，实践性和可操作性较强。公共关系人员除了要掌握基本理论知识外，还要熟练掌握基本实务知识。其所要掌握的基本实务知识具体包括：公共关系调查的知识、公共关系活动策划的知识、公共关系活动实施的知识、公共关系活动评估的知识、公众分析的知识、沟通传播技巧与社交礼仪的知识等。

(二) 相关学科知识

公共关系作为一门新学科，具有多学科交叉的特点。与公共关系联系最密切、交叉最多的有如下几大类学科：管理学类学科，包括管理学、组织行为学、市场学、营销学等；传播学类学科，包括传播学、新闻学、广告学等；社会学和心理学类学科，包括社会学、心理学等。

公共关系活动在某种意义上说是一种管理活动。从管理的角度看待公共关系工作的地位和作用，把公共关系工作视作一种管理行为、管理过程和管理方式，有助于我们充分认识公共关系的本质。因而，公共关系人员非常有必要了解管理学方面的知识。

公共关系工作采用的技术目前绝大部分是传播技术。无论何种类型的公共关系工作，都需要大量运用人际传播、大众传播甚至跨文化传播的技术。因而，公共关系人员也有必要了解传播学方面的知识。

公共关系工作直接面向社会、面对公众，公共关系人员需要研究公众的心理、态度和行为。因而，公共关系人员还有必要了解社会学、心理学方面的基础知识。

另外，市场学、营销学、新闻学、广告学等学科也与公共关系密切相关。因而，公共关系人员应根据工作需要，对这些学科进行广泛涉猎。

（三）专业操作知识

公共关系活动更多地体现出实践性和可操作性，需要公关人员多角度、多渠道、多方法地去完成。一般而言，公关人员应具备的专业操作知识包括：写作、编辑、与媒体联络、活动组织、演讲谈判、新闻发布、调研、策划与咨询、培训、管理等。

智慧火花

公关人员应具备的基本素质和专业能力

公共关系事业一直充当着社会组织与公众之间的润滑剂。它运用信息沟通这一现代方式协调着不同双方之间的利益，以减少摩擦和矛盾，寻求和谐，促进发展。从事公关职业的公关人员宛如组织的形象大使，在组织与公众之间起着桥梁的作用。他们的言行不单纯是个人行为，不仅代表组织，而且会对公众和社会风气产生直接的影响。公关从业人员只有具备完善的能力结构，才能适应公共关系活动的复杂性、广泛性、创造性和灵活性的要求。只有迎接挑战，把握机遇，才能在公关工作中做到知己知彼，稳操胜券。

1. 公关人员应具备的基本素质

在外行看来，公共关系工作对人的要求就是“俊男靓女”加“口若悬河”，这其实是对公共关系工作的极大误解。公共关系工作是一项专业性很强的工作，对其从业人员也有特殊的要求。俊男靓女固然好，口若悬河亦所求，综合素质若不佳，两者齐备也枉然。作为一名专业的公关从业人员，其首先应具备合理的知识结构和专业技能，其次应有较强的综合能力，此外还必须有良好的心理素质和道德素质。

一是知识能力：迅速而轻松的学习能力；观察、收集、选择和评价的能力；判断、演绎、归纳和推理的能力；综合和概括的能力；创造性思维和知识创新能力。

二是合作能力：尊重他人，容忍、融洽；预料和评价人们反应的能力；善于与人打交道；获得信任和尊敬的能力；礼貌和良好的风度。

三是个人成熟度：举止行为的稳定性；抵抗压力以及在恶劣环境下工作的能力；

做事沉着、镇静、客观、克制；灵活性和适应性。

四是职业追求：自信、健康的职业志向；执着、勇气、积极、毅力；企业家精神。

五是职业道德：诚实可信，真诚助人；客观评价自身的能力；承认错误，积极总结失败的经验。

六是身心健康：良好的身体条件；较好的心理素质；乐观、积极、向上。

2. 公关人员应具备的专业能力

一是较强的分析策划能力。公关人员作为领导的参谋和助手，应该具有分析、策划能力。有学者指出："衡量公关人员的最根本标准是善于发现问题和解决问题。""成熟的公关人员对其工作时间会作这样的安排：10%的时间用于处理技术性问题。40%的时间用于实施行政管理，50%的时间用于分析与判断问题。"因此，合格的公关人员应具备较强的分析、策划能力和相应的工作经验。这方面的工作和能力，最能体现公关人员的素养和智慧，从而发挥出组织参谋、智囊的重要作用。

二是较高的组织管理能力。公共关系具有组织管理职能。公关工作要协调组织与公众的相互关系，使组织适应公众的要求，且公众有利于组织的成长与发展。这就要求公关人员具有较高的组织能力，从而有条不紊地应对千头万绪、纷繁复杂的公关日常工作，周密细致地策划并实施各种类型的公关专项活动。

三是良好的语言表达能力。语言表达能力主要有口头语言表达能力、文字语言表达能力、体态语言表达能力。口头语言用于与公众直接的面对面的交往中。文字语言用于与公众的文章、书信、宣传资料等的沟通中。体态语言能在一定程度上补充口头语言的不足，并和口头语言相得益彰。只有具备较强的语言表达能力，有效利用口头、文字、体态语言传达组织的有关信息，与公众有效沟通，才能使自己的沟通更具有说服力和感染力，才能通过有效的沟通与公众建立良好的关系，胜任组织的"形象大使"之职。

四是较强的人际交往能力。良好的人际关系是公共关系的基础，公共关系就是要为组织广结良缘、广交朋友，在组织与公众之间建立起沟通的"桥梁"，形成"人和"的氛围和环境。因此公关人员需要具备较强的人际交往能力，这是衡量一个公关人员能否适应现代社会和做好本职工作的重要标准。只有具备这种能力，把握交往的原则和技巧，才能正确认识公众，了解公众的行为特点，学会与各种类型和特点的公众友好相处，成为善于交往的社会活动家。

五是智慧的创新能力。创新能力是指创立新的思想、新的事物和新的环境等，以适应瞬息万变的工作环境的能力。公关工作是一项极富挑战性和创造性的工作，需要不断创新，不断超越，以便不断更新组织形象，创造最佳的组织效益和社会效益。因此，公关人员必须具有丰富的想象力和创造力，不断以新的形式、新的方法、新的手段，设计出新颖独特的公关活动，满足公众求新、求异的心理需要，增强公关活动的效果，为组织扩大影响、树立形象。

六是灵活的危机处理能力。任何一个组织的发展都不可能是一帆风顺的，一些突发性、灾难性事件在给人员和财产造成损失的同时，往往还会影响组织的形象和声誉。灵活地处理这类事件就成了公关人员必备的能力，需要公关人员根据实际情况，灵活从容地应对，以有效地解决问题。

七是必备的专业操作技能。当今社会，信息、知识、技术的更新和发展不断加快，经济的全球化、政治的多极化、文化的多元化和信息的网络化成为这个社会的主要特征。人与人之间交往频繁，社会组织和社会活动的开放化，已成为这个社会的趋势，这种新的变化，在慢慢改变着公关人员的工作模式，他们除了具有专业基础知识和能力外，还应掌握计算机操作技能、多媒体技术、摄影摄像技术等，以适应公关工作之需，提高公关工作的效果。

上述都是公关人员应具备的能力，此外还有终身学习能力、适应社会能力、自控能力、策划能力等。公共关系作为一门具有高度综合性、交叉性的学科，必然对公关人员的能力提出更高的综合性要求。公关人员能力的培养是一个长期的过程，也是一个不断进步更新的过程。公关人员只有提高自身素质和外在能力，才能将公关事业发展到更高阶段。

资料来源：谈谈公关人员应具备的能力［EB/OL］.（2023-03-06）［2024-07-22］. 百度文库.

二、公共关系人员的能力要求

知识是能力的基础，能力是知识与经验的集合。在公关工作中，并不要求每个公共关系人员都是全能冠军，但要想胜任公关工作，在公关行业站稳脚跟，基本的能力还是应当具备的。

（一）组织能力

组织能力是指人们有计划、有步骤地从事某项活动，并使其达到预期目标的实际操作能力。公共关系人员不仅要善于设计和筹划公关活动的目标和计划，制定具体方法和步骤，而且要善于从事实际组织工作。

公共关系人员经常要组织各种公关活动，如周年庆、开放参观、开业典礼、公关联谊活动、记者招待会、新闻发布会等。例如某学院要举办“中小企业服务中心”揭牌仪式，为了使其首次出现就在社会公众面前树立良好形象，学院公共关系人员必须就此项活动进行严密组织、筹划。具体工作有：拟定出席典礼的宾客名单，安排典礼程序和接待事项，确定剪彩的人选，准备好致贺词的宾客名单和答词；仪式结束后，组织来宾参观学院教学设施、环境、制造业服务网等。公共关系人员实际上就是这些活动的组织者、领导者，所以他们除了要进行周密计划外，还要使整个活动有条不紊地进行，使这些活动的参加者能够心情舒畅，留下深刻的印象，这对于提升组织的形象极为重要。

由此可见，公共关系人员良好的组织能力，能使公共关系活动按部就班地顺利进行，给组织形象增添无限的光彩。

智慧火花

公关人如何应对数字化带来的挑战？

随着数字化技术的快速发展，公关行业面临着前所未有的挑战。为了应对这些挑战，公关从业者需要转变思维模式，提升技术能力，强化数据驱动，创新传播渠道和提高反应速度。

1. 转变思维模式

在数字化时代，传统的公关思维模式已经无法适应新的形势。公关人需要从传统的“传播导向”转变为“数据导向”，注重数据的收集、分析和应用，以数据为基础制定公关策略。同时，公关人还需要注重用户体验，以用户为中心，关注用户的需求和感受，为用户提供更加个性化、精准的公关服务。

2. 提升技术能力

数字化技术是公关行业应对挑战的重要手段。公关人需要不断提升技术能力，掌握最新的数字化技术，如人工智能、大数据等。通过这些技术手段，公关人可以更加高效地处理和分析数据，提高公关策略的精准度和有效性。同时，公关人还需要注重技术的安全性和稳定性，确保数字化技术在公关行业的应用不会带来负面影响。

3. 强化数据驱动

数据是数字化时代最重要的资源之一。公关行业需要强化数据驱动，注重数据的收集、整理和分析。通过数据挖掘和分析，公关人可以更加深入地了解用户需求和市场趋势，为制定更加精准的公关策略提供有力支持，同时，还需要注重数据的保密性和安全性，确保数据不会泄露或被滥用。

4. 创新传播渠道

数字化时代带来了新的传播渠道和方式。公关人需要不断创新传播渠道，利用社交媒体、短视频等新媒体平台进行传播。通过这些平台，公关人可以更加快速地传递信息，扩大品牌影响力和知名度。同时，公关人还需要注重传播内容的创新性和多样化，以吸引更多的用户关注和参与。

5. 提高反应速度

数字化时代的信息传播速度非常快，公关人需要提高反应速度，及时应对各种突发事件和危机事件。通过建立快速响应机制和危机管理机制，公关人可以迅速应对各种情况，减少负面影响和损失。同时，公关人还需要注重与媒体和公众的沟通与互动，及时回应公众关切和媒体关注的问题，维护品牌形象和声誉。

资料来源：公关行业如何应对数字化带来的挑战［EB/OL］.（2024-03-04）［2024-07-02］.“桐乡公关”微信公众号.

（二）表达能力

表达能力是指运用语言、文字、动作等方式将自己的知识、观点、意见明确有效地传播给他人的能力。公共关系工作是一种双向的信息传播交流过程，公关人员表达能力的高低是决定其与公众进行信息交流与沟通是否有效的基础。表达能力是综合性的技巧，它既需要简洁、清晰，也需要掺杂感情因素。

表达能力包括演说的能力、解释的能力、说服的能力、谈判的能力、协调的能力、做结论的概括能力、文字写作的能力和非语言的传播能力等。表达能力主要有以下三种形式：

1. 文字表达

众多公共关系专家都说过，公共关系人员应具备较强的文字表达能力和说服能力。他们认为：“在所有要求中，有一种条件常常处于第一位，那就是文字表达能力。正确地运用语法，写出易懂、具有情报价值和较强说服力的稿件，供发表和讲话使用，是公共关系人员所应具备的基本条件。”这就要求公共关系人员能出色地完成与公共关系相关的应用文写作，如演讲稿、解说词、调查报告、设计广告、说明书、公函件、简报、书面咨询等的写作。

2. 口头表达

口头表达和文字表达有相通之处，但并非一回事。公共关系人员要想具备较强的口头表达能力，首先应具备一些基本素质，如扎实的语言文字基础、流利的口才、清晰的口齿、较强的分析判断能力等。有研究表明，口头表达冲击力有这样一个公式：

冲击力＝0.07×言辞＋0.38×声音＋0.55×面部表情

可见，公共关系人员在进行口头表达时，必须注重语言、语气、面部表情上的一致和协调。

3. 形体表达

形体表达也称动作表达或肢体语言。形体表达利用的是人们的身体器官、躯干形态、手势、面部表情、下意识动作等，这些动作都可以成为传达感情和交流信息的方式。

表达能力是决定公共关系人员成功与否的关键因素。公共关系人员应巧妙运用，相互配合，以求达到最佳效果。

(三) 宣传推广能力

宣传推广能力是公共关系人员的实际工作能力之一。公关活动就是运用各种宣传方式引导舆论、促成舆论，从而提高组织的声望和信誉。组织要想在社会公众的心目中取得良好的信誉，除了做好自身的工作之外，还要围绕树立形象和保持信誉两个方面做好宣传工作。

公共关系人员的宣传推广能力，主要表现在善于周密策划、精心设计组织的形象，并使组织树立起一个崭新的形象，深入社会公众的心目中，能为社会公众所普遍接受。公共关系人员的宣传推广能力，还应表现在懂得利用宣传时机，善于选择不同的传播媒介，了解传播媒介的新闻价值。

(四) 社交能力

社交能力是公共关系人员进行交往、联络公众的能力。社交能力是多方面能力的综合表现，诸如表达能力、组织领导能力、应变能力、逻辑思维能力及知识修养等。公共关系人员是组织形象的代言人，肩负着沟通协调公众、组织与社会的重任，因此可通过自我推销、与人和谐相处、倾听、赞美、理解他人，以及吸引、影响、改变、支配别人等能力的运用，来赢得公众的理解和信任。

(五) 创新能力

创新能力是指人们创立新思想、新观念、新事物和新环境，以满足自我实现或适应自我变化的能力。在充满竞争的现代社会中，从事公共关系工作需要花费人们相当多的劳动，特别是创造性劳动。在同行的竞争中，只有不断求新、求异，才能技高一筹、领先一步，才能达到扩大影响、树立形象、推销产品、争取公众的目的。这就要求公共关系人员具有突出的创新才能，敢想敢做、突破常规、勤于思索、多动脑筋、大胆设想、刻意求新。

智慧火花

公关人面临的五大挑战

“生活节奏快”“工作压力大”时常成为职场人抱怨的口头语，但每个职业所面临的压力和挑战各有不同。

某杂志曾发布过“压力最大的十种职业”，其中，公关经理与消防员、警察等一起上榜。虽然公关经理可能并不能像消防员那样灭火救人，但公关工作确实需要“救火”，即对那些突发的、有可能毁掉整个品牌的危机进行公关处理。

在时时处于紧张和压力的工作状态下，公关经理必须随时关注企业所处行业的最新趋势动向，对媒体环境和传播技术的变化保持灵敏的嗅觉。下面是公关人在未来可能会遇到的五大挑战。

1. 如何用可量化结果来证明公关价值

外卖、电商、共享单车，现在凡事都讲“大数据”，传播行业也不例外。公关工作需要用越来越多的数字证明其价值，当公关经理准备发布某篇稿件时，实际上仅仅是一系列工作的开始。

好的内容会引起读者的互动，公司领导也开始要求投入的公关预算能够转化为更多的回报，而不仅仅停留在“品牌印象”的层面，如媒体发布对内容阅读互动、网站流量、粉丝量的增长起多少作用，以及用户关注或流失的原因、促成留存转化的关键点等，在下次的传播中不断汲取经验，作出正确的调整。

在这种情况下，公关经理就需要一种能够明确记录并分析以上数据的工具。准确的数据对证明公关的价值可以提供可靠的依据，并最终帮助品牌了解和影响消费者行为。事实上，那些无法利用数据的企业将逐渐被淘汰。

在企业希望以个性化的方式与消费者建立联系、推动销售的需求下，了解消费者行为变得至关重要。在个性化突出的社交媒体上，了解消费者行为则更显得尤为重要。

2. 付费媒体、自有媒体、赢媒体如何整合传播

所谓数据驱动，是指有价值的数据可以驱动付费媒体、自有媒体与赢媒体。将三者协同作用，公关人就能提高整体传播效果。同时通过360°全方位的传播数据展示，企业可以准确地调整传播策略。比如某个希望争取年轻人的出行品牌，发现强调“轻松”“时尚”等标签更能促进品牌形象的打造，在社交媒体中借助明星、IP的影响力，充分利用专业生产内容（视频网站或微博）来带动用户原创内容，多种方式配合就可以进一步扩大影响力、提高用户参与度。

因此，如果公关人不能在传播领域打破渠道的壁垒，那么其公关结果可能会不尽如人意。无论是通过社交媒体、企业网站，还是媒体关系，公关人只有充分顾全所有传播渠道，并将正确的信息传达给正确的人，才能事半功倍。

3. 如何提高媒体信任度

现在信息传播渠道众多，各路媒体为了争夺眼球，有时信息传播只考虑是否具有爆炸性以及传播速度是否比竞争对手快，导致某些报道的可信度大打折扣。最开始，公众认为“赢媒体”“KOL”要比付费媒体更可靠、更可信，但是由于层出不穷的假新闻，这两者的受信任程度都有所下降。根据CISION发布的2017年媒体报道状况，

"大众对媒体、记者的尊重和信任已经大大减少"。因此，恢复公众对媒体的信任成为2018年的大事。

一直以来，强大可信的新闻媒体是获得受众关注的主要途径。但据CISION的报告指出，"现在品牌的声音更受公众信任"，究其原因，很大程度上是因为假新闻的泛滥。因此，"品牌应该持续地提供权威的、准确的、有说服力的内容，从而保护和重建大众的信任"。这无疑更突显了公关经理们利用自有媒体与赢媒体正确发声的重要性。

需要特别强调的是，任何信息的第一要素——准确，自始至终都至关重要。如果企业希望和媒体、记者能友好相处，互利互惠，及时、统一、正确的最新信息则是维持良好关系的基石，因为清晰、简洁的事实一直是媒体的最核心需求。在媒体信任度下降、被质疑的时候，谁能给其提供更快、更真实的信息，谁就是媒体和记者的最爱。

4. 危机公关层出不穷

好事不出门，坏事传千里。从大批量的银行账户信息泄露，到航空公司暴力拖拽乘客下飞机，再到食品卫生问题，越来越多的危机公关大事件层出不穷。

不恰当的危机公关严重时可以直接毁掉一个公司。当然，损害消费者健康的行为不能靠公关去洗白，企业应当承担责任，这一点毋庸置疑。

尽管公关是如此重要，但除了少部分公关能化险为夷，更多的是公关团队在企业遇到紧急情况时不能恰当和迅速地对危机作出反应，而是火上浇油，不但没帮忙，反而越帮越忙。

另一个现状是：人人都是媒体。就好像"蓝瘦香菇"哥一样，任何拥有智能手机的普通人都可以成为"网红"，分享潜在的"爆款事件"，无论是微信、微博，还是秒拍、快手、抖音，几分钟内就能吸引所有人的关注。尤其是那些大V，发个微信、微博，粉丝们群拥而上，不管对错先带一波情绪，这对于品牌的打击是致命的。当然这是很极端的少数情况，但是也足以说明，根据不同媒体类型和风险的危机情况，提前准备，全面关注媒体渠道才是应对之道。

面对如此多的潜在危机，每个企业都应该给其公关部门配一个团队，专门制定计划来处理这种危机情况，并且保证处理结果不会产生负面影响或者给人留下更多"不可描述"的想象空间，以防大众丰富的想象力、创造力、推理能力使事情发酵得更加难以控制。虽然谁都希望永远不会遇到危机公关，但是有备无患，随时评估和调整应对危机的方法，确保采取措施的高效和及时，是必不可少的。

5. KOL营销价格上涨

从辣妈博主、健身达人到网红宠物，社交媒体上的KOL已经建立了巨大且忠诚的“粉丝团”，这种影响力、精准度和覆盖面也是各大品牌所期望的。作为普通人，KOL 凭自己的喜好选择喜欢的品牌，决定是否信赖产品，以及是否与其合作。较少的商业元素使追随者们会非常信任他们所说的话，KOL 通过展示、分享使用心得、测评推荐等，变成我们戏称的“带货王”，就可以通过社交媒体渠道名利双收了。

专业网站评估报告显示，61%的受访企业表示他们曾与 KOL 合作过，预计这一数字将持续呈上升趋势。品牌们也希望未来有更个性化的、更具影响力的营销活动，所以分摊在这一部分的预算也将只增不减。因此，公关人要时刻关注那些影响力不断提升的 KOL，通过及时的公关合作，有效帮助企业提升品牌的价值和社会影响力。

从技术变化、企业需求和潜在危机来看，未来公关人将面对无数新的、无法控制的挑战。尽管如此，公关经理们已经温故而知新，通过分析过去的变化，适应环境，在达成目标的方式上加入更多的技术驱动方式。相信各位堪比消防员的公关经理，即使这一年可能会面临一些“山林大火”，也依旧会找到妥善的解决方案。

资料来源：ronnie. yang. 公关人面临的五大挑战是什么［EB/OL］.（2018－03－20）［2024－07－20］. 美通社网.

（六）应变能力

应变能力是应对突发状况的能力。公共关系人员在工作中，常常会遇到一些意想不到的事情。如何变被动为主动，变不利为有利，及时扭转局势，做到处变不惊、转危为安，需要公共关系人员具有灵活的头脑、冷静的思考、果断的处理及技高一筹的应变能力。

公共关系是一门专业化程度较高的职业，除了广博的知识、多方面的修养和能力之外，公共关系工作人员还必须掌握一些实用性较强的知识和技能，如摄影技术、美工设计、文字编辑、民意测验等。此外，公共关系人员如果能够掌握一些社会交往的娱乐方式和艺术手段，那就是锦上添花，会更有助于他们在广阔的社会生活领域中施展自己的才华。

智慧火花

公共关系工作人员资格鉴定 100 题

根据对公共关系人员的基本要求，结合我国实际的公关环境，我们将已被很多组织采用的“公共关系工作人员资格鉴定 100 题”问卷提供给读者，以作为公共关系部门对公共关系人员进行资格考察的参考。

以下问题，每小题答案为“是”，计 1 分；答案为“否”，计 0 分。满分为 100 分。

（一）知识

1. 是否大学毕业？
2. 是否经过公共关系学方面的专门学习和训练？
3. 是否掌握经济学方面的基本知识？
4. 是否掌握社会学方面的基本知识？
5. 是否掌握经营和管理学方面的基本知识？
6. 是否掌握市场营销学方面的基本知识？
7. 是否了解财务、会计方面的基本知识？
8. 是否受过哲学和逻辑学方面的思维训练？
9. 是否了解传播学？
10. 是否对心理学感兴趣？
11. 是否掌握舆论调查与民意测验的方法、技术？

（二）技术

12. 能否独立撰写各类新闻稿件？
13. 是否掌握摄影技术？
14. 是否掌握美工技术？
15. 是否掌握演讲技术？
16. 是否有较好的演讲口才？
17. 是否了解广告技术？
18. 是否掌握中英文电脑打字技术？
19. 能否运用计算机技术进行信息传播？
20. 是否懂得各种印刷知识？
21. 是否掌握公共关系礼仪？

（三）性格

22. 是否性情中庸、和悦近人？
23. 待人接物是否从容不迫、落落大方？
24. 能否来往于大庭广众之下而不畏惧？
25. 是否乐观？
26. 是否有耐心？
27. 是否有奉献精神？
28. 是否有决心和毅力面对困境和挫折？
29. 做事是否按部就班？
30. 是否健谈？

31. 仪表是否端庄?

(四)品德

32. 为人是否公道正派?
33. 说话办事是否诚实可靠?
34. 是否有明辨是非的能力?
35. 做工作是否有良好的责任感和道德感?
36. 能否以大局为重?
37. 是否相信人性本善说?
38. 是否对他人有信任感?
39. 是否关心他人并赢得他人的信赖?
40. 能否遵守诺言?
41. 是否有严谨的行为?
42. 是否有高尚的情操?

(五)经验

43. 是否有新闻工作的经验?
44. 是否有与新闻界打交道的经验?
45. 是否有广告、推销方面的经验?
46. 是否有人事管理方面的经验?
47. 是否有社会交际或社会活动方面的经验?
48. 是否从事过舆论调查和民意测验?
49. 是否有谈判方面的经验?
50. 是否有教师工作经验?
51. 是否有财会部门的工作经验?

(六)阅历

52. 阅历是否广泛?
53. 是否了解世界各国的风俗习惯?
54. 是否了解我国各地不同的风俗习惯?
55. 是否了解我国各民族的民族特点?
56. 是否了解各宗教信仰的特点?
57. 能否与各种类型的人打交道?

(七)思维

58. 是否在不同的环境中都能发现问题?
59. 是否善于思考、勤于分析?

60. 对问题的反应是否敏捷?
61. 观察问题是否细心?
62. 分析问题是否深刻?
63. 遇事是否冷静?
64. 是否有综合、客观分析问题的能力?

(八) 胆识

65. 是否有战略眼光,能否制定长期的公共关系规划?
66. 能否为长期规划的实现做好充分准备?
67. 能否做好每一件小事?

(九) 谈吐

68. 是否有幽默感?
69. 谈吐能否吸引人?
70. 谈吐是否轻松?
71. 是否有通过谈吐摆脱僵局的能力?
72. 能否通过谈吐化解各种矛盾?

(十) 精神

73. 是否有进取精神?
74. 是否有奉献精神?
75. 是否有感染别人的能力?

(十一) 智慧

76. 对人对事是否有好奇心并保持浓厚兴趣?
77. 是否精于观察他人的言行?
78. 能否当一个好听众来欣赏别人的谈话?
79. 是否善于处理尴尬的局面?
80. 文笔是否流畅?
81. 每天是否抽空读书看报?
82. 做事是否富有想象力和创造性?

(十二) 能力

组织能力

83. 是否有制定计划方案的能力?
84. 能否合理地分授职权?
85. 是否善于发现别人身上的长处?
86. 能否用人所长、调动部属的积极性?

87. 能否协调不同性格的人一道工作？
88. 能否理解上级意图及接受指示？
89. 能否营造轻松愉快的工作气氛？
90. 是否有能力主持各种会议？

交际能力

91. 是否善于与各种不同性格的人打交道？

适应能力

92. 能否适应不同的环境？
93. 能否和自己意见不一致的人共事？

表达能力

94. 对问题的描述是否全面、准确？
95. 阐述问题是否口齿伶俐？
96. 能否准确地使用“动作语言”和“体态语言”？

辨析能力

97. 能否总体估量企业内部与企业外部的各种关系状态？
98. 对不同意见是否有分析概括能力？

应变能力

99. 是否有应付各种偶发事件的能力？

其他

100. 能否尽快恳切地承认自己的错误并坦诚地接受惩罚？

一般来说，对于以上 100 个问题的回答，60 分以下者，不适合从事公共关系工作；60 分以上者为及格，但需要设法克服自己的弱点，才有可能从事公共关系工作；70 分以上者，有资格从事公共关系工作；80 分以上者，可以成为合格的公共关系工作者；90 分以上者，可以成为公共关系方面的专家。

需要说明的是，此问卷只适用于检测通才式的公共关系人员，不适用于检测专才式的公共关系人员。同时，这份检测只是一些经验性的总结，其准确程度和使用范围都有其局限性，使用此问卷者，可以根据实际情况加以修改和调整。

资料来源：余明阳．公关经理教程［M］．上海：复旦大学出版社，2005：235.

思维与技能训练

一、想一想

1. 如何认识公共关系人员的不同角色类型？在公共关系活动中，你适合扮演哪种角色?

2. 你认为公共关系人员应具备哪些素质?

3. 为什么公关从业人员应具备一定的思想素质?这对公关实践有何指导意义?

4. 公关人员的知识与能力体现在哪几个方面?

5. 你认为怎样才能将自己培养成一名合格的公关从业者?

二、做一做

1. 请对照“公共关系工作人员资格鉴定100题”给自己打分,看自己是否适合从事公共关系工作,还应从哪几个方面提高自己的公关潜质。

2. 请查找相关资料,了解公关从业者的职业道德标准,并在班级分组讨论恪守职业道德的重要意义。

三、技能实战训练

[实战项目]

分组搜集有关资料,比较分析目前国内成功的几位公关从业者的性格特点、气质、学识、能力等,总结他们具有哪些共性和个性,并讨论其对个人职业生涯规划有何借鉴和指导意义。

[实训目标]

1. 了解公关从业者应具备的性格特征、知识能力及素质要求。

2. 正确认识自我,并从职业成功人士身上汲取力量。

[实操流程]

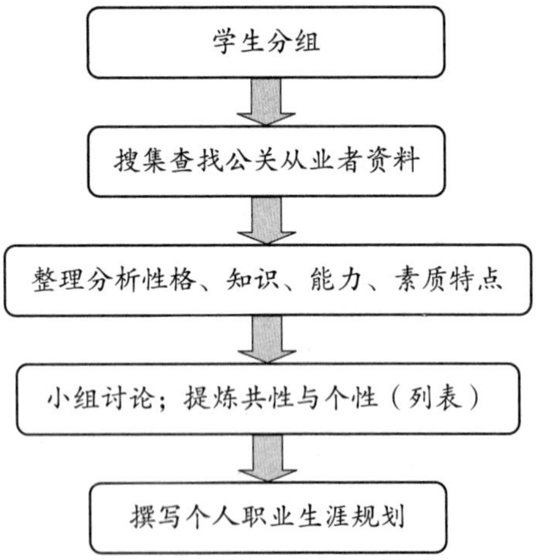

[注意事项]

1. 要选择业内具有一定知名度和美誉度的公关从业者(至少3人)。

2. 广泛查阅搜集资料,了解他们所属公关公司、参与的公关项目及工作成就。

[实训成果与评价]

1. 成果:

(1) 小组讨论,总结提炼公关从业者应具备的知识、能力与素质要求(列表)。

(2) 每个同学撰写一份个人职业生涯发展规划。

2. 评价指标：

序号	项目	评价标准	比重（分）	得分
1	个人	个人职业规划完整，结构合理、方向明确	50	
2	小组	工作态度严谨，小组讨论积极高效，提炼总结全面	50	
总分			100	

项目核心能力与公关素养自评

	核心能力（素养）	是否提高
通过学习本项目，你的哪些核心能力得到了提升：	团队合作能力	
	心理承压能力	
	学习发展能力	
	人际交往能力	
通过学习本项目，你认识到的公关素养有：	工匠精神	
	职业道德	
	个性塑造	
自评人（签名）： 年　月　日		教师（签名）： 年　月　日

项目四 学习公共关系活动礼仪

公关之美，美在长情

君子敬而无失，与人恭而有礼，四海之内，皆兄弟也。

——《论语·颜渊》

项目解析

公共关系礼仪是公关人员在公关活动中用以沟通思想、联络感情、增进了解、共促和谐的一种形式，是公关活动中不可缺少的润滑剂和联系纽带。公关人员要想帮助组织创造"人和"的社会关系环境，就必须从学礼、知礼、用礼开始。

项目目标

1. 知识目标

(1) 掌握礼仪的定义、功能和原则。

(2) 明确公关礼仪的内容与要求。

(3) 熟悉服饰礼仪、日常交往礼仪、聚会礼仪和庆祝活动礼仪的具体规范。

2. 能力目标

(1) 能代表组织与各类公众进行交往，展示个人风采及组织形象。

(2) 熟悉礼仪常识，养成规范的交往礼仪和行为习惯，提高自身的公关形象和综合素质。

3. 素质目标

(1) 提升个人职业素养和道德修养水平，做到明礼遵规。

(2) 弘扬中华优秀传统文化，树立文化自信、民族自信。

公关聚焦

一次失礼的邂逅

王峰在大学读书时学习非常刻苦，成绩也非常优秀，几乎年年都拿特等奖学金，为此同学们给他起了一个绰号——“超人”。大学毕业后，王峰顺利地获取了在美国攻读硕士学位的机会，毕业后又顺利地进入一家美国公司工作。一晃 8 年过去了，王峰现在已成为公司的部门经理。

今年国庆节，王峰带着妻子儿女回国探亲。一天，他们在大剧院听钢琴音乐会，刚刚落座，就发现有三个人向他们走来。其中一个穿着运动装的人边走边伸出手大声喊叫：“喂！这不是‘超人’吗？你怎么回来了？”这时，王峰才认出说话的人正是他的高中同学贾征。贾征大学没考上，自己跑到南方去做生意，赚了些钱，如今回到上海注册公司当起了老板。今天他正好陪着两位从香港来的生意伙伴一起来听音乐会。这两位生意伙伴是他交往多年的一对年长的香港夫妇。

此时，王峰和贾征彼此都既高兴又激动。贾征大声寒暄之后，才想起了王峰身边还站着一位女士，就问王峰身边的女士是谁。王峰这时才想起向贾征介绍自己的妻子。待王峰介绍完毕，贾征高兴地走上去，给了王峰妻子一个拥抱礼。这时贾征也想起该向老同学介绍他的生意伙伴了。

资料来源：公关礼仪案例分析［EB/OL］.（2010-05-23）［2024-07-25］. 百度知道网.

思考

1. 何为礼仪？ → 具备公共关系礼仪常识
2. 如何穿衣打扮？ → 熟悉公共关系服饰礼仪
3. 怎样与公众交往？ → 掌握日常交往礼仪
4. 公关聚会要注意什么？ → 了解聚会和庆祝活动礼仪

任务一　具备公共关系礼仪常识

任务目标

完成本任务，你要了解礼仪的特点及分类，掌握礼仪的功能和原则，并且知道什么是公共关系礼仪。

任务布置

分组搜集资料，了解不同国家、地区、民族的礼仪规范，并讨论礼仪对个人形象及组织公众形象的影响。

一、礼仪的特点、内容及分类

礼仪是指礼节和仪式。礼仪涵盖两层意思:一是思想,即在人际交往、社会交往中应该有尊敬他人、讲究礼节的思想;二是形式,即礼仪的基本程序和具体表现。综合概述,礼仪就是人们在各种具体交往中,为了互相尊重,在仪表、仪态、仪容、仪式、言谈举止等方面约定俗成的、共同认可的规范和程序。礼仪是人类社会文明程度的重要标志之一。

4-1 礼仪的定义

(一)礼仪的特点

第一,继承性。礼仪是在人际交往和社会交往事务的各种场合中必须遵循的尊敬他人、讲究礼节的一系列规则。这些规则从无到有,从繁到简,是经过一代又一代人继承发展而形成的约定俗成的社会交往惯例。

第二,差异性。礼仪是人们在人际交往和社会外交事务中逐渐形成的行为规则,它往往受制于不同的文化、不同的地区、不同的民族、不同的历史,其礼仪表现也风格迥异。

第三,发展性。礼仪的演变受到社会、政治、经济、技术、文化等发展的影响,这使得礼仪的内容不断推陈出新,一些新的礼仪规范也逐渐出现,如网络礼仪。

第四,复合性。随着社会的发展和进步,人与人之间、国与国之间的交往范围不断扩大,这使得礼仪的融合度和复合性不断加强,如我们见面常用的握手礼就来自西方国家。

(二)礼仪的内容

第一,礼仪的一般常识。它是指礼仪的本质、特性、功能及演变等。

第二,礼仪修养。礼仪修养主要涉及礼仪修养的内容、提炼、培养方法等问题。

(三)礼仪的分类

第一,个人礼仪。个人礼仪主要包括言谈、举止、服饰等方面的礼仪要求。

第二,家庭礼仪。家庭礼仪是人们在长期的家庭生活中,用以沟通思想、交流信息、联络感情而逐渐形成的约定俗成的行为准则和礼节规范。

第三,社交礼仪。社交礼仪通常包括见面与介绍的礼仪、拜访与接待的礼仪、交谈与交往的礼仪、宴请与馈赠的礼仪、社交禁忌等。

第四,公务礼仪。公务礼仪即人们在公务活动过程中所应遵循的礼仪规范,通常包括工作礼仪、会议礼仪、公文礼仪和公务迎送礼仪等。

第五,商务礼仪。商务礼仪是指商务活动中表现出来的礼节。

第六,外事礼仪。外事礼仪具体包括外事接待和迎送礼仪、会见与会谈的礼仪、约请与应邀的礼仪、宴请的礼仪和聚会的礼仪等。

第七,习俗礼仪。不同的国家、不同的民族,存在不同的风俗习惯,充分了解这些风俗习惯,并在社会往来中自觉尊重这些风俗习惯,有助于促进交往的成功。习俗礼仪的内容主要包括日常生活礼俗、岁时节令礼俗、人生礼俗（如婚嫁丧葬礼俗）等。

第八，礼仪文书。礼仪文书主要是指人们在日常交往过程中，用书信和其他文字方式表达情感的礼仪形式。通过礼仪文书，人们可以达到交流思想、互通信息、加深友谊的目的。常用的礼仪文书有礼仪书信（如邀请信、贺信、感谢信等）、礼仪电报、请柬、名片、题词、讣告、唁电和碑文等。

公关大舞台

小细节见大礼仪

某公司经理招聘了一个没带任何求职简历的大学生到公司工作。参与公司人才招聘的一些员工不理解，说他连一份简历都没有，面试连问题都没有回答，经理说："其实，他带来了一份很好的简历和圆满的答卷。你们没有注意到吧，他在进门前先蹭掉脚上的泥土，进门后又先脱帽，随手关上了门，这说明他很懂礼貌，做事很仔细；当看到那位残疾老人时，他立即起身让座，这表明他心地善良，知道体贴别人；那本书是我故意放在地上的，所有的应聘者都不屑一顾，只有他俯身捡起，放在桌上；我发现他衣着整洁，头发梳得整整齐齐，指甲修得干干净净，他与别人谈话时谈吐温文尔雅，思维十分敏捷。"

资料来源：吴东泰，张亚．实用公共关系学［M］．北京：北京交通大学出版社，2008：201.

二、礼仪的功能和原则

礼仪作为一种行为准则或规范，具有独特的功能，可以用来规范人们的行为举止、言谈表情。在交往活动中，人们还要遵循礼仪的基本原则。

（一）礼仪的功能

1. 礼仪是打开交往之门的钥匙

在西方，礼仪被认为是人际交往的"通行证"。礼仪是一种修养、一种气质，能让人更文明、更具有亲和力，使他人乐于与其打交道，从而打开交往之门。

2. 礼仪有助于塑造良好的社交形象

人们的印象形成过程始于通过感官察觉对方。整洁大方的个人仪表、得体的言谈、高雅的举止、良好的气质风度必定会给对方留下深刻而又美好的印象，从而建立起友谊和信任关系，达成社会交往的目标。在这里，礼仪起着"黏合剂"的作用，它对于表达感情、增进了解、树立形象都是必不可少的。

3. 礼仪规范着人们的社交行为

在社交场合，人们通过遵守礼仪规范进行交往，有助于达成相互间的沟通和共识，还能对人际关系进行整合和疏导，如守时守约、讲究仪容仪表、尊老爱幼等。礼仪潜移默化地熏陶着人们的心灵，使人们在社会生活中事事处处注意自己的言行，养成良好的文明习惯，彬彬有礼，努力成为一个受人欢迎的人。此外，礼仪还规范着人们按照社会公认的行为模式来生活和交往，有助于创造和谐的、良好的人际氛围。

4. 礼仪是促进事业成功的手段

良好的礼仪是一种资源，也是一个平台，更是人们踏上事业成功的阶梯。因此，讲究礼仪是促进事业成功的手段。

公关大舞台

经理消失为哪般?

风景秀丽的某海滨城市的朝阳大街，高耸着一座宏伟的楼房，楼顶上“远东贸易公司”六个大字格外醒目。某照明器材厂的业务员金先生按原计划，手拿企业新设计的照明器材样品，兴冲冲地登上六楼，脸上的汗珠未来得及擦一下，便直接走进了业务部张经理的办公室，正在处理业务的张经理被吓了一跳。

“对不起，这是我们企业设计的新产品，请您过目。”金先生说。张经理停下手中的工作，接过金先生递过的照明器，随口称赞了一下然后请金先生坐下，并倒上一杯茶递给他。随后，张经理拿起照明器仔细研究起来。金先生看到张经理对新产品如此感兴趣，如释重负，便往沙发上一靠，跷起二郎腿，一边吸烟一边悠闲地环视着张经理的办公室。当张经理问他电源开关为什么装在这个位置时，金先生习惯性地用手搔了搔头皮。虽然金先生作了较详尽的解释，但是张经理还是有点半信半疑。谈到价格时，张经理强调：“这个价格比我们预算高出较多，能否再降低一些?”金先生回答：“我们经理说了，这是最低价格，一分也不能再降了。”张经理沉默了半天没有开口。金先生却有点沉不住气了，不由自主地拉松领带，眼睛盯着张经理。张经理皱了皱眉，问道：“这种照明器的性能先进在什么地方?”金先生又搔了搔头皮，反反复复地说：“造型新，寿命长，节能。”张经理托词离开了办公室，只剩下金先生一个人。金先生等了一会儿，感到无聊，便非常随便地抄起办公桌上的电话，同一个朋友闲谈起来。这时，门被推开，进来的却不是张经理，而是办公室秘书。

资料来源：小节误大事 [EB/OL]．(2015-05-22) [2024-07-26]．豆丁网．

(二) 礼仪的原则

要有效地进行人际交往，既要按照礼仪的规范行事，又要对礼仪的原则有基本的认识。礼仪的原则包括：

1. 真诚原则

真诚是人与人相处的基础，也是礼仪的一条重要原则。只有建立在真诚之上的人际关系，才是永恒的友谊。

2. 尊敬原则

你希望别人尊敬你，首先你要尊敬别人。古人说："敬人者，人恒敬之。"就是说，尊敬别人的人，别人会永远尊敬他。彼此互相尊敬，人与人之间的关系才能和谐愉快，才会减少摩擦或纷争。

真诚和尊敬密切相关。没有真诚，尊敬是虚假的；不尊敬人，真诚也就不复存在。社会上常常有这样的人，表面上对你非常恭顺尊敬，但背地里却对你说三道四、搬弄是非。这种缺乏真诚的"敬意"，是我们运用礼仪时必须避免的。

3. 关怀原则

关心他人，就是关心自己。不肯关心别人的人，不但自己为人处世感到孤单，而且永远得不到别人的关心。俗话说：人心都是肉长的。因此，关心别人，就会让你产生领导、说服、激励、影响、引导别人的魅力和影响力，别人也会乐于为你做事。

社会生活中的礼仪细节并非人人都能全部学到，但可以有意识地加以积累和运用，假如我们能把礼仪原则铭记在心间，贯穿于言行，那就会给我们的工作和生活带来有益的影响。

三、公共关系礼仪

公共关系礼仪就是组织的公关人员或其他人员在公共关系活动中，为了塑造个人和组织的良好形象而应当遵守的尊重他人，讲究礼节，注重仪表、仪态、仪容、仪式等的规范和程序。

我们可以看到，社会交往中，注意礼节、讲究礼节的人更容易得到他人的接受和赞许，并使其在复杂的人际关系中应对自如。其实对组织而言，道理亦然。公共关系礼仪是被组织公共关系人员所掌握并融于各项公共关系业务活动之中的具体规程。在复杂的竞争环境和社会关系网络中，组织公共关系人员通过学习公共关系礼仪，运用人际关系交往技巧、方法，可以灵活、巧妙地处理组织与各类公众之间的关系，从而广结善缘、沟通信息、增进了解、促进发展，为组织创造宽松的社会关系环境，使组织赢得更多公众。

任务二　熟悉公共关系服饰礼仪

任务目标

完成本任务，你要了解服饰搭配的各种技巧和原则，通过个人形象展示帮助组织有效开展公共关系活动。

任务布置

假如你是一名大学毕业生，即将应聘某公司的公关部岗位。请根据个人特点，为自己选择搭配一套得体的应聘服饰。

人的相貌是天生的，但合理地穿戴服装与饰物，可以在很大程度上强化或改善人的相貌，使人精神焕发、光彩照人。虽然公关活动不是选美比赛或时装大赛，公关质量的高低不能以貌取人，但是公关人员的服饰也是一种品牌、一道景观，必须给予高度的重视。因此，服饰也是一门学问，是公关人员必须精通的专业知识。

智慧火花

服饰中的“印象管理”

服饰代表着一个人的形象。曾有一位礼仪专家这样说过：“当你走进一个房间，即使房间里没人认识你，或者只是跟你有一面之缘，他们却可以从你的外表对你作出以下10个方面的推断：经济水平、受教育程度、可信任程度、社会地位、个人品行、成熟度、家族经济地位、家族社会地位、家庭教养情况、是否为成功人士。”

服饰覆盖人体近90%的面积，当我们还没有看清一个人的容貌，来不及揣测对方的心理状态的时候，大面积的服饰往往已经给了人们重要的提示。

以职业服饰为例。一方面，过去只有少数职业，如军人、医生、司法人员、神职人员等，才有职业装，而现在，职业装已大大地向其他职业拓展，这无疑将服饰的社会符号功能进一步强化；另一方面，随着个性解放和审美情趣的提高，服饰的个性化、时尚化也成为社会潮流，这又意味着人们通过服饰表达生活品位和审美情趣的愿望更加强烈。

服饰讲求品位，服饰的品位是个人品位的物化，成功的物化过程不是随随便便就可以完成的，是要靠知识、修养与主观努力一步步实现的。现代心理学家提出了“印象管理”这个概念，“印象管理”指的是控制自我社交过程中留给他人的形象和印象的战略与技巧，简单地说就是控制留给他人的印象。服饰是“印象管理”有效的工具和表达物。我们应该重视“印象管理”，把学会塑造和控制印象当作人生中重要的一件事。

服饰是一门学问，也是一种艺术，像学习其他学问和艺术一样，同样需要了解基本常识和正确运用的方法，这是学习和用好服饰的关键。现在不少年轻人通过杂志、书报、电视、广告或讲座接收到了服饰的信息和常识，这使得中国人长期以来欠缺这方面知识和技巧的状况大为改观。

资料来源：布满你的社会符号［EB/OL］.（2018-12-07）［2024-06-25］. 百度文库.

服饰是对人的服装、饰物等的总称。服饰是一种文化，从不同的服饰我们可以看到人内在的文化传统。公关人员经常要和各种人打交道，因此要了解一些关于服饰的基本礼仪。

服饰在交际礼仪活动中的作用是不容忽视的。服饰一般包括服装、领带、帽子、手提包、首饰等。交际礼节，不能仅限于行为，还要讲究服饰礼节。在不同的场合着以不同的服饰，会给人留下不同的印象。服饰能够反映出人的内在追求、风貌、风度、气质。

一般而言，服饰礼仪要遵守 TPO 原则。TPO 是三个英语单词的首字母，分别代表时间（Time）、地点（Place）和场合（Occasion），即服饰要符合时间、地点和场合的要求。不同场合对服饰有不同的要求，公关人员在选择服饰时要注意这些要求。

4－2　服饰礼仪

一、服装

（一）服装的款式搭配

俗话说："人靠衣装，马靠鞍。"人穿上款式得体的服装，则显得高雅文明；反之，着装马虎、衣冠不整，会使人产生反感。人的体型千差万别，所以同一件服装穿在不同体型的人身上，效果是截然不同的。

身材瘦高者，应选用面料稍厚一点的服装，这样会显得比较丰满、精神，并且要避免颜色暗深的收缩色；身材肥胖者，选用的服装面料不能太厚或者太薄，应选用厚薄适中、轻柔而挺括的面料服装，并且忌穿大花、横条纹、大方格图案的服装，否则体型会更加显得横宽；身材肥胖的女士，不应选用带褶皱的面料做衣服，不适合穿无袖短衫或连衣裙，最好不穿百褶裙、喇叭裙，西服裙较适宜。服装搭配必须注意场合，否则，本来很美的服装，也会因其场合不适宜而大为逊色，甚至使人反感。女士着装切忌脏、破、乱、杂、暴露、透视、紧身、走光，在公共场合不能穿针织内衣、紧身内衣或睡衣、睡袍。女士穿下摆较窄或长度在膝盖以上的短裙时，切勿在人前把腿架起来。

（二）服装的色彩搭配

服装色彩的适当搭配，能使人通过错觉而产生美感。例如，浅色有扩张作用，能使人显得胖；而深色有收缩作用，能使人显得瘦。

服装色彩与肤色也有关系。例如，皮肤黄的人应避免选用蓝紫、朱红等颜色，因为这类颜色与皮肤的对比度强，会使皮肤显得更黄；皮肤黑的人不宜选用黑、深褐、大红等颜色；脸红的人应避免选用绿色，而白色服装几乎适合任何人。

没有不美的颜色，只有不美的搭配，服装色彩的搭配是有一定审美要求的。所以，应根据自身的特点选择服装颜色。色彩和谐的服装能使人在公众面前展现自己的心理追求和精神风貌。

（三）衬衫和领带的搭配

衬衫和领带的色泽协调能给人以美感。一般来说，白色的、浅色的条子或方格的衬衫适合配穿西装。穿着粗花呢或随意一些的外套服装，衬衫花纹可以粗犷一些。正式场合要系好领带，而非正式场合下系领带也算失礼。穿西服一定要佩戴领带，因为领带是西服的一个组成部分，对西服的美观起着重要的点缀作用。穿硬领衬衫参加正式活动必须系领带，穿针织套头高领衫或翻领衫不宜系领带。领带花色品种很多，它要求与相宜的西服配套，包括衬衫的合理选择。例如，穿鲜艳的格子衬衫，领带就应避免条纹或大花，以纯粹的小花图案为宜；如果衬衫是粗格图案，那么领带的颜色应与格子图案的某一种色调呼应。一般来说，有图案的领带宜配素色无花纹的衬衫。

(四) 鞋子和袜子的搭配

一般来说，鞋子的颜色应该与衣服的颜色相称，一般场合应着素雅端庄、体面大方的黑色皮鞋。穿花哨衣服时不宜穿黑色皮鞋。出席寿婚葬祭时，即使外衣和领带可以从略，但鞋子不能是茶棕色的，而应是黑色的，这是我国社交的一种礼节。

袜子具有衔接裤子和鞋子的作用，应与裤、鞋协调。黑色皮鞋应配深色袜子。稳重的西服长裤和明亮的黑色皮鞋，如果配上不协调的花哨颜色的袜子或有花纹的袜子，就会使人产生杂乱、失调的感觉。男士为避免在坐下时露出腿毛，应穿黑色或深蓝色的不透明的中长筒袜。女士袜子的色彩可适度鲜艳，若参加庄重的社交活动就应穿素色的长筒袜，避免露出腿部肌肤，而且夏天不可光脚穿凉鞋。

智慧火花

服装色彩搭配技巧

服装色彩搭配是一门学问，可通过多样化搭配技巧来体现不同的视觉效果和风格。

1. 对比色搭配：通过使用截然不同的颜色创建强烈的对比效果。例如，黑白搭配或是互补色搭配（如红绿、蓝橙等）。

2. 相似色搭配：选取相邻的颜色，例如红、橙和黄的组合或是蓝、绿和青的组合。这种搭配可以营造出温暖或冷静的氛围。

3. 三分法搭配：选择一个主色调，然后再选择两种辅助色。通常，主色调占50%，其中一种辅助色占30%，另一种辅助色占20%。

4. 单色调搭配：通过同一种颜色的不同亮度和深浅程度的搭配来创建视觉层次和纹理。这种搭配可以营造出简约、时尚的氛围。

5. 中性色搭配：使用黑、白、灰和棕色等中性色搭配鲜艳的颜色，以平衡、缓和整体的视觉效果。

当然，色彩搭配并不是一成不变的，可尝试通过不同的方法，来体现每个人的喜好和风格，以适应不同的场合和情境。

资料来源：杨晓密．浅析服装色彩的搭配技巧［J］．丝路视野，2018（25）．

二、配饰

一身入时的服装，再配上得体的配饰，能起到画龙点睛的作用。常见的配饰包括：丝巾、围巾、帽子、手套、腰带、鞋袜、手提包、发型与妆容等。

（一）丝巾的选择与佩戴

丝巾是女士的挚爱。确实，不管什么场合，利用飘逸柔媚的丝巾稍作点缀，一下子就能让你的穿着更有味道。挑选丝巾的重点是丝巾的颜色、图案、质地和垂坠感。可以用丝巾调节脸部气息，如红色系可映得面颊红润；或是突出整体打扮，如衣深巾浅、衣素巾艳、衣冷色巾暖色。

但佩戴丝巾要注意：如果脸色偏黄，不宜选用深红、绿、蓝、黄色丝巾；如果脸色偏黑，不宜选用白色、有鲜艳大红图案的丝巾。

（二）围巾、帽子、手套的选择与佩戴

围巾和帽子对服装的整体影响很大，在冬季用于点缀色彩尤为重要。如果服装颜色较暗淡，则围巾与帽子的颜色可鲜艳一些；如果服装颜色较鲜艳，则佩戴的围巾与帽子就要素雅一些。男士在任何时候都不应在室内戴手套、帽子。

（1）围巾一般在春冬季节使用得比较多，搭配要和服装、季节协调。厚重的服装可以搭配轻柔的围巾，但轻柔的服装却绝不能搭配厚重的围巾。围巾和大衣一般都适合室外或部分公共场所穿着，到了房间里面就要及时摘掉，不然会让人感到压抑。

（2）帽子可以起到御寒、遮阳和装饰的作用。一般来说，男士进入房间就应该摘掉帽子并将之挂在衣架上，也可以拿在手里；女士的限制少一些，在公共场所也可以不脱帽，但当自己作为主人在家里宴请别人时就不能戴帽子了。无论男女，在致敬或致哀的礼仪场合，必须脱帽。

（3）在西方的传统配饰中，手套曾经是必不可少的。现在，不管在哪儿，手套除了御寒外，无非就是为了保持手臂的清洁和防止太阳暴晒了。

和别人握手，不管冬夏，都要摘掉手套；与女士握手，摘掉手套显得更加礼貌；进屋以后，一般要马上摘下手套；吃饭的时候，手套必须摘下。

（三）腰带的搭配与注意事项

腰带更重要的是装饰作用。男士的腰带一般比较单一，质地大多是皮革的，没有太多

的装饰。穿西服时，都要扎腰带；而穿其他服装如运动、休闲服装时可以不扎。夏季只穿衬衫并把衬衫扎到裤子里的时候，也要扎上腰带。

女士的腰带质地很丰富，有皮革的、编织物的或其他纺织品的。纯装饰性的腰带更多，款式也多种多样。

女士使用腰带时要注意以下几个问题：

(1) 要和服装搭配，包括款式和颜色。比如，穿西装套裙一般选用皮革或纺织品质地的、花样较少的腰带，以便和服装的端庄风格搭配；要是穿两件套或连衣轻柔织物裙装，腰带的选择余地会大一些；暗色的服装不要选用浅色的腰带，除非出于修正形体的需要。

(2) 要和体型搭配。如果个子过于瘦高，可以选用较显眼的腰带，形成横线，分割一下，增加横向宽度；如果上身长、下身短，可以适当提高腰带到比较合适的上下身比例线上，达到比较好的视觉效果；如果身体过于矮胖，就要避免选用大的、花样多的腰带扣，也不要选用宽腰带。

(3) 要和社交场合协调。职业场合不要选用装饰太多的腰带，而要显得干净利落一些；参加晚宴、舞会时，腰带可以花哨些。

无论男女，扎腰带一定要注意：出门前看看你的腰带扎得是否合适，腰带有没有异常，在公共场合或别人面前动腰带是不合适的；在进餐的时候，更不要当众松紧腰带，这样既不礼貌，也不雅观，如有必要，可以起身到洗手间去整理。

(四) 鞋袜的搭配与注意事项

穿西服一般都要穿皮鞋，夏天也是如此，只是可以穿镂空的。皮鞋的款式提倡传统的有鞋带的皮鞋。深色的西服搭配黑、棕色皮鞋，夏天穿浅色西服可以搭配白色的皮鞋。牛仔服可以搭配皮鞋，但如果运动装搭配皮鞋就显得不伦不类了，休闲装只适合搭配轻便的皮鞋。有光泽的皮鞋四季都可以穿，翻毛皮鞋只有冬季穿才合适。皮靴一般在冬天穿，一般的服装也可以把裤脚塞到靴筒里；穿西装时只能把靴筒塞到裤筒里，要么就穿皮鞋，否则会破坏整体效果。女士在穿呢绒或毛织、皮革裙装时，穿皮靴也是一种不错的选择。

关于穿鞋，必须严格注意以下问题：穿拖鞋参加社交或公共活动是极不礼貌的，即使上街闲逛，也不应该穿拖鞋；除了进入专门场所等需要脱鞋外，不要当人面把脚从鞋里伸出来。社交场合不应该出现系鞋带这样的举动。不管穿哪一种鞋，既不应该拖地，也不应该跺地，否则不仅制造噪声，影响别人，而且会给别人留下不好的印象。

男士的皮带、皮鞋颜色应该一致。袜子对男士的要求比较简单，颜色上一般倾向于深色的，如蓝色、黑色、灰色、棕色等。穿西装时，袜口不要露出来。

女士的袜子，一般分为短袜和长袜。短袜一般只适用于长裤，如果双腿皮肤没有缺陷的话，有时也可用于过膝短裤或裙装，但穿西服套裙时必须穿长袜。

女士裙装更适合搭配长袜，这样可以通过服装来突出女性的腿部美。穿暗色的长袜，会使腿部显得细瘦，有修正体形的效果。明色的袜子是夏天的色彩，近于肉色的长袜更能突出肌肤美。在裙摆较短的情况下，最好不要选用花色较多的袜子。有刺绣或袜跟绣的长袜，都不适合在白天穿。

穿袜子时一定要注意，袜口无论如何都不该露在裙摆外。过膝长裙搭配过膝中长袜就行，中等长度的裙子搭配到腿根的长袜，超短裙搭配到腿根的长袜或连裤袜。另外，破了的长袜不要再穿。女士的包里应该多备一双长袜，以备不时之需。

（五）手提包的选用与搭配

手提包一般要求与服装搭配，同时要根据季节选择，如夏季拎包应小巧，显得轻松爽快。

男士的手提包比较单一，一般都是公文包。公文包的面料最好是牛皮、羊皮，而且以黑色、棕色最为正统。从色彩搭配的角度来说，公文包的色彩和皮鞋的色彩最好一致，这样显得完美而和谐。除商标外，公文包在外表上不宜带有任何图案、文字，包括真皮标志，否则会使人有失身份。手提式的长方形公文包是最标准的公文包。

一般来说，女士会用不同的手提包来搭配衣服或心情。女士通常需要有三个手提包：第一个是结实一点的手提包，上下班和工作时间用，必须实用，甚至可以放文件；第二个是中等大小的手提包；第三个是小巧的手提包，里面只放少量的化妆品、钥匙、钱等东西，可以在穿上晚礼服、出席正式场合时用。选择手提包时要考虑其颜色，要和平时穿着的大部分服装的色彩相配。

（六）发型与妆容的选择

发型与妆容是仪容的重要组成部分，是自然美和美容美与人体美的结合。

1. 发型的选择

发型要根据脸型来选择，人的脸型有多种，椭圆形较为完美，其他脸型皆需要用适当的发型来搭配。对于女士，若脸型呈方形，可用双花式卷发遮去两侧过宽的额角；若是长脸，可用刘海遮去发际线高的部分；体形较为矮胖的可以梳盘辫或挽髻，因为这样能使人看上去有增长了脖颈而提高了身高的效果；若是脖颈又细又长，则应选择披肩式发型。对于男士，头发两侧不宜过耳或遮耳；后面的头发不能长及衣领，也不要留大鬓角，不留长发或蓬松发，也不宜用重味发乳。

2. 妆容的选择

天生丽质的人毕竟是少数。俗话说：“三分容貌，七分打扮。”自然美给人以朴素、纯真的美感，而美容美却有锦上添花、风采照人的魅力。美容不仅是指涂脂抹粉，更重要的是指艺术造型。美容首先应符合自己的身份、年龄和职业，其次根据自己的性格、气质、交际场合来选择科学的美容法。

化妆是美容不可或缺的内容。女性化妆，目的是给人以清洁、健康、漂亮的印象，但须注意以下几点：

（1）洗脸后在脸上抹一种比自己肤色稍浅的粉底霜，使脸色增加一层光泽。眼睛涂抹一层薄薄的眼影，一般选用灰色，若是戴眼镜，可以稍浓一些。一般情况下不必画眼线。年轻人嘴唇宜用鲜艳的口红，随着年龄的增长，颜色宜改用浅色系列或褐色系列。

（2）整个人的化妆与服饰装扮颜色要协调。一般来说，如果眼部的化妆是蓝色系的，则口红应用粉红色的；若用绿色或褐色系的眼影，则用橙色口红。日间化妆淡雅为宜，夜间可稍浓艳。

（3）用香水时一般不应直接涂在肌肤上，且用量不宜过多，幽幽清香为佳。

男性应经常修面，剪鼻毛，整理发式，向人展示出一种潇洒雄健、健康向上的形象。

三、首饰

用金银、珍珠、宝石制作的项链、耳环、戒指、镯子等首饰，对公关人员来说很重要。它可使公关人员展现出高雅、华贵的风姿，只要适合自己的身份和活动场所要求，均有助于赢得公众的好感。

常见的首饰有戒指、项链、耳环、耳钉、手镯、胸针、发饰、领针、脚链等。选戴首饰时，要注意身份、时间、地点、场合。

（一）首饰使用注意事项

首饰已经成为大多数人在社交场合经常使用的饰物。如果公关人员对首饰礼仪一无所知，难免会弄巧成拙，招人笑话。

（1）数量以少为好。在必要时，可以不用佩戴首饰。如果想同时佩戴多种首饰，最好不要超过三种。如果没有特殊要求，一般可以戴单一品种的戒指，或者是把戒指和项链、戒指和胸针、戒指和耳钉两两组合在一起使用。如果既佩戴了戒指、项链，又佩戴了胸针、耳钉，甚至再加上一对手镯和一副脚链，它们彼此之间就不好协调，反而给人以烦琐、凌乱和俗气的感觉。

（2）同色最好。如果同时佩戴两件或两件以上首饰，最好色彩一致。

（3）注意配饰。比如戴镶嵌首饰时，要让镶嵌物质地一致，托架也要力求一致。这样能让它们在总体上显得协调。还要注意，高档饰物，特别是珠宝首饰，适用在隆重的社交场合，如果在工作、休闲时佩戴，就显得过于张扬了。

（4）与身份相符。选戴首饰时，不仅要照顾个人爱好，而且应当符合自己的身份，要和自己的性别、年龄、职业、工作环境保持协调。

（5）与体型相衬。选择首饰时，应充分正视自身的形体特点，努力使首饰的佩戴为自己扬长避短。避短是其中的重点，扬长就要适时而定。

（6）与季节吻合。季节不同，戴的首饰也要不同。金色、深色首饰适合冷季佩戴，银色、艳色首饰适合暖季佩戴。

（7）与服饰协调。佩戴首饰，是服装整体中的一个环节。要兼顾服装的质地、色彩、款式，并努力让它们在搭配、风格上相互般配。

（8）尊重习俗。不同的地区、不同的民族，佩戴首饰的习惯也有所不同，要了解并且遵守习俗。

（二）首饰佩戴须知

1. 戒指佩戴须知

同样款式的戒指戴在不同的手指上，会产生不同的效果，给人不同的印象。一般中指和食指给人以男性化、中性化的印象，所以适合较小及富有个性的戒指；相对地，无名指和小指给人以女性化的印象，所以适合华丽、正统造型的戒指。在戴戒指之前，有必要了解一些戒指语言。

拇指通常不戴戒指，其余四指戴戒指的寓意是：戴在食指上表示想求爱或求婚，戴在中指上表示已订婚或已有对象，戴在无名指上表示已订婚或已结婚，戴在小指上表示独身主义或已离婚。一只手不要戴两个以上戒指。想在两只手指上戴戒指，最好选择相邻的两只手指，否则就像在中间隔着一座山似的。

戴薄纱手套时戴戒指，应戴在手套里面，只有新娘可以戴在手套外面。戒指的粗细，应该和手指的粗细成正比。结婚戒指一般戴在左手无名指上。结婚戒指可以自己选择，也可以用祖辈传下来的。世界公认钻戒是最正规的结婚戒指。从造型上讲，老年人戴的戒指应古朴庄重，年轻人可以佩戴小巧玲珑的比较艺术化的戒指。而从事医疗、餐饮、食品销售的服务部门的工作人员就不适合佩戴戒指。

在和别人谈话的时候，不要抚弄自己的戒指。否则，别人会认为你不是心不在焉，就是有意炫耀。

2. 项链佩戴须知

男女都可以佩戴项链，但男士所戴的项链一般不要外露。不要戴多条项链，比较长的可折成数圈佩戴。

项链的长度应该和脖子的粗细成正比。一般短项链大概的长度是 40 厘米，适合搭配低领上装；中长的项链大概是 50 厘米，可以广泛使用；60 厘米的项链适合女士在社交场合使用。

选择链坠时要力求和项链在整体上协调一致。正式场合不要选用带有过分怪异的图形、文字的链坠，也不要同时使用两个以上链坠。

项链的流行亮点是珠链。一长一短错落胸前，是搭配正装的首选；而两条彩色短珠链扭花配同色系的服装或手袋，更显出和谐的美。

短项链适合颈部细长的女士，最好搭配 V 字领上衣。

中长度项链尽量不要挂在领口边上，这样会显得俗气，它适合搭配领口宽大的衣服；长项链适合佩戴在衣服外，并搭配款式较为简单的长套裙、长裤、长裙。

3. 其他首饰佩戴须知

其他首饰主要有耳饰、手镯、手链、脚链等。耳饰有耳环、耳钉、耳链、耳坠等款式，仅限女性所用，并且讲究成对使用，也就是说每只耳朵上均佩戴一只。在工作场合，不要一只耳朵上戴多只耳环。另外，佩戴耳环，应兼顾脸型，不宜选择与脸型是相似形状的耳环，使脸型的短处更加暴露。耳饰中的耳钉小巧而含蓄，所以做服务工作的女性可以佩戴。

没有装饰、有雕塑感的木质宽手镯带有中性色彩，金属宽手镯就显得很酷。而另一种风格的宽手镯——用人造宝石镶上图案，会制造出一种令人目不暇接的华丽气氛，它主要强调手腕和手臂的美丽。手镯可以只戴一只，通常应在左手；也可以同时戴两只，一只手戴一个，也可以都戴在左手。

男女都可以佩戴手链，但只能在左手上戴一条，可以和手镯同时佩戴。在一些国家，佩戴手链、手镯的数量和位置可以表示婚姻状况。手链不要和手表同时戴在一只手上。

脚链是当前比较流行的一种饰物，多受年轻女士的青睐，主要适合于非正式场合。佩戴它，可以吸引别人对佩戴者腿部和步态的注意，如果腿部缺点较多，就不要佩戴。一般只戴一条脚链，两只脚腕都可以戴。如果戴脚链时穿丝袜，就要把脚链戴在袜子外面，使脚链醒目。

任务三 掌握日常交往礼仪

任务目标

完成本任务，你要了解公关人员代表组织与公众交往时应注意的介绍、握手、电话联系等日常交往礼仪。

任务布置

假设你是某公司公关部经理，刚去机场接客户（某公司张副总经理）回到公司，要将该客户引见给公司总经理周刚，现正陪同该客户走到周总经理办公室门前。请现场模拟演示如何介绍、接待和递名片。

公共关系人员每天都要和各种各样的公众打交道，这些公众可能来自不同民族、不同地区，在职业、年龄、社会地位、受教育程度等方面都有所差别。这就要求公共关系人员注意日常交往礼仪，随时随地都能给公众留下良好的印象。

一、介绍礼仪

介绍是一切社交活动的开始。常言道："第一印象是黄金。"所以介绍礼仪是公共关系礼仪中最基本的礼仪。介绍分为为他人做介绍和自我介绍两种。介绍时要注意介绍的顺序和介绍的方法。

（一）介绍的顺序

在为他人做介绍时，面对不同的介绍对象，一般来说应该遵循这样的顺序：先把男性介绍给女性，先把年轻者介绍给年长者，先把职位低者介绍给职位高者，先把晚到者介绍给早到者，先把主人介绍给客人。

4-3　介绍礼仪

自我介绍一般是在没有介绍人的情况下，向对方自报家门的一种介绍形式。如果有介绍人在场，自我介绍则被认为是不礼貌的。自我介绍应根据交际的目的、场合、时限和对方的需要等作出选择，尽量突出个性，满足对方的期待。

（二）介绍的方法

一般情况下，除年迈者和女士外，介绍人和被介绍人都应起立，待介绍人介绍完毕后，被介绍双方应微笑点头示意或握手致意。随着男女平等，女性参与社会政治、经济、文化生活的现象日益增多，女士（除年迈者外）在被介绍时最好也能起立，以示尊重和礼貌；在宴会桌、会议桌、谈判桌上，视其情况，介绍人和被介绍人不必起立，被介绍双方可点头微笑致意；如果被介绍双方相隔较远（2 米以外），中间又有障碍物，可举起右手致意或点头微笑致意。

自我介绍时，介绍人就是本人，介绍者应先向对方点头致意，得到回应后再向对方介绍自己的姓名、身份、单位等。如果见面双方一方是主人，一方是宾客，则作为主人的一方应主动打招呼，以示欢迎和尊重。

不论是为他人做介绍还是自我介绍，被介绍双方的态度都应谦和、友好、不卑不亢，切忌傲慢无礼或畏畏缩缩。

智慧火花

交往礼仪的 3A 原则

3A 原则，是交往礼仪的立足资本，是美国学者布吉尼（Buggini）教授提出来的。3A 原则强调在人际交往中，要接受（Accept）对方、重视（Attention）对方、赞美（Admire）对方。3A 原则告诉我们，在人际交往中不能只见到物而忘掉人，强调人的重要性，要注意人际关系的处理，否则就会影响交往的效果。此外，3A 原则还告诉了我们尊重交往对象的三大途径。

第一，接受对方，宽以待人。不要为难对方，让对方难堪。比如在交谈时要注意“三不准”：一是不要打断别人；二是不要轻易补充对方观点；三是不要随意更正对方，因为事物的答案有时不止一个。对于非原则性问题，尽可能接受对方。

第二，重视对方，欣赏对方。要看到对方的优点，不要专找对方的缺点，更不能当众指正。重视对方的技巧有：一是在人际交往中要善于使用尊称，称行政职务、技术职称等尊称；二是记住对方，比如接过名片时要仔细看、用心记，记不住时不要张冠李戴。

第三，赞美对方。对交往对象应该给予赞美和肯定，懂得欣赏别人的人实际上是在欣赏自己。赞美对方也有技巧：一是实事求是，不能太夸张；二是适合对方，要夸到点子上。

资料来源：人际交往的3A原则［EB/OL］．(2017-11-23)［2024-06-20］．百度百科．

二、握手礼仪

握手礼仪来源于中世纪的欧洲，寓意是“我的右手不是用来握剑杀你的”，以向对方示好。握手礼仪是一种常见的见面或告别礼节。握手还可以表达祝贺、感谢、鼓励、祝愿等情感，它广泛地运用在各种场合，如运动会的颁奖仪式上，或为同事、朋友、亲人送行之时，都可以采用握手来表达自己的感情。双方往往是先打招呼，然后握手致意。

握手应注意以下两点：

（一）握手的顺序

握手讲究一定的顺序，谁先伸手也是有讲究的。一般是主人、长辈、上司、女士先主动伸出手，客人、晚辈、下属、男士再相迎握。

（二）握手的方法

(1) 一定要用右手握手。

(2) 要紧握对方的手，热情有力，时间宜短（1～3秒为宜）。当然，过紧地握手是不礼貌的，但那种只用指尖部分漫不经心地接触对方的握手方式也同样被认为是不礼貌的。

(3) 被介绍之后，最好不要立即主动伸手。年轻者被介绍给年长者、职务低者被介绍给职务高者时，应根据年长者、职务高者的反应行事，即在年长者、职务高者用点头致意替代握手时，年轻者、职务低者也应随之点头致意。和年轻女性、异国女性握手时，一般男士不要先伸手。

（4）握手时，年轻者对年长者、职务低者对职务高者都应稍稍欠身相握，有时为表示特别尊敬，可用双手迎握；男士与女士握手时，一般只宜轻轻握女士手指部位；男子握手时应先脱帽；切忌戴着手套握手，女士在握手时也应摘下手套。

（5）握手时双目应注视对方，微笑致意或问好，多人同时握手时应按顺序进行，切忌交叉握手。

（6）在任何场合，拒绝对方主动要求握手的举动都被认为是无礼的，但手上有水或不干净时，应谢绝握手，但必须解释并致歉。

三、其他见面礼仪

除了介绍和握手外，其他见面礼仪还包括名片礼、脱帽礼、拥抱礼和亲吻礼等。

（一）名片礼

在许多社交场合，人们初次相识时，往往互呈名片，这就是名片礼。名片的作用有三点：一是用于自我介绍，以此来向对方通报身份；二是可作为另一种意义上的“请柬”，告诉对方方便时或有事时可以联系；三是作为一种营销工具，方便贸易双方进行业务洽谈联系。呈名片可在交流前或交谈结束、临别之时进行，可视具体情况而定。递接名片时最好用双手，名片的正面（中文面）应朝着对方。接过对方递予的名片后应致谢，并认真地读一遍，尽量记住对方的姓名、职务、工作单位，然后郑重地收好。第一次见面后，可在名片背面简略地记下一些可能有用的资料，如第一次见面的时间、地点以及对方的爱好、籍贯、主要经历等，以便为日后见面提供线索和话题。一般不要伸手向别人讨取名片，必须讨取时应以请求的口气，如“您方便的话请给我一张名片，以便日后联系”。

（二）脱帽礼

脱帽礼源于中世纪的欧洲。当时骑士们和女士讲话时必须把头盔举起，以示尊重；骑士们彼此见面时，也都要把头盔掀起露出面目，以示友情。久而久之，脱帽礼就形成了。在一般社交场合，男士应摘下帽子或举一举帽子，并向对方点头致意或问好；若与同一人在同一场合前后几次相遇，则不必反复脱帽，点头致意即可。进入主人房间时，客人必须脱帽。在庄重、正规的场合应自觉脱帽。

（三）拥抱礼

拥抱礼流行于欧美国家，多用于官方、民间的迎送宾客或祝贺致谢等社交场合。行礼的方式是：两人相对而立，上身稍稍前倾，各自右臂偏上，左臂偏下，右手环拥对方左肩部位，左手环拥对方右腰部位，彼此头部及上身都向左相互拥抱，然后头部及上身向右拥抱，最后再向左拥抱一次。当今许多国家的涉外迎送仪式上，多行拥抱礼。

（四）亲吻礼

亲吻礼在欧美许多国家广为盛行。行亲吻礼时，往往伴有一定程度的拥抱，不同关系、不同身份的人，相互亲吻的部位不尽相同。一般而言，夫妻、恋人之间是吻唇；长辈与晚辈之间是吻脸、吻额头；平辈之间是贴面颊。在公共或社交场合，关系亲近的女子之间可以吻脸，男士之间是拥肩相抱，男女之间一般是贴面颊；晚辈对长辈是吻额头，男士对尊贵的女宾可以吻手指或手背。在现代西方国家，亲吻礼不仅在男女之间盛行，而且男士之间也多行此礼，亲吻的次数可以是一次，也可反复多次，如法国男士行亲吻礼时，常常是左右脸颊各吻一次，而比利时人则常常反复几次。

在许多国家的迎宾场合，宾主往往以握手、拥抱、左右吻脸或贴面颊的连续式动作，表示最真诚的热情和敬意。

智慧火花

你会微笑吗?

在日常交往和工作中，笑具有传递信息、沟通感情的作用。一个简单的微笑常常能够消除人与人之间的陌生感，拉近彼此的距离，创造和谐氛围。人们形象地将微笑比喻为人际交往中的“货币”，人人都能付出，人人也乐于接受，因此公关人员在交往过程中有必要了解微笑的艺术。

微笑的“四要”：

1. 要口、眼、鼻、眉、肌结合，做到真笑。发自内心的微笑，会自然调动人的五官，使眼睛略眯、眉毛上扬、鼻翼张开、脸肌收拢、嘴角上翘。

2. 要神情结合，显出气质。笑的时候要精神饱满、神采奕奕。

3. 要声情并茂，相辅相成。只有声情并茂，你的热情、诚意才能被人理解，并起到锦上添花的效果。

4. 要与仪表举止的美和谐一致，从外表上形成完美统一的效果。

微笑的“四不要”：

1. 不要缺乏诚意，强装笑脸。

2. 不要露出笑容随即收起。

3. 不要仅被情绪左右而笑。

4. 不要把微笑只留给上级、朋友等少数人。

资料来源：前台礼仪接待的任务［EB/OL］.（2018－03－13）［2024－07－30］. 道客巴巴网.

四、电话礼仪

现代社会里，电话是一种常见的通信、交往工具，掌握接电话和打电话的礼仪也是公共关系日常礼仪中的重要内容。

（一）接电话的礼仪

在组织的日常工作中，接电话的人的语言很关键，它直接影响接电话的人、该部门以至该组织给对方的第一印象。声音谦和、态度亲近的电话接待能让对方心情舒畅、轻松愉快，即使对方通过电话没有达到自己的目的，也会觉得接电话的人、该部门、该组织是可亲可敬的，从而留下美好的印象；相反，声音生硬、态度傲慢的电话接待会让对方感到压抑、不快，留下恶劣的印象，这对组织来说，等于自堵其门、自损形象，非常不利于组织的交往。接电话应注意以下几点：

（1）电话铃声一响，应尽快去接，最好不要让铃响超过三遍，但也不能响一声就接。拿起电话应先自报家门，常用语是：“您好，这里是××公司××部。”日常工作和生活中，有许多人在接电话时，习惯开口就问“你是哪里”或者“谁呀”，这是不礼貌的。正确的做法应该是让对方自己介绍或是在适当的时候，根据对方的反应再询问。询问用语一般是：“请问您是哪里？”或“请问怎么称呼？”或“我能否告诉我们经理，电话是谁打给他的？”那种先询问对方的身份之后再答“他不在”的做法更是不礼貌的。

（2）电话用语应文明、礼貌，态度应热情、谦和、彬彬有礼，说话应以尊重对方为准则，语调应平和、谦逊，以给对方留下美好的印象。

（3）接电话时对对方的话语可作必要的重复，重要的内容应简明扼要地记录下来，记录的内容包括：时间、地点、联系事宜、须解决的问题等。

（4）通话完毕后，应该让对方结束对话，若确需自己来结束（如手边有亟须处理的事宜），应加以解释、致歉。通话完毕后，应等对方放下话筒后，再轻轻地放下电话，以示尊重。

（二）打电话的礼仪

打电话时应注意的礼仪如下：

（1）选择适当的时间。往办公室打电话，最好避开临近下班的时间。因为这时打电话，对方或者是处理事宜的时间太短，或者是急于下班，很可能得不到满意的答复。公务电话尽量打到对方单位，如果有要紧事必须往对方家里打，则应注意尽量避开吃饭或午睡时间，而且晚上10时以后、早上8时之前也应尽量避免打电话相扰。

（2）首先通报自己的姓名、身份、单位。必要时应询问对方是否方便之后，再开始交谈。比如，对方接电话后，打电话者可以先询问一下：“我有点事想跟您说几分钟，可以吗？”

（3）电话内容要简明扼要。最好事先把通话内容简略归纳几条记录在便条上，以供打电话时使用。

（4）通话完毕应道声“再见”，然后轻轻挂上电话。

智慧火花

小电话　大学问

接电话　第一，接电话要及时，铃响不过三声。如果电话连响六声才来得及接，第一句话要说："抱歉，让您久等了。"切忌铃响一声就接，以免对方尚未做好通话准备。第二，通话语言要规范。拿起话筒后，第一句话要问候对方，第二句话要自报家门。第三，遇到掉线的情况，要及时回拨，并在接通后表明歉意。

打电话　第一，择时通话。一般来讲，节假日、晚上10时以后及早上8时之前，切忌因公事打他人的家庭电话。与海外人士通话还要注意时差问题。此外，尽量避免在周一刚上班以及周五快要下班的时候打电话询问求职问题。第二，通话三分钟原则。通话时间要简短，长话短说，废话不说，没话别说。第三，拨错电话要道歉。

代接电话　先告知对方其要找的人不在，然后问对方是何人、所为何事、是否需要转告等。

挂电话　在和别人通电话时，应该由地位高者先挂。突发性事件例外，执行一般性公务则必须如此。尤其是窗口部门，值班电话、热线电话、报警电话，要让群众先挂。

资料来源：职场礼仪小细节蕴含大学问［EB/OL］.（2010-07-21）［2024-08-02］. 百度文库.

任务四　了解聚会和庆祝活动礼仪

任务目标

完成本任务，你要了解公共关系活动中聚会及庆祝活动是如何组织和开展的，并且掌握参与这类活动时的一些基本礼仪。

任务布置

某公司拟组织一次年度客户答谢宴会，请模拟宴会接待程序，并注重基本礼仪要求。

聚会和庆祝活动往往是开展公共关系活动的绝好时机，也是组织在公众面前亮相的绝好时机，因此，公共关系人员需要了解聚会和庆祝活动礼仪。

一、聚会和庆祝活动形式

（一）聚会形式

聚会包括晚会和聚餐两种形式。

1. 晚会

晚会的主要形式有节日晚会、迎送晚会、庆祝晚会、生日晚会、舞会等。

2. 聚餐

常见的聚餐形式有正式宴会、便宴、工作餐会、冷餐会、酒会、茶话会等。

（1）一般来说，正式宴会是指有严格规定和程序的正式宴请、宴谢等。

（2）便宴即非正式宴会，其特点是形式简便，不排座次，不作正式讲话，适合于组织间的日常友好往来。

4-4　正式宴会

（3）工作餐会是利用进餐时间，边吃边谈工作、交换意见。工作餐会多采用快餐或各自付费的形式，进餐的菜肴、程序从简。

（4）冷餐会又名自助餐会，这是一种适合于客人人数众多的正式宴请方式。菜肴以冷食为主，菜、饮料、餐具陈设在长条餐桌上，供客人自取，其规格可高可低，时间一般安排在中午12时至下午2时，或下午5时至7时。

（5）酒会又名鸡尾酒会，形式活泼轻松，客人可广泛交谈，来去自由，会场可以有音乐或舞蹈。酒会的招待品以各种非烈性酒为主，辅以各种饮料、小吃。招待品可放在桌上让客人自取，也可由招待员托盘端送。酒会举行时间可灵活掌握，时间一般延续2～3小时。

（6）茶话会是一种简便的招待形式，不排座次，不使用餐厅、餐具，主要以茶和咖啡招待客人，略备点心和小吃，时间可安排在上午10时或下午4时左右，持续时间在1小时以内。

4-5　茶话会礼仪

（二）庆祝活动形式

庆祝活动是为重大节日、纪念日举办的。组织主办或参与的庆祝活动主要有以下三类：

（1）特殊时间的庆祝活动。比如，组织获得重大技术成果，或者在生产上有重大突破，或者取得国际、国家某项最高奖励时，由其组织并参与的庆祝活动。

（2）节日庆祝活动。比如，在元旦、春节、劳动节、中秋节、国庆节等节日举办的庆祝活动。

（3）组织周年庆典。庆祝活动所采取的形式有记者招待会、联欢会、文娱晚会等，并邀请各界人士参加，特别重大的活动可互派代表或代表团。跨地区、国界的庆祝活动，一般通过电函祝贺。

二、聚会和庆祝活动礼仪

（一）聚会礼仪

聚会礼仪包含的内容很多，这里讲述宴会礼仪及进餐礼仪。

宴会礼仪及进餐礼仪在人际交往中应用比较普遍。为表示欢迎、答谢、祝贺，或为融洽气氛、增进友谊，公共关系部门也常常设宴招待客人，因此，掌握一定的宴会礼仪和进餐礼仪很有必要。

1. 宴会礼仪

宴会有国宴、正式宴会、便宴、家宴等形式。公共关系活动中的宴会礼仪主要有以下要求：

（1）确定了宴会的目的和规格后，应将客人名单列出来，不要有疏漏，而且宴会的主客双方身份应对等。然后，一方面发出请柬，一方面加紧筹办。宴会前一周，最好能与所邀请的客人再用电话联系一次，将宴会的时间、地点再次通知本人，这样做一来显得尊重、重视，二来万一情况有变可及早进行调整，以免被动。

（2）参加宴会的人应该服饰整齐、干净雅观、落落大方。赴宴时间最好准时，不要过早到达，也不要迟到；到达宴会地点后，首先跟主人打招呼，对不相识的人也应点头致意。

（3）宴会主人应提早到宴会厅，并站在入口处迎接宾客。宾客到达后，主人应主动和来宾握手，先女宾后男宾，可以说“欢迎”“见到您太高兴了”，然后由专门的领座员安排客人入席。正式宴会上，宾主要按身份排座次。根据国外的习惯，在宴会上，男女主人分坐上首、下首，座次安排应该男女穿插，以女主人为准，主宾在女主人右上方，主宾夫人在男主人右上方。我国习惯按个人职务高低安排座位，以便交谈，如夫人出席，通常把女士排在一起，即主宾坐在男主人右上方，主宾夫人坐在女主人右上方。

（4）宴会过程要精心安排、有条不紊。宴会开始后，主人应第一个起来敬酒，可以说：“欢迎各位，敬大家一杯。”“请接受我的敬意。”上菜速度应适中，先客后主，先女后男，上菜时从客人左边上，斟酒时在客人右侧倒。主人应主动请客人品尝菜肴。

（5）致辞。在正式宴会上应有主、宾致辞。致辞时间可在热菜之后、甜点水果之前，或宴席开始时，一般由主人先讲，然后客人讲。

（6）宴会结束一般以女主人起立和招呼为准，全体起立，男宾向男主人告别，女宾向女主人告别，然后有礼貌地与其他人告别，并有礼貌地向主人握手道谢。除主人特别示意作为纪念品的东西（如鲜花）外，其他各种招待品均不得带走。

2. 进餐礼仪

公共关系活动中的进餐礼仪主要有以下要求：

（1）入座时，男士应先走一步，为女士拉开座椅，等女士们全部落座时，自己方可坐下。坐下后，可将椅子向桌子靠近，不要东张西望或拨弄餐具弄出声响。应保持良好的坐姿，不要弓腰弯背或趴在餐桌上。

（2）上菜时，应在主人招呼下夹菜。夹菜时要就近，不可“飞象过河”，也不要抢食，最忌在盘中上下翻搅，菜也不宜夹得太多。主人向客人敬酒时，客人应举杯示意，回敬说：“谢谢款待。”别人为你斟酒时，不要把酒杯举起。吃东西时闭嘴咀嚼，不要发出声响，同时切勿说话。交谈时，不要挥舞筷子。如果汤菜太热，不要用嘴吹，应待稍凉后再喝。盛汤时，勺应从里向外盛。如果嘴里有鱼刺、肉骨，不要随意吐在餐桌上，应用手指取出放在自己的盘子里。如果手上沾有汤、菜，不要抹在桌布上，应用餐巾轻擦。饮酒应适量，最好控制在自己酒量的 1/3 内，敬酒也应适可而止，不要强人所难。进餐时不可长时间谈话，以免影响别人用餐，但也不可只顾自己埋头吃喝。吐痰、咳嗽时要把头转向右方，用手帕或餐巾掩住口鼻。剔牙时应用手或餐巾挡着嘴，另一只手拿着牙签剔牙，注意嘴不要张得过大。

（3）用餐完毕后，不要忘记赞赏佳肴味美，或主人手艺精湛。待主人宣布散席后起立，向主人握手道谢。

另外，如果是吃西餐，那么必须注意刀叉的使用，包括以下几点：

（1）右手持刀，左手持叉，将盘内食物切成小块，然后用叉送入嘴中。欧洲人习惯右切左送，而美国人习惯右切右送，即右手切割后，把刀放下，换右手持叉送食入口中。

（2）进餐时，按刀、叉顺序由外往里取用，勿搅和、扒拉。

（3）使用刀叉时尽量不要发出声音，不要挥舞刀叉与别人说话。

（4）刀叉摆成八字形或交叉置于盘边，表示正在进餐；刀叉并拢并排摆放在盘内，表示已吃完。

（二）庆祝活动礼仪

对公关人员来说，各种庆祝活动是开展公共关系活动的良机。庆祝活动的主持者应注意以下几点：

（1）对前来参加活动的客人，不论是被邀请的，还是不请自来的，都要以礼相待，做好迎接、安排、送别等工作。

（2）对重要来客，如政府官员、社会名流、新闻界人士、外宾等要给予特殊关照，准备专门的休息室。对这些重要来宾，除发出请柬外，还应在活动前通过拜访或电话再次邀请，并要定下专车接送的时间。庆祝活动结束后，应及时通过信函或电话，向重要宾客致谢。

（3）主持人在庆祝活动的始终都应精神饱满、轻松愉快，这样才能使活动保持喜庆快乐的气氛。

如果以客人的身份参加庆祝活动，应该做到以下几点：

（1）不迟到，不早退，尽量参加庆祝活动的全过程。如确须早退，应向主人解释清楚，并表示歉意。

（2）应视所有的人为朋友，彬彬有礼，利用机会尽量多结识一些新朋友。

（3）争取机会发表讲话，这样既可以加深和主办单位的感情，又可以提高自己的认知度。

（4）在庆祝活动中，切勿讲任何有损于主办单位形象的话。对主人的各项要求尽量不拒绝，实在做不到的应委婉说明。

（5）注意自己的言行举止，不要喧宾夺主。

思维与技能训练

一、想一想

1. 什么是礼仪？礼仪的功能和特点是什么？为什么在公关活动中要学习礼仪常识？

2. 什么是公共关系礼仪？对公共关系礼仪的基本要求有哪些？

3. 为什么说“人靠衣装，马靠鞍”？在公关活动中，应注意哪些基本着装礼仪？

4. 见面礼仪需要掌握的内容有哪些？

5. 与人交往需要掌握哪些礼仪？你在哪些方面有所不足？如何提高改进？

二、做一做

1. 你觉得自己的日常行为符合礼仪规范的基本要求吗？请对照基本礼仪规范矫正自己的日常行为举止。

2. 回想你曾碰到的需要介绍他人和自我介绍的场合，检讨自己是否有失礼的表现。

3. 请查找相关资料，了解在参加职场的招聘面试时应注意哪些礼仪规范。

三、技能实战训练

[实战项目]

以小组为单位，在当地探访一家苏宁易购门店（或其他连锁门店），为其制定一份开业周年店庆活动方案。

[实训目标]

1. 培养公关活动组织能力。

2. 能通过开展活动了解相关礼仪规范，提升公关职业素养。

[实操流程]

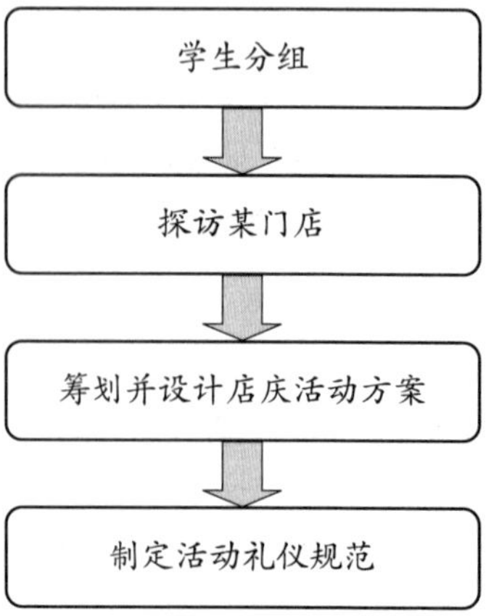

［注意事项］

1. 门店选择要具有典型性与代表性。

2. 团队成员合理分工，重点明确店庆活动组织过程及相应的礼仪规范。

［实训成果与评价］

1. 成果：

（1）各组完成开业周年店庆活动方案一份。

（2）方案明确活动组织流程、邀请接待等礼仪规范。

2. 评价指标：

序号	项目	评价标准	比重（分）	得分
1	内容	方案结构完整，重点突出，策划严密	30	
2	态度	团队分工明确，合作意识强	20	
3	知识	活动内容及步骤正确，具有科学性和可行性	25	
4	技能	能运用礼仪规范，充分展示门店形象	25	
总分			100	

项目核心能力与公关素养自评

	核心能力（素养）	是否提高
通过学习本项目，你的哪些核心能力得到了提升：	人际交往能力	
	应变能力	
	形象策划能力	
	个人发展能力	
通过学习本项目，你认识到的公关素养有：	传统文化汲取	
	个人形象管理	
	国际视野	
自评人（签名）： 年　月　日		教师（签名）： 年　月　日

项目五 明确公共关系活动流程

公关之行，行在科学

公共关系的真正目的，是帮助公司减少一点阻力。

——华为创始人任正非

项目解析

任何组织公共关系活动的开展，都要基于组织对其公关现状的了解和认知，并且要依此设立公共关系目标，有针对性地开展公共关系活动，同时要重视公共关系活动的效果评估，从而保证公共关系活动的高效性和科学性。这就要求公共关系活动的开展按照科学的程序进行，即公关调查、公关策划、公关实施和公关评估。

项目目标

1. 知识目标

(1) 掌握公共关系调查的概念及程序。

(2) 掌握公共关系策划的原则、基本程序与方法。

(3) 了解公共关系实施的原则和注意事项。

(4) 熟悉公共关系评估的程序和标准。

2. 能力目标

(1) 帮助组织设计公关调查方案，组织实施调查并收集组织公关现状有关信息。

(2) 帮助组织针对公关现状进行公关创意策划。

(3) 制定合理科学的评估标准，并对公关活动效果进行评估。

3. 素质目标

(1) 树立新发展理念，培养创新创业意识。

(2) 注重职业锤炼，爱岗敬业，塑造工匠精神。

(3) 爱党爱国，坚持党的领导，坚定“四个自信”。

公关聚焦

“冰”公关“热”传播

2014年8月，“冰桶挑战”在被引入中国后迅速风靡全国，两周内募得善款814万元。瓷娃娃罕见病关爱中心创始人王奕鸥说，通过这种有趣的活动让公众认识罕见病、关注渐冻人，从现在的效果看目的已经达到。

国内首位公开接受“冰桶挑战”的是小米公司CEO雷军。8月17日下午，雷军在微博中宣布，将接受DST公司老板尤里·米尔纳（Yuri Milner）夫妇传递的“冰桶挑战”，并将接力棒传给了刘德华和李彦宏。

“冰桶挑战”热到什么程度呢？以下数字可见一斑：截至2014年9月2日早上6时，百度搜索“冰桶挑战”的词条共有6 450万条。从7月29日到8月21日，渐冻人组织收到了4 180万美元的捐款，相比之下，该组织去年同期只收到了210万美元的捐款。截至8月22日上午11时，仅就微博话题榜显示关于“冰桶挑战”的话题讨论量，已经达到18.1亿。

“冰桶挑战”之所以成为焦点，形成“热”传播，原因也许有许多，但归根结底一点就是公关的力量。

好的公关可以四两拨千斤；好的公关可以是掀起飓风效应的那对蝴蝶翅膀；好的公关可以省去大声吆喝的力量，而让众人狂热参与；好的公关可以节省天文数字般的广告费，让媒体做到主动传播。

那怎样才能策划出好的公关活动呢？以“热”传播的“冰”公关为例，可以感悟到——“七剑”成就好公关。

“一剑”师出有名：任何活动都有其目的性。目的积极，自然响应者多。关爱渐冻人就是积极的立意，一切向善的、表现出有责任感的活动都具备让更多人参与的基础。

“二剑”大道至简：任何活动都需要明确的规则，尽量用最少的文字来说明。“冰桶挑战”规则简短明确，却通行全球，言简意赅，执行简单。

“三剑”娱乐分享：粉丝中的明星、商界中的领袖都习惯了正装、正统的表现，那么迎头一桶冰水的“狼狈”则让大家看到了他们可爱、活泼的另一面。从独乐乐到上传社交网络的众乐乐，则是娱乐分享的最高境界。

“四剑”持续热点：渐冻人组织的“冰桶挑战”源自美国，蔓延全球。每到一个国家就会引爆这个国家的明星参与。这里的明星不仅局限在娱乐界，更包括科技界、商界、教育界、体育界，甚至传棒到政界。

“五剑”掌握时机：“冰桶挑战”是为渐冻人捐款策划中的一个创意表现。如何能让大家主动参与，这就需要一个时机的把握。在炎热的夏天，大家无不期待清凉、冰爽的一刻。“冰桶挑战”发起于炎热之夏，正是把握时机的最好佐证。

“六剑”巧妙关联：全球需要关注、关爱的罕见病数不胜数。通过巧妙关联，你就会觉得很少听及的渐冻人症就在身边。

“七剑”新闻制造：在“冰桶挑战”过程中，娱乐不断，创新不断，这也成为“冰桶挑战”接力之外的新闻接力赛。

尽管“冰桶挑战”在执行过程中有瑕疵，但这并不妨碍其成为最好的公关活动之一。

资料来源：曹志新．“冰”公关“热”传播［J］．国际公关，2014（5）．

思考

1.“冰桶挑战”让你感受到公关的力量了吗？

2. 为什么说“冰桶挑战”是一次非常好的公关创意策划？

3.“冰桶挑战”的公关价值何在？其全球传递活动是否达到了预期的公关效果？

要想成功地开展公共关系工作，并且取得预期的最佳效果，就必须严格按照公共关系流程（四步工作法）进行，即调查→策划→实施→评估。

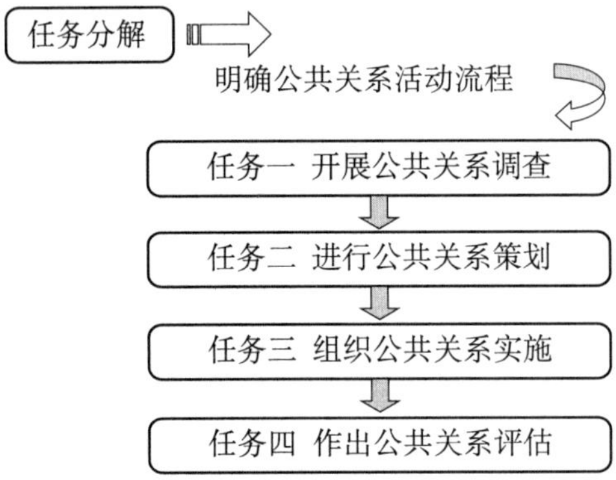

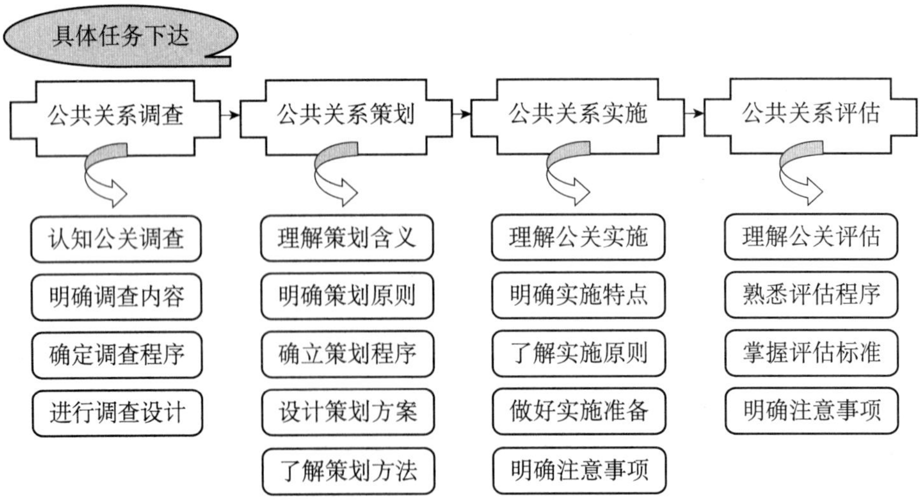

任务一　开展公共关系调查

任务目标

完成本任务，你要了解公共关系调查的程序和方法，并明确公共关系调查的内容，能帮助组织设计了解其公共关系现状的调查问卷。

任务布置

任务背景：穆墩岛是江苏省洪泽湖上唯一的岛屿，地理位置独特，资源丰富，环境优美，社会安定，是洪泽湖上一座天然的“桃花园”。穆墩岛地处洪泽湖腹心略偏西，东有洪泽湖避风港，南有老子山大王庙，西有明祖陵，北面紧连彭雪枫陵园，是洪泽湖旅游风光带中不可缺少的一个景点。

任务下达：

1. 在班级内部进行分组，形成若干公关团队（每组6～8人）。

2. 穆墩岛景区拟进行市场推广以吸引游客，请各团队为穆墩岛景区设计一份公关调查问卷，以了解该景区在公众心目中的认知度、美誉度与和谐度。

公共关系调查是公共关系工作流程的第一步。在进行任何公共关系项目操作之前，都必须通过调查去搜集有关资料，了解并分析组织的公关现状，以帮助组织有针对性地制定公关方案。

一、认知公共关系调查

（一）公共关系调查的定义

公共关系调查是指公共关系人员运用科学的调查分析方法，以组织内外部公众为对象，通过有目的地收集和分析资料，了解组织的公共关系状态及其影响因素，分析其发展趋势并提出改进意见和措施的一种调查研究活动。

为了更好地理解公共关系调查的定义，我们可以提炼出以下几个要点：

第一，公共关系调查的本质是一种认识和分析活动。

第二，公共关系调查的目的是了解组织的公共关系状态，并提出改进意见。

第三，公共关系调查需要运用科学的方法和手段。

5－1　公共关系调查

公共关系调查是公共关系实务活动的基本内容之一，也是公共关系工作流程中的重要环节之一，更是公共关系人员必须熟练掌握的专业技能之一。

(二) 开展公共关系调查的意义

美国管理学和决策理论创始人赫伯特·西蒙（Herbert Simon）说过："不论人们如何表达公共关系活动的流程，调查研究都是举足轻重的。如果把公共关系流程视为一个车轮，调查研究便是这个车轮的轮轴。"公共关系调查是公关实务工作的基础阶段，也是起步阶段。离开了公关调查，所有的公关活动策划都将成为空中楼阁，失去其存在的价值。

开展公共关系调查的意义体现在以下几点：

1. 公共关系调查能帮助组织准确地知晓公众舆论

公共关系的目的是与公众构建和谐关系，因此公众想什么、要什么、喜好什么、关注什么就成为组织开展公关前所必须了解的信息。公众舆论也称为民意，是指公众公开表达的对组织具有一致性的意见、议论和评价，它具有强大的引导和传播作用。积极、正面的公众舆论有利于组织形象的提升，而消极、负面的舆论则可能损害组织形象，给组织带来危机，甚至影响到组织的生死存亡。公共关系调查可以起到监测公众舆论的作用，以便组织及时采取有效的行动，扩大、增加积极舆论，缩小、减少消极舆论。

公关大舞台

"喜迎十九大　说说心里话"大型网络调查上线

党的十八大以来的五年，是砥砺奋进的五年，是中华民族伟大复兴历史进程中十分重要的五年。随后召开的党的十九大，是在全面建成小康社会决胜阶段、中国特色社会主义发展关键时期召开的一次十分重要的大会。

当时为迎接党的十九大的胜利召开，牢牢把握我国发展的阶段性特征，人民日报政治文化部、人民网·中国共产党新闻网联合国家行政学院政治学部共同推出"喜迎十九大　说说心里话"大型网络调查，触摸世情国情党情的变与不变，充分了解网上民意，特别是广大人民群众对党和国家各项事业发展的所想所盼，寻求认识当下、规划未来、制定政策、推进事业的客观基点。

调查除基本情况（性别、地域、年龄、职业、学历、收入水平等）外，共分两部分。第一部分为必答题，涵盖党的十八大以来五年的成就以及展望，第二部分为选答题，依据"全面建成小康社会""全面深化改革""全面依法治国""全面从严治党"分别设置题目，网友可随机抽取相关部分进行答题。为便于广大网友在移动互联网上参与调查，问卷除推出 PC（个人电脑）端版本外，同时推出移动端版本。

资料来源："喜迎十九大　说说心里话"大型网络调查上线［EB/OL］.（2017-09-21）［2024-07-02］. 人民网.

2. 公共关系调查能帮助组织准确地进行形象定位并塑造良好形象

组织形象可以通过组织的认知度、美誉度与和谐度来体现。但组织形象的评判者是公众，因此只有通过对公众的调查，才能使组织了解自身在公众心目中的形象和地位，了解公众对组织的知晓程度和认可状况，从而使组织开展公共关系活动时更具有针对性。此外，调查过程本身就是组织传播形象信息并赢得公众好感的过程，组织形象的传播有助于组织良好形象的塑造。

3. 公共关系调查能为组织决策提供科学依据

公众是组织公关活动诉求的对象，组织通过公共关系调查可以了解公众的愿望和要求，从而制定符合并能满足公众愿望的企业决策。此外，公共关系调查还可以防止和避免组织把人力、物力、财力、时间和精力浪费在与公众意愿无关或不感兴趣的公关活动上，减少或避免组织公关活动的低效和无效劳动。

4. 公共关系调查能提高公共关系活动的成功率

通过公关调查，组织能够了解和把握公众的意见、愿望和需求，能够预测社会发展的趋势，能够认清组织开展公共关系活动的主观条件和客观条件，这些都为组织开展卓有成效的公共关系工作提供了充分的准备和切合实际的操作计划，从而保证组织的公共关系活动取得最佳效果。

公关大舞台

CIPRA 在京发布《中国公共关系业 2023 年度调查报告》

2024 年 5 月 16 日，中国国际公共关系协会（CIPRA）在北京发布了《中国公共关系业 2023 年度调查报告》。本次调查报告由年度排行榜、行业调查分析、TOP 公司研究、最具成长性公司研究及行业发展分析五个部分组成。

调查显示，2023 年，中国公共关系行业处于稳步恢复和增长中，营业规模约为 802 亿元人民币，相比 2022 年的 765.3 亿元人民币，年增长率为 4.8%，略低于 5.2%的 GDP 增速。与 2022 年行业年增长率 2.6%相比，2023 年公共关系行业恢复性增长较为明显。尽管全行业营业规模实现了增长，但 TOP 公司年营业利润却呈现一定程度的下降，凸显了行业竞争加剧。数字化传播业务依然是本年度公关市场的主要业务类型。多数公司逐步寻求转型，并减少活动代理及执行业务，线上业务增长的趋势未来也将持续。

调查显示，中国企业出海的提速和国内新质生产力产业的快速发展，为公共关系行业开辟了新的边界和空间。2023 年度中国公共关系服务领域排名前十的行业分别是：汽车、IT（通信）、快速消费品、互联网、金融、制造业、医疗保健、娱乐/文化、政府、旅游。汽车行业继续一家独大，占比进一步扩大，达到 44.1%。政府公共关系代替奢侈品行业，排名第九。奢侈品行业退出前十，表明国人的消费观念趋于理性和务实。另外，以上这些服务领域基本涵盖了社会生活的绝大部分，公共关系服务受到广泛重视。

报告还指出了中国公共关系行业面临的挑战：行业竞争加剧，分化趋势明显；线上业务是大方向，线下业务开始回归；人工智能技术的广泛应用，给行业带来机遇和挑战；企业在ESG（环境、社会和治理）领域方面的公关支出，正在成为行业新的增长点；资金问题依然是公关公司发展过程中面临的难题。另外，人员成本增加是公共关系行业的一个明显趋势，加上企业在同等公关预算的情况下，要求提供更多的服务内容，这都导致了行业利润进一步收窄，公关公司运营面临较大的压力。

中国公共关系业年度行业调查活动由中国国际公共关系协会主办，始于1998年。该项调查活动是中国公共关系业唯一的权威性的行业调查活动，每年由中国国际公共关系协会对全国（不包括港澳台地区）公共关系公司的发展情况进行抽样调查，调查采用问卷和访谈相结合的方式进行，通过对调查数据的分析和核实，形成年度行业调查报告。

资料来源：毛晶慧．CIPRA在京发布《中国公共关系业2023年度调查报告》[EB/OL]．(2024-05-17)[2024-07-04]．中国经济新闻网．

二、明确公共关系调查的内容

公共关系调查是通过对组织环境的实时监测，强化组织与公众的信息沟通，及时发现组织存在的问题，建立相应的预警机制，从而帮助组织塑造良好的形象。目前，公共关系调查的内容范围十分广泛，涉及组织公共关系状态的各种因素，如公众对组织的观念、态度、看法和反应。

具体而言，公共关系调查的内容应包括公共关系的主体——组织自身状况调查，公共关系的客体——公众状况调查，以及与公共关系的主客体密切相关的社会环境状况调查、组织与公众关系现状调查、传播媒介状况调查。

（一）组织自身状况调查

俗话说：“知己知彼，百战不殆。”组织要想取得公共关系工作的成功，首先要“知己”。组织自身状况调查的内容主要有以下几个方面：

1. 组织基本状况调查

组织自身状况调查首先要从组织自身基本状况入手。组织基本状况调查的内容主要包括：第一，组织总体状况，如组织行业背景、规模、管理体制、机构设置、隶属部门等；第二，组织经营状况，如组织经营发展目标、经营方针、经营战略、产品品牌影响力及服务特色等；第三，组织荣誉状况，如组织发展脉络和重要转折点、发生的重大事件及影响、对社会的贡献、获得的各种奖励与荣誉等；第四，组织文化状况，如组织信念、精神、信条、道德规范、文化传统以及组织的名称和各种识别标志等的文化含义等；第五，组织内部员工关系状况，如上下级关系和同事关系是否和谐、融洽等。

2. 组织实力状况调查

组织实力状况调查主要包括：第一，组织的物质基础，如组织拥有的固定资产、设施设备等；第二，组织的软实力，如组织员工的综合素质及学历构成情况、组织技术的领先程度等；第三，组织的经济实力。

3. 组织认知度、美誉度与和谐度调查

组织认知度、美誉度与和谐度调查即指组织社会形象的调查。认知度是指公众对组织认识、知晓和了解的程度，如公众是否了解本组织的名称、标识、产品或服务，这种了解的程度和范围如何等。组织的认知度越高，说明该组织越为公众所熟悉；反之，说明公众对该组织较为陌生。美誉度是指公众对组织信任和赞赏的程度，如公众是否喜欢本组织的产品、服务及销售方式，是否信任本组织及其员工、产品和服务，信任程度如何等。组织的美誉度高，说明该组织在公众中的信誉好；反之，说明该组织信誉差。和谐度是指组织在发展运行中，获得目标公众态度认可、情感亲和、言语宣传、行为合作的程度。一个组织社会形象的好坏，取决于它的认知度、美誉度与和谐度的高低。

公关大舞台

2023年中国最具价值品牌100强榜发布

2023年中国最具价值品牌100强排行榜已发布，这是中国品牌价值研究院对我国品牌建设、未来发展潜力及综合市场竞争力进行全面、科学、独立的品牌价值发展调查研究宣传发布工作。通过对全国34个省（区、市）、涵盖38个行业、共计3 500个重点品牌进行的数据采集研究，基于对财务分析、消费者行为分析和品牌占有率分析确定候选品牌，邀请100位企业高管、学者及官员对经资格审核符合要求的品牌进行评选，比照国际上通行的做法，根据企业近三年的主营收入、主营利润、总资产、净资产、研发投入、广告投入等指标，推测品牌未来可能带来的超额利润，再结合行业特点、市场状态、品牌市场地位、品牌历史等因素，对候选品牌进行综合评分排出，并对部分候选品牌进行实地拜访，从中遴选出100家最具价值的品牌。在此基础上通过与全球品牌500强进行综合对比分析，进而有针对性地提出促进中国品牌做强做大做久的对策建议，在全国范围内形成了巨大的社会影响力。

本次上榜的100个品牌，国家电网、工商银行、中国建筑、建设银行、中国平安、中国石化、中国石油、中国银行、中国移动和中国人寿入围了前十强。本次上榜品牌中，42个品牌价值超过千亿元，另有54个品牌价值超过百亿元，上榜品牌总价值达到

115 302.39 亿元人民币，较上年增长 2.54 个百分点。百亿价值级品牌数量再创新高，品牌总值进一步提升，印证了中国品牌企业在经济新常态下取得丰硕的成果，中国品牌的影响力逐渐扩大，认可度和美誉度进一步显著提升。

从行业分布来看，在品牌百强榜单上，一共涉及 24 个行业，其中金融是入围品牌最多的行业，共有 21 个品牌入选，入选数量位居第二到第五的行业分别是汽车 10 个、地产 8 个、医药 7 个、食品饮料 6 个。从区域分布来看，在品牌百强榜单上，一共涉及 20 个省（区、市）有入围品牌，上榜地区前三名分别是北京、广东、上海，上榜品牌数量分别为 34 家、19 家、12 家。总的来看，近几年百强榜单一直保持稳定，变化不大，但其内在的品牌价值值得关注。

品牌是高质量发展的重要象征，加强品牌建设是满足人民美好生活需要的重要途径。我们将进一步引导企业加强品牌建设，进一步拓展重点领域品牌，持续扩大品牌宣传，营造品牌发展良好环境，促进质量变革和质量提升，促进品牌建设高质量可持续发展。

资料来源：2023 年中国最具价值品牌 100 强榜发布．（2023－07－19）［2024－07－20］．中国日报网．

（二）公众状况调查

组织形象的评判者是与组织发生联系的广大公众，所以，组织必须将相关公众的状况纳入调查工作的重点。公众状况调查的内容主要有以下两个方面：

1. 目标公众构成情况调查

组织的公共关系活动不可能面向所有公众，所以组织应该了解其公众的构成，选择重要的公众作为其公关对象。公众的构成情况调查内容如下：第一，内部公众构成，即了解组织成员的基本情况，如数量、专业、年龄、性别、能力、学历、职业操守等，这些信息是组织做好内部公共关系的依据；第二，外部公众构成，即外部公众的数量、分布区域、对组织的态度和评价、社会影响力等。

2. 公众评价情况调查

组织形象的好坏取决于公众对组织的评价，而公众对组织的看法和评价又是决定公众是否支持组织发展的重要因素。所以组织要时刻关注自身在公众心目中的形象。公众对组织的评价应该是一种综合评价，具体包括：第一，对组织产品的评价，如公众对组织产品质量、产品外观、产品价值的评价等；第二，对组织服务的评价，如公众对组织服务项目、服务方式、服务措施、服务水平的评价等；第三，对组织管理水平的评价，如公众对组织管理机构及其办事效率的评价，对组织经营创新、管理创新和管理效益的评价等；第四，对组织人员素质的评价，如公众对组织领导人、中层管理人员、专业技术人员、一般员工、公共关系人员及特殊人物的评价等；第五，对组织形象识别系统的评价，重点在于对各种视觉形象的评价；第六，对组织社会责任意识的评价，如公众对组织宣传活动、社会公益活动的评价等。

（三）社会环境状况调查

社会环境是指与组织生存和发展密切相关的外部社会条件的总和，其状况调查主要包括基本社会环境状况调查和具体市场环境状况调查。

1. 基本社会环境状况调查

基本社会环境一般是指组织所面对的政治、经济、文化等宏观社会环境因素。政治状况如国家或地区的政治体制、方针、政策和法律法规等，这是组织公共关系必须考虑的重要因素；经济状况如国家或地区的经济政策、经济发展水平与居民生活质量等；文化状况是指文化传统、宗教信仰、教育水平、社会结构、风俗习惯、价值观念、生活方式、社会道德规范与精神文明建设等方面的状况。基本社会环境状况调查对于跨国公司尤其重要，因为它是跨国公司“本土化”的前提。

2. 具体市场环境状况调查

具体市场环境状况可直接影响组织行为，为保证公关策略的制定和实施更有针对性，需要对其进行经常性的调查。调查内容如下：第一，市场需求状况调查，如市场容量、居民的消费结构与购买力；第二，消费者状况调查，如消费者的总量与构成状况，消费者的偏好、消费热点等；第三，市场竞争状况调查，如竞争对手的市场份额、竞争优势、服务措施、公众评价、广告宣传的力度和公关促销的措施等。

（四）组织与公众关系现状调查

公共关系即组织与公众的关系，它是组织与相关公众在一定社会环境条件下结成的一种社会关系。组织与公众关系的现状，实质上就是组织公共关系状态的现有状态，它是组织公共关系调查的重要内容。组织与公众关系现状调查的内容主要有以下几个方面：

（1）认知度调查；

（2）美誉度调查；

（3）和谐度调查。

（五）传播媒介状况调查

公共关系工作的本质是组织与相关公众之间的双向信息交流活动，它需要有效地利用传播媒介来进行。而要想有效地利用传播媒介来开展公共关系工作，组织就必须对传播媒介信息有所了解。传播媒介状况调查的内容主要有：

1. 大众传播媒介状况调查

大众传播媒介是公共关系信息传播的主体媒介，具有传播区域广、影响范围大、传播效率高的特点，能有效引导舆论方向，掀起报道热点。对大众传播媒介状况进行调查的内容主要包括：第一，大众传播媒介区域分布状况调查；第二，大众传播媒介影响力调查；第三，大众传播媒介兴趣点调查，即调查大众传播媒介需要的信息和关注的信息是什么。

2. 专题活动传播效果调查

传播效果是指组织的公关部门运用不同媒介进行传播的实际效果。调查内容包括专题活动筹办情况和专题活动效果评价。例如，通过赞助某电视台某档节目来提高组织的认知度时，组织应调查该电视台的覆盖区域、该节目的收视率、观众的构成等；又如，通过某杂志刊出公共关系广告时，应事先调查该杂志的读者群、发行量、广告阅读率等。此外，传播效果也可包括对内传播的效果，如调查职工对内部传播媒介的兴趣度、关注度、阅读率及其原因等。

三、确定公关调查程序

公关调查程序是指某项具体调查从调查准备到调查结束全过程的先后次序和步骤。建立科学的公关调查程序有助于提高调查工作的效率和质量。一般而言，整个公关调查的过程由四个步骤组成：确定调查课题、进行调查设计、组织实施调查、处理调查结果，具体如图 5－1 所示。

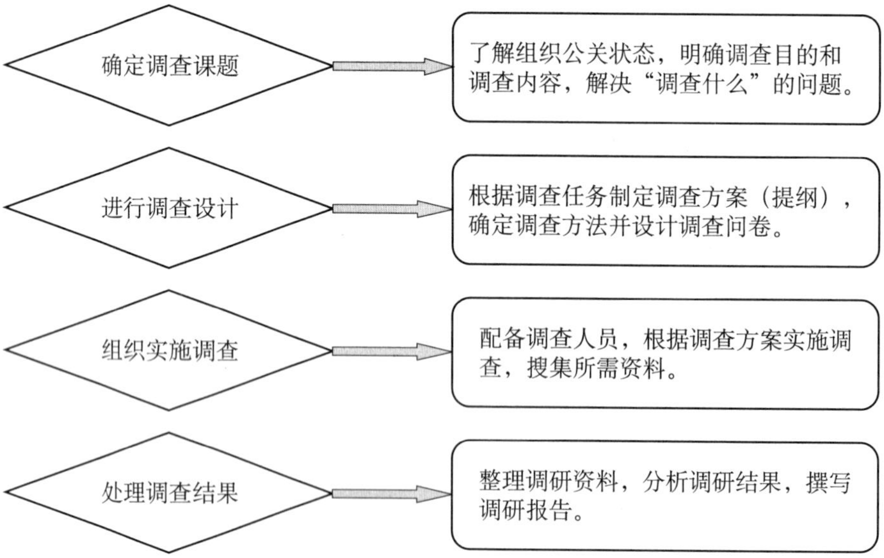

图 5－1　公关调查程序

调查课题的确定需要根据组织现状及组织公关目标来确定，有时还要根据一些突发情况来临时决定。课题的选择要有针对性和目的性，要为组织公关目标服务。

公关调查设计是公关调查程序中的一个关键步骤，下面对其进行详细介绍。

四、进行公关调查设计

（一）调查方案设计

调查方案就是调查工作的组织实施计划，是指导整个调查工作的纲领性文件。设计调查方案的时候要明确调查方案的内容，遵循调查方案的设计原则。

1. 调查方案的内容

一份完整的调查方案一般包括以下 8 项内容：

（1）前言。前言也就是调查方案的开头部分，应简明扼要地介绍整个调查方案出台的背景和原因。

（2）调查目的及意义。这一部分要介绍调查目的及意义，指明该调查方案能给组织带来的决策价值、经济效益和社会效益。

（3）调查内容及具体项目。调查内容及具体项目是依据所要解决的调查问题和目的来确定的。

调查项目的选择要尽量做到“准”而“精”。具体而言，“准”就是调查项目反映的内容要与调查主题有密切的相关性，能反映调查所要了解的信息；“精”就是调查项目要尽量精简，只要能满足调查分析的需要即可，尽可能删除与调查主题关联性不强的多余项目。盲目增加调查项目，会使资料统计和处理的工作量增加，既浪费资源，又影响调查效果。

（4）调查对象和调查范围。确定调查对象和调查范围，主要是为了解决对谁调查和由谁来具体提供资料的问题。调查对象是根据调查目的所确定的调查范围及调查总体，它是由某些性质上相同的许多调查单元所组成的。

（5）调查方法及资料分析方法。这一部分要详细介绍选择什么方法来收集资料、具体的操作步骤是什么以及如何分析结果等。

（6）调查时间安排。原则有两个：一是保证调查的准确性、真实性，不走马观花；二是尽早完成调查活动，保证时效性，同时也节省费用。

（7）经费预算。

（8）调查结果的表达形式。这一部分要确定最终报告是书面报告还是口头报告，是否有阶段性报告等。

2. 调查方案的设计原则

公共关系调查要有切实可行的调查方案，科学地设计调查方案，必须遵循以下几条基本原则。

（1）实用性原则。实用性是评价调查方案优劣的首要标准。要想让调查方案真正成为指导调查工作的纲领性文件，调查方案设计就必须突出实用性。调查什么，由谁调查，到哪里调查，花多少时间和费用，都必须结合委托人的实际需求和调查目标而定，同时还要根据调查工作的主客观条件来设计调查方案。

(2) 实效性原则。设计调查方案必须充分考虑时间安排，特别是一些应用性的调查课题，往往具有很强的时间性，因此必须注重调查效率。

(3) 经济性原则。开展公关调查必然会涉及人力、物力、财力和时间的耗费。但任何一项调查都要本着经济性原则，力求“花小钱、办大事”，争取用最少的人力、物力、财力和时间，取得最好的调查效果。例如，在设计调查类型时，能做抽样调查的就不做全面调查；设计调查方法时，文献调查可解决的就不去做现场调查。同时，在确定调查范围、调查对象、调查时间、调查人员等问题上，也都力求经济节约。

(4) 弹性原则。任何调查方案在设计时都要留有余地。要考虑到调查时可能受到的一些意外因素的影响，使方案的调整具有灵活性和变通性，也即符合弹性原则。

应该指出，设计调查方案并不都是只设计一套。对于某些重大的、复杂的调查课题来说，往往需要设计几套不同的调查方案，经过可行性研究之后，再从中筛选出最佳方案作为调查工作的实施方案。

(二) 调查方法设计

在公共关系调查中，要根据调查目的和调查对象的特点，选择行之有效的调查方法。

公共关系调查的主要方法有：

1. 观察法

5-2 观察法

观察法是指组织中的公关人员通过深入现场，借助于自己的感观和各种仪器，直接对调查对象进行观察以收集资料的方法。常用的有直接观察法和间接观察法。直接观察法是指公关人员通过自己的感官观察公众的行为、活动情况和效果；间接观察法是指公关人员借助科学仪器或委托他人对公众对象进行观察。观察法的优点是操作简单，费用较省，观察到的信息真实可靠。但这种方法易掺杂个人情感，带有强烈的主观色彩，收集的资料有时缺乏说服力，影响公共关系调查的效果。

通过观察法实施调查时，一般要提前设计好观察提纲（表），并明确观察项目。例如：

瓶装饮用水销售观察项目

观察目的：了解瓶装饮用水销售情况

观察地点：某市大润发超市

观察时间：2024 年 7 月 25 日 14:00—17:00

观察项目：本土品牌________瓶，其中________

合资品牌________瓶，其中________

瓶装饮用水销售情况观察表

销售	本土品牌				合资品牌	
	农夫山泉	娃哈哈	百岁山	怡宝	雀巢	康师傅
第 1 小时						
第 2 小时						
第 3 小时						

2. 访谈法

访谈法是指调查人员通过对调查对象进行面对面访谈来获取信息的一种调查方法。访谈法一般有个人访谈法和集体访谈法。访谈法所获得的信息内容详细，对问题把握较准确。但有时由于调查对象选择不恰当，也会影响调查结果的准确性。

常规访谈调查的设计，主要是确定以下内容：

（1）访谈目的（为何谈）。

（2）访谈人员（谁去谈）。

（3）访谈对象（与谁谈）。

（4）访谈时间（何时谈）。

（5）访谈地点（何地谈）。

（6）访谈内容（谈什么）。

（7）访谈技巧（怎么谈）。

3. 文献研究法

文献研究法是指通过文献资料来收集调查对象的各方面信息，是一种对现成的第二手资料进行分析和研究的过程。第二手资料包括历年统计资料、档案资料、样本资料及其他资料。有关组织的文献资料的收集包括内部资料和外部资料的收集。此种方法节省人力、物力和财力，但资料的时效性会有所欠缺。

4. 抽样调查法

抽样调查法是指从调查对象总体中按照随机原则抽取一部分单位作为样本，对其进行调查，并用样本的调查结果来推断总体特征的一种调查方法。抽样调查法一般采用问卷调查的形式，具体又分为简单随机抽样、等距抽样、分层抽样、整体抽样、分阶段抽样等方法。采用抽样调查法，投入的人力、物力和财力较少，但由于用部分推断整体，因此有时结论不够准确。

目前，大部分公关抽样调查都是以问卷的形式来收集资料，通过让调查对象回答问卷中的问题来获取相应信息。采用问卷调查，最关键的就是问卷的设计，要在结构安排、问题设置、备选答案、发放回收等细节上力求科学、合理、严谨。

总之，公共关系调查的方法很多，在公共关系调查方法的具体运用过程中，应根据调查目的、对象的特点选择适当的调查方法。在调查中既可以选择一种方法使用，也可以几种方法结合使用。

(三) 调查问卷设计

调查问卷是指调查者事先根据调查的目的和要求所设计的，由一系列问题、说明及备选答案所组成的调查项目表格，又称调查表。

调查问卷一般包括标题、卷首语、主体和结语四个部分。

1. 标题

标题要简明扼要，高度概括主题，并能引起公众参与作答的兴趣，如“中央电视台春节联欢晚会收视率调查”“企业家公众形象满意度调查”等。

2. 卷首语

卷首语是对调查目的、意义及有关事项的说明。它主要有两个目的：一是引起被调查者的重视和兴趣，使他们愿意作答；二是打消公众的顾虑，使他们敢于作答，争取得到被调查者的支持与协作。

卷首语的具体内容包括：调查的目的和意义，匿名性和保密原则，对被调查者的希望和要求，回复问卷的时间和方法，调查实施单位或个人的身份，是否有礼品赠送等。

为了给被调查者以良好的第一印象，卷首语语气要谦虚、诚恳，文字要简洁、准确、有可读性。

智慧火花

问卷调查的设计原则及注意事项

一、问卷调查的目的

问卷调查的目的是指问卷调查要达成的数据收集目标，是问卷调查设计的出发点和依据。问卷调查的目的应该是明确的、具体的、可量化的和可操作的，以便于确定问卷的内容、范围和形式。问卷调查的目的应该与项目的目标、背景和假设相一致，以保证数据的相关性和有效性。问卷调查的目的应该在问卷设计之前进行充分的研究和分析，以了解目标群体的特征、需求、问题和期望，以及可能影响问卷调查的因素，如文化、语言、教育、信任等。

二、问卷调查的内容

问卷调查的内容是指问卷中包含的问题和选项，是问卷调查的核心部分。问卷调查的内容应该是完整的、准确的、清晰的和简洁的，以便于收集所需的数据，同时避免给受访者造成困扰和误解。问卷调查的内容应该与问卷调查的目的相匹配，以保证数据的相关性和有效性。问卷调查的内容应该遵循以下原则：

(1) 完整性。问卷应该涵盖所有与问卷调查目的相关的信息，包括受访者的基本信息、关键问题和补充问题，以及必要的说明和提示。问卷应该尽量避免遗漏或重复问题，以免影响数据的完整性和准确性。

(2) 准确性。问卷应该使用准确的、无歧义的、无偏见的和统一的词语和概念，以免造成受访者的误解和混淆。问卷应该尽量避免使用专业术语、缩略语、双重否定、假设、暗示等，以免影响数据的准确性和可信度。

(3) 清晰性。问卷应该使用清晰的、易懂的、直接的和具体的语言和表达，以便于受访者理解和回答。问卷应该尽量避免使用复杂的、抽象的、模糊的和含糊的语言和表达，以免影响数据的清晰性和可比性。

(4) 简洁性。问卷应该使用简洁的、简单的、短小的和有序的语言和表达，以便于受访者阅读和填写。问卷应该尽量避免使用冗长的、复杂的、多余的和无关的语言和表达，以免影响数据的简洁性和效率。

三、问卷调查的结构

问卷调查的结构是指问卷中问题和选项的排列和组织方式，是问卷调查的外在形式。问卷调查的结构应该是合理的、有序的、平衡的和灵活的，以便于提高问卷的可读性和可操作性，同时避免造成受访者的疲劳和厌烦。问卷调查的结构应该遵循以下原则：

(1) 合理性。问卷应该根据问卷调查的目的和内容，采用适合的问题类型和选项类型，如开放式问题、封闭式问题、单选题、多选题、量表题、排序题等。问卷应该根据问题的重要性、敏感性和逻辑性，合理地安排问题的顺序和位置，如从一般到具体、从简单到复杂、从无关到相关、从不敏感到敏感等。问卷应该根据受访者的特征、需求和偏好，合理地设置问题的难度和长度，如考虑受访者的年龄、性别、教育、文化、语言等。

(2) 有序性。问卷应该按照一定的逻辑和规律，将问题和选项分为若干个部分和小节，如引言、基本信息、主要问题、补充问题、结束语等。问卷应该在每个部分和小节的开头和结尾，提供必要的说明和提示，如问卷的目的、重要性、保密性、时长、联系方式等。问卷应该在每个问题和选项之间，保持一定的间距和对齐，以便于受访者区分和选择。

(3) 平衡性。问卷应该在问题的数量和质量之间、选项的数量和质量之间，以及问题和选项之间，保持一定的平衡和协调，以便于收集有效的和有用的数据，同时避免造成受访者的负担和压力。问卷应该根据问卷调查的目的和内容，确定合适的问题和选项的数量，如不要过多或过少，不要过于集中或分散，不要过于宽泛或狭隘等。问卷应该根据问题的类型和选项的类型，确定合适的问题和选项的质量，如不要过于简单或复杂，不要过于正面或负面，不要过于主观或客观等。

(4) 灵活性。问卷应该根据受访者的回答和反馈，灵活地调整问题和选项的内容和形式，以便于适应不同的情况和需求，同时避免造成受访者的困惑和误导。问卷应该在必要的情况下，使用条件问题和分支问题，如根据受访者的答案，跳转到不同的问题或选项，或者提供额外的问题或选项等。问卷应该在必要的情况下，使用开放式问题和补充问题，如允许受访者自由地表述自己的观点或建议，或者提供更多的信息或反馈等。

四、问卷调查的测试

问卷调查的测试是指在正式实施问卷调查之前，对问卷的设计进行检验和评估的过程，是问卷调查的质量保证。问卷调查的测试应该是全面的、细致的、反复的和改进的，以便于发现和解决问卷设计中的问题和不足，同时提高问卷的可靠性和有效性。问卷调查的测试应该遵循以下原则：

(1) 全面性。问卷应该从目的、内容、结构、格式等各个方面，进行全面的检验和评估，以确保问卷的设计没有遗漏或错误。问卷应该从受访者的角度和分析者的角度，进行全面的检验和评估，以确保问卷的设计符合受访者的需求和分析者的要求。

(2) 细致性。问卷应该对其每个问题和选项，进行细致的检验和评估，以确保问卷的设计没有歧义或偏见。问卷应该对其每个部分和小节，进行细致的检验和评估，以确保问卷的设计没有冗余或不平衡。

(3) 反复性。问卷应该在不同的时间、地点和条件下，进行反复的检验和评估，以确保问卷的设计没有受到外部因素的影响。问卷应该在不同的人群、样本和渠道下，进行反复的检验和评估，以确保问卷的设计没有受到内部因素的影响。

(4) 改进性。问卷应该根据检验和评估的结果，进行修改和优化，以提高问卷设计的质量和效果。问卷应该在修改和优化后，进行再次的检验和评估，以验证问卷设计的改进和优化。

资料来源：尚普咨询：问卷调查的设计原则和注意事项［EB/OL］.（2024-01-15）［2024-06-25］. 百家号网.

3. 主体

主体是问卷的核心部分，包括调查的问题和回答方式。

问卷调查所调查的问题一般按照自变量、因变量和中介变量三部分内容来设计。但是在一些理论性不很强的调查中，中介变量部分的内容很少。

自变量部分主要由社会性的事实构成，也就是确定谁在答卷，如提问：国籍、性别、党派、年龄、文化程度、居住地区、职业、经济收入、婚姻状况、宗教信仰、种族等。自变量是固定的因素，不因其他因素的影响而变化。自变量内容的多少取决于调查的目的。

因变量是受到自变量或其他变量影响而发生变化的变量，也就是问被调查者的态度。因变量部分主要有被调查者对某件事物或某个观点的认识程度、理解程度和偏好程度所构成的态度，被调查者对某件事物或某个观点的评价，以及被调查者的行为或行为取向等。例如，某市古罗马酒店的公关人员希望了解外国游客是否听说过古罗马酒店，是否对该酒店有较好的印象，是否愿意住进古罗马酒店，这些都属于因变量的问题。

中介变量是受到自变量影响会发生变化，同时又能影响因变量的因素。也就是问被调查者为什么会这样，包括被调查者的动机、需求、期望等。例如，某人住进某市古罗马酒店，可能仅仅出于他对交通便利和经济实惠的追求。对中介变量内容的调查可使问题更加深入。

在问卷调查中，问题的提问形式一般分为封闭式、开放式和半封闭半开放式三种。

封闭式问题一般给出确定的答案，问题的回答标准化，可比性强，容易分析和处理，同时被调查者回答问题比较方便。其缺点是容易使没有看法或不知如何回答的人猜答案，难以弄清楚被调查者在填写问卷时的心理活动过程。

开放式问题一般要求被调查者根据实际情况及个人理解完全自由地给出答案，这样能收集到一些公关人员事先未曾预料到的问题。其缺点是被调查者有可能填写许多与调查无关的意见，资料不标准化，难以统计并进行定量分析。

半封闭半开放式问题是介于封闭式问题和开放式问题之间的问题，例如：

您选择入住该酒店的原因是：

A. 价格便宜　B. 环境幽雅　C. 服务好　D. 舒适度高　E. 其他（请说明）

在开放式问题前加上封闭式答案，既有了一定的规范答案，又给了被调查者一定的自由回答余地，综合了封闭式问题和开放式问题的优点，具有更广泛的适用性。

4. 结语

在问卷的最后要对被调查者的配合及时间、精力的付出表示感谢。

公关大舞台

四川公众看改革开放40周年成就专项网上调查

2018年是我国实行改革开放40周年，为此，四川省统计局社情民意调查中心和四川省人民政府网站正在搜集民情民意，想倾听一下您的意见和建议，您的回答将为省委省政府决策提供重要的参考依据。感谢您的积极参与！

1. 根据您的生活经历和感受，您对1978年开始的改革开放以来经济社会发展的满意度评价是？（单选）

□非常满意　□比较满意　□基本满意　□不太满意　□很不满意　□说不清楚

2. 您对改革开放以来生态环境保护和建设的满意度评价是？（单选）

□非常满意　□比较满意　□基本满意　□不太满意　□很不满意　□说不清楚

3. 您对改革开放以来在法律、法规完善，保障社会公平正义和群众权益方面的满意度评价是？（单选）

□非常满意 □比较满意 □基本满意 □不太满意 □很不满意 □说不清楚

4. 您对改革开放以来社会治安安全的满意度评价是？（单选）

□非常满意 □比较满意 □基本满意 □不太满意 □很不满意 □说不清楚

5. 您对改革开放以来道路交通和出行条件改善的满意度评价是？（单选）

□非常满意 □比较满意 □基本满意 □不太满意 □很不满意 □说不清楚

6. 您对改革开放以来社会保障和群众福利改善的满意度评价是？（单选）

□非常满意 □比较满意 □基本满意 □不太满意 □很不满意 □说不清楚

7. 您对改革开放以来社会和谐的满意度评价是？（单选）

□非常满意 □比较满意 □基本满意 □不太满意 □很不满意 □说不清楚

8. 您对改革开放以来文化娱乐活动丰富多样化的满意度评价是？（单选）

□非常满意 □比较满意 □基本满意 □不太满意 □很不满意 □说不清楚

9. 根据您的生活经历和感受，您对改革开放以来个人或家庭吃、穿、住、用等生活水平改善的满意度评价是？（单选）

□非常满意 □比较满意 □基本满意 □不太满意 □很不满意 □说不清楚

10. 您对改革开放以来个人或家庭收入水平提高的满意度评价是？（单选）

□非常满意 □比较满意 □基本满意 □不太满意 □很不满意 □说不清楚

11. 您对改革开放以来您或您的家庭生活幸福快乐程度的感受是？（单选）

□非常满意 □比较满意 □基本满意 □不太满意 □很不满意 □说不清楚

12. 总体来看，您如何评价中国改革开放40年取得的成就？（单选）

□非常满意 □比较满意 □基本满意 □不太满意 □很不满意 □说不清楚

13. 您对2020年全面建成小康社会、2035年基本实现社会主义现代化的信心程度如何？（单选）

□非常有信心 □比较有信心 □基本有信心 □不太有信心 □很没信心

□说不清楚

14. 您认为当前经济社会发展中主要还存在哪些问题？（多选，最多3项）

□收入差距过大，贫富分化严重

□地区之间和城乡之间发展不平衡、不充分

□就业失业问题

□养老保障问题

□子女教育问题

□环境污染问题

□看病难、看病贵

□住房价格过高

□社会风气变坏

□诚信问题

□贪污腐败问题

□其他

15. 您对四川省深化改革扩大开放、加强社会经济建设发展还有什么意见与建议?

资料来源：四川公众看改革开放40周年成就专项网上调查 [EB/OL]. (2018-07-04) [2024-07-10]. 米易县人民政府网.

任务二　进行公共关系策划

任务目标

完成本任务，你要了解公共关系策划的原则和程序，明确公共关系策划方案的基本格式和内容，理解公共关系策划中创新创意的重要性。

任务布置

仍以穆墩岛景区为背景，请各公关团队为穆墩岛景区策划一份公关推广方案，要求具有创新性和可行性。

公共关系策划是指公关人员在调查研究的基础上，为实现组织的公关目标，如提高组织的认知度、美誉度与和谐度，运用思维想象力和创造力对组织的公关战略和具体策略进行的运筹谋划。公共关系策划是一种思路，是一个设想，是一套谋略。

一、理解公共关系策划的含义及意义

（一）公共关系策划的含义

公共关系策划就是对组织的公关战略和具体策略进行运筹规划，是策划者利用有限的资源去创造性地制定切实可行的行动方案，以实现组织预期公关目标的过程。公共关系策划包含五个方面的要素，即策划者、策划目标、策划对象、策划内容和策划方案。

公共关系策划必须以公共关系调查为基础，没有公共关系调查，就没有公共关系策划。

公共关系策划分为战略策划和策略策划两个层次。组织对公共关系进行总体的长远发展规划，作出一种方向性的选择，称为战略策划；对每一个具体活动方案进行精心设计和安排，称为策略策划。只有把战略策划与策略策划有机结合起来，才能保证公共关系目标以及组织发展目标的顺利实现。可见，策划是一种思路、设想和方法措施，它本身不是目的，而是为了实现组织的公关目标，进而实现组织发展目标的一种手段。因此，不能为策划而策划，而要为达到公关目标而策划。

(二) 公共关系策划的意义

公共关系的开展是为了实现某个目标，这就需要策划者运用智慧来创新设计一些活动方案。策划的好坏直接影响公关活动的成败及效果，因此在整个公共关系工作程序中，公共关系策划处于核心的地位，发挥着承上启下的作用。进行公共关系策划的意义具体体现在以下几个方面：

1. 公共关系策划是公关活动的最高层次

目前，我国公关活动大致可分为三个层次：一是初级层次的公关，他们做些带有公关实务性质的工作，如招待、布置、联络等；二是中级层次的公关，如为塑造良好的组织形象而进行的营销术、管理术，或组织的文化宣传和内外沟通工作等；三是高级层次的公关，即公共关系策划，这一层次的公关人员应当是组织的好参谋，要发挥自己的创造性，设计出高水平的公关活动。

2. 公共关系策划有助于组织公关工作的一体化

公共关系策划必须将公关目标与组织的战略规划和发展目标相结合，使公关活动的开展成为组织管理系统的一个有机组成部分，通过各部门及组织成员间的相互配合来帮助组织树立良好形象，提高组织整体效益和社会效益，保证组织的每项公关活动都有目标、有保障，力求发挥公关工作的整体效果。

3. 公共关系策划有利于提高组织公关工作的可控性

任何组织的公关工作的开展都不是只图一时，而是要做好打持久战的准备，因为公关活动是一个“润物细无声”的过程。通过公共关系策划，可以建立一种长期与短期结合、创新与维持组织形象相结合的公关目标体系，并以此为基础，妥善安排好日常工作、定期活动和专门活动的内容和项目，编制恰当的费用预算和时间预算，形成一张既积极主动又稳妥有序的公关活动进程表，以此作为控制公关工作、检查评价公关效果的依据，从而使公关工作在目标和计划的控制之下稳步开展，取得预期的效果。

4. 公共关系策划有助于增强组织公关工作的前瞻性和预见性

公共关系策划是建立在公关调查的基础之上的。公关人员通过分析公众态度和判断社会经济发展趋势，能更清晰地认识到组织的发展方向，可以更加主动灵活地制定出适应环境变化的政策和措施，争取组织决策者对公关工作的理解和支持，从而尽量避免危机事件的发生，使公关工作主动超前，以防只是单纯扮演“救火者”角色。

5. 公共关系策划是竞争的法宝

在日趋复杂的社会环境中，一个组织想要生存发展或战胜竞争对手，不但要靠自身的实力，还要靠传播沟通，更要靠奇思妙想。公共关系策划就是通过策划一系列的奇谋妙计来塑造组织形象，赢得公众，从而提升组织的影响力和竞争力。

二、明确公共关系策划的原则

策划是指策划者利用手中有限的资源去创造性地制定有效而可行的实施方案，以期实现组织预期目标的思维全过程。公共关系策划，如前所述，就是指公共关系策划者为实现组织的公共关系目标，对公共关系活动的性质、内容、形式和行动方案进行谋划与设计的思维全过程。

公共关系策划的原则是指导公关人员开展公共关系策划的价值标准和行为规范准则。在公共关系策划的实践中，公关人员要遵循一定的原则，使之成为进行有效公共关系策划的行为依据和思想指南。公共关系策划的原则具体包括以下几个：

（一）目标导向原则

目标导向指的是公共关系策划活动必须“有的放矢”。在公共关系策划活动开始之前，策划者必须清楚此次策划的目标。公共关系策划的每一步骤和环节都必须紧扣组织的公共关系总目标——量化的三大目标：认知度、美誉度与和谐度。也就是说，公共关系策划的思维全过程必须始终围绕着公关的三大目标来进行。

（二）利益驱动原则

公共关系策划是要通过实际公关活动的开展来完成既定目标，它必然是以帮助组织实现某种利益为动力的。组织利益包括社会效益和经济效益两个方面。组织的公共关系行为首先体现在社会效益的获得上，通过组织良好形象的塑造和公众环境的协调，给组织带来有利于生存和发展的优越空间，进而带动组织经济效益的提高。

公共关系行为不是慈善施舍行为，更不是一掷千金、花钱如流水的败家子行径，任何公共关系行为的投入都必须考虑产出。高明的公共关系策划，总是在有利于公众的同时也有利于自己，那种毫不考虑组织利益的公共关系策划方案是没有实际价值的废纸，最终只会被决策者否定并抛弃。

（三）真诚求实原则

公共关系策划中的真诚求实原则具体表现在以下几个方面。

1. 在策划全过程中，要尊重事实、尊重实践、尊重科学

公关人员在进行公共关系策划时，首先，必须经过大量调查，全面收集和掌握有关信

息，并对其加以客观公正的分析和研究；其次，依据此信息，结合组织现有的有限资源，设计出符合公众真实需要和组织自身利益的形象，谋划出最佳的形象传播策略，将该形象向公众进行有效的传播；再次，在传播实施过程中，根据环境事实的变化，不断修正、补充、完善策划方案和调整实践行为；最后，依据实施结果及其影响，对公共关系策划进行科学的总结和评估。只有以客观事实为策划基础，以客观实践为检验标准，以科学精神为工作态度，才能获得公众的积极响应、理解、支持和认可，才能塑造出公众信赖的良好组织形象。

2. 在策划传播沟通时，要注意信息的真实和准确

“说真话”是公共关系的宗旨。真实和准确是公共关系的生命线。所有的公关策划内容及信息传播都要注意真实性和准确性，不能夸大事实或进行虚假宣传，否则就会偏离公共关系的正确轨道。

3. 在策划公共关系活动方式时，要解决实际问题，达到切实效果

公共关系策划虽然讲究创意，但要以组织的实际需要和具体状况为基础，不能为片面地追求轰动效应，而搞一些不切实际、不讲效益的虚架子、花架子，这样只会适得其反。

4. 在对公共关系策划效果进行预测评估时，要实事求是

公关不是万能的，公共关系活动取得的效果也不是无限的。策划要以打动并鼓舞决策者为宗旨，还要力求创新与可行，拿出多种方案供其选择，而不能言过其实、任意夸大公关效果。正如《有效的公共关系》（著名学者卡特里普和森特 1952 年所著）一书所说：公共关系策划通常要使用热情的语言，这样有助于取得上层管理者或雇主的批准。但是如果这些热情语言过多，则容易产生许诺过头的危险，给人以轻诺寡信的印象。

（四）灵活创新原则

创新才能与众不同，创新才能聚集人气，创新才能吸引眼球。创新是策划的灵魂，创造性思维方法则是获取创新灵感的根本途径。在公共关系策划的全过程中，策划者不仅应在整体上进行创造性设计，而且应在公共关系活动的每一个步骤、每一个细节上，都采用创造性思维方法。

公关大舞台

这所学院，怎么就火了?

在公关公司，公关策划是为甲方带来实效、为乙方带来最大利润的核心业务。

公关策划体现了公关的核心价值——议题设置，就是用事件和话题引发媒体和公众的自发议论，相比广告的“推动”(Push)，公关更多的是“拉动”(Pull)。

2018 年高考招生季，一家名不见经传的机构——义乌工商职业技术学院创业学院突然出名了。

该院副院长喊话高考生："来我校，创业三年当老板，让那些考得比你好的同学为你打工。"副院长举例说，有一个学生因为创业，七门课不及格，最后学校经研究准许他如期毕业，还推荐他为浙江省优秀毕业生。

网上迅速热议，很多官方媒体也参加讨论："难道读那么多书就是为了创业?""学历已经拼不过别人，还不许学生自己创业赚钱?""这种价值观有严重误导性。""创业成功的同学学到的不只是那七门课。""人生选择应该多元化，人各有志。"

你可能知道义乌，知道全球著名的小商品市场，但是很可能没有听说过义乌工商职业技术学院创业学院，这一次公关策划，体现了议题设置"四两拨千斤""花很少的钱做大影响"的公关威力。

任何策划，都可以从公关的基本思维——议题设置出发，在充满噪声的世界里让人们清晰地听到你的声音，并主动帮你传播。

资料来源：李国威．公关需要小策划［EB/OL］．（2018-08-17）［2024-08-20］．搜狐网．

（五）合理可行原则

公共关系策划是一种思维活动，但它不能脱离实际而存在，它既然是事前对公共关系活动的通盘谋划，就必须考虑它在未来实施中是否合理与可行。具体要注意以下几个方面：

1．风险性

公共关系策划应在充分考虑各种有利和不利因素及其组合给组织带来影响的前提下，尽量争取策划成功，把风险降到最低。

2．经济性

公共关系策划必须对组织的自身资源有充分的认识，策划必须量体裁衣、看菜吃饭，必须根据组织的经济实力和经济承受能力来进行。

3．合法性

任何组织活动都不能脱离所在国家或地区的法律法规乃至宗教信仰、民族意识、文化传统和风俗习惯的制约。公共关系策划首先要考虑是否合乎本国国情和法律法规，其次要考虑是否有违当地的宗教信仰、民族意识、文化传统和风俗习惯等情况。凡是违法乱纪、有悖国情、坑蒙拐骗的策划，只会搬起石头砸自己的脚。至于有违当地民情的做法，必将招致公众的反对、舆论的谴责，结果必将使组织形象受到严重损害，甚至引来灭顶之灾。

4．可操作性

公共关系策划方案要切实可行，方便公关人员有效地组织和开展。

5．融通性

组织形象是一个全方位综合体，需要多方面协调、多方位塑造才能实现。要使公共关系策划取得效果，除了组织一些必要的专门化的公共关系活动（例如制造公共关系新闻、设计公共关系广告、参加社会公益活动等）外，更重要的是融公共关系意识于组织的管理意识之中，融公共关系行为于组织每一成员的自觉行为之中，融公共关系活动于组织的其他活动之中，融公共关系效益于组织的整体效益之中。只有将公共关系行为渗透到组织行为的方方面面，培养全员公关意识，公共关系策划才有成效。那种指望通过一两次轰轰烈烈的公共关系活动就能成功塑造组织长远形象的想法，实际上是一种脱离现实的单方面愿望。

三、确立公共关系策划的基本程序

在进行公共关系策划之前，首先要进行立项和调研。

立项就是组织正式决定开展公关专题活动。只有明确项目，公关人员才能开始着手公共关系策划。影响立项的因素主要有以下几个方面：项目开展的迫切性，项目对组织会产生何种影响，项目是否有足够的预算支持，项目是否有可行性。

调研就是帮助公关人员了解组织在公众心目中的状态，确定“公关由头”，即为何要开展专题公关。任何公关活动都要找到其开展的价值和依据。一般来说，其价值和依据包括三个要素：项目是否符合公众利益，项目是否符合组织目标和利益，项目是否具有新闻价值。只有这三个要素都满足，才是最佳的公关项目。

立项和调研之后，就开始进入策划程序，如图 5-2 所示。

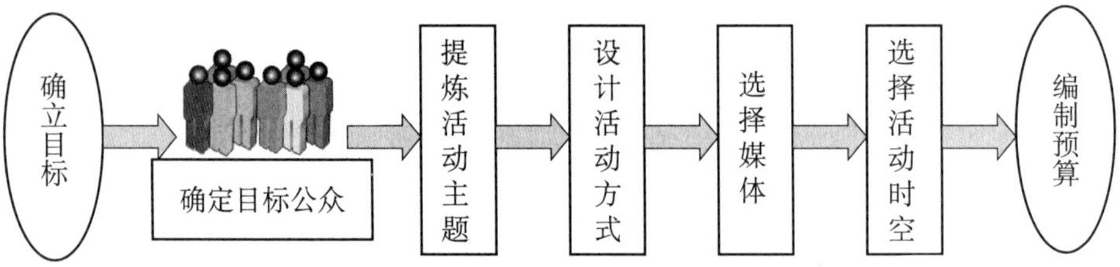

图 5-2　公共关系策划程序

（一）确立公共关系目标

1. 确立目标的思路

公共关系策划始于公共关系调查，即组织通过调查获得组织内外环境与资源的大量材料，并以此为依据来分析组织的优势与劣势、机会与风险、现状与未来；通过分析，找出组织的公共关系症结所在，再根据组织的目标和组织的需要，确立组织公共关系策划的目标。例如，某灯具公司在开展光健康义诊公关活动时，在确定目标“掀起中国照明产业的品牌启蒙运动，提出并阐述光健康照明理念，提升关注度和美誉度”之前，就进行了大量的公共关系调查。

2. 确立目标的要求

公共关系目标对于策划具有重要的指导作用，所以公共关系目标必须符合以下几点要求：

第一，目标必须明确。首先，目标工作对象是特定的，对什么人以及解决什么问题应十分明确；其次，实现目标的责任应该分解落实到每个部门、每个人员。

第二，目标必须具体，并可量化。目标不应是一个抽象的概念或空洞的口号，如“形象卓越”就很抽象，起不到指导作用；而“使组织的认知度提升到全国范围”就很具体，而且也是可量化的。

第三，目标必须可控。在确立目标时，必须考虑在组织的现有条件下，能否解决问题，能在多大程度上解决问题并实现目标。目标过高，一是会导致没有实力去策划相应的活动，二是必然会导致活动失败，而且浪费资源。例如，一家区域性小公司想策划一个活动来赢得全国人民的赞誉的目标就不切实际，它首先应该把“在所处社区赢得良好的美誉度”作为策划目标。

第四，目标必须有时间限制。组织公共关系活动要实现的目标，必须是在规定的时间内应当达到的结果，既非遥不可及，也非遥遥无期。

（二）确定公共关系目标公众

公共关系策划是在既定的资源投入条件下尽可能获得良好的组织形象，因此必须把有限的资源用在最有价值的地方。在公共关系策划过程中，我们必须认定哪些是公共关系活动必须关注、交流和影响的目标公众。

要依据组织目标确定目标公众范围。例如，某灯具公司开展活动时把目标公众确定如下：第一类，家居环境（家装消费者）；第二类，小型卖场，如酒吧、服装店、首饰店等对灯光要求较高的场所（商业场所业主）；第三类，中型公众场所，如办公楼、酒店、影剧院等（公用设施管理部门及相关大型装修公司的设计人员）。

（三）提炼公共关系活动主题

在确定目标公众之后，组织要根据各类目标公众的需要来具体提炼公共关系活动主题。主题是对公共关系活动的高度概括，是联结所有活动项目、统率所有活动的思想纽带和思想核心。提炼公共关系活动主题，是公共关系策划过程中一个极其重要的环节。主题既要体现公共关系目标，又要鲜明、精确。主题能否吸引公众、抓住人心，可以说是公共关系策划成败的一个重要标志。

提炼主题需要创意。一个好的主题应该符合以下几个条件：第一，主题要与组织公共关系目标相一致，体现出它的实效性，如某灯具公司曾策划过一次公关活动，策划的主题“照明时代—节能时代—光健康时代”，就是紧紧围绕公司确定的目标而提炼的；第二，主题要单一稳定，所有的活动都要围绕主题展开，主题是活动的灵魂，具有统率作用，它的稳定性使整个活动形散而神不散；第三，主题要从客观实际出发，要审时度势来确定；第四，主题要满足公众心理的需要，要符合时代特征，富有人情味；第五，主题要传达独特的信息个性，使人耳目一新，易记易读；第六，主题要体现出审美情趣，使人回味无穷、印象深刻。

从形式上说，公关主题可以是一个口号，也可以是一句陈述或表白。

（四）设计公共关系活动方式

这是指围绕公共关系目标而确定的在不同时期开展的各种具体的活动形式。公共关系目标的实现是一个渐进的过程，组织只有坚持不懈地通过若干种公共关系活动的实施，才能达到并完成预期的公关目标。传统的公关活动方式有很多（如图 5－3 所示），但随着信息传播渠道的日益丰富及公众的判断识别能力的提升，组织在活动方式设计上也要不断地推陈出新。

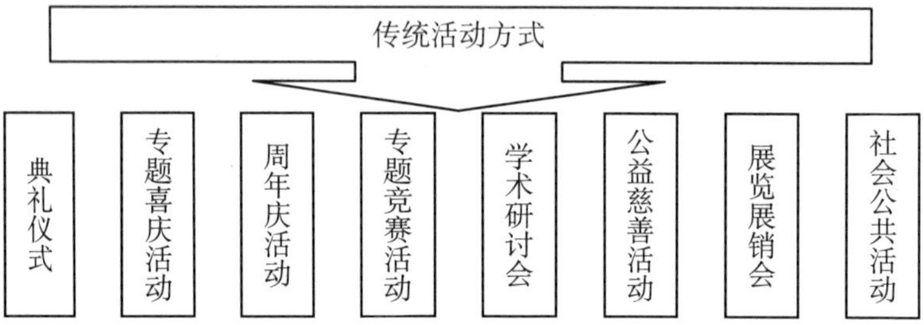

图 5－3　各种传统活动方式

（五）选择公共关系媒体

任何公共关系策划的实施，其目的都是提高组织的认知度、美誉度与和谐度。要想达到预期的传播效果，公共关系策划者就必须巧借媒体“扬声器”，在分析各种媒体优缺点的基础上，进行巧妙组合，达到优势互补、声势浩大的整合传播效果。选择传播媒体要把握四个原则：第一，根据公关目标选媒体；第二，根据传播对象选媒体，如要分析公关活动的信息接收者是谁，他们通常通过何种媒体来了解信息，对何种形式的信息感兴趣，理解力怎样等；第三，根据传播内容和活动形式选媒体；第四，根据组织实力选媒体；第五，根据传播效果选媒体。

公关大舞台

奔跑吧，榨菜！

2019 年 8 月 7 日，台湾地区“名嘴”黄世聪在电视节目中发表声明称：“大陆人吃不起榨菜。”这引发了大陆网友的群体嘲讽，而且黄世聪还因此多了几个名头，有人称其为“榨菜聪”，也有人叫他“榨菜哥”。

央视主持人还特意在节目中播报了此事，最后还戏称晚上吃夜宵上点榨菜。对此网友们纷纷点赞支持，要求给“榨菜哥”邮寄几箱榨菜。

深谙营销之道的乌江涪陵榨菜看到这一系列言论之后也是迅速“回击”，除了给黄世聪邮寄“豪礼”榨菜之外，还在社交媒体上将榨菜派送给互动的网友，引来了大量网友的互动转发，为乌江涪陵榨菜正名。乌江涪陵榨菜借助黄世聪的“免费宣传”，一夜之间家喻户晓。

乌江涪陵榨菜在其官方微博贴出一张寄往台北的包裹照片，并附感谢信一封，告诉他：“我们吃得起榨菜。”公开信如下：

5-3　“榨菜哥”收到榨菜

名嘴榨菜聪：

您好！

感谢您能在《关键时刻》节目中以如此激扬的情绪推荐了中国已有1 000年历史的榨菜，以幽默、诙谐、自嘲的方式教授了汉语“涪”的读音，激发了中国网友“炫fu（富）”的聪明才智和热情。

为感谢您对榨菜文化普及、汉语言文化推广的贡献，中国网友也以独特的方式，让您霸屏热搜、登上头条，这也是中华民族传统的礼尚往来。

PS：榨菜已经安排寄送至台北。

关键是我们吃得起，也能让《关键时刻》人人吃得上。

再次对您为中国千年榨菜文化的普及、汉语言文化的推广作出的贡献表示感谢！

乌江涪陵榨菜官方微博的这一番话，字字句句充满了正能量，也得到了很多网友的支持，大家都纷纷在下方留言：“这波广告价值千万。”还有网友调皮地表示：“看来涪陵榨菜的股价很快要上涨了，他们是不是应该感谢这位主持人呢？”

资料来源：阿童木．台湾“榨菜哥”收到两箱榨菜：贵重礼物到手，心情无限激动［EB/OL］．(2019-08-17)［2024-07-22］．澎湃新闻网．

（六）选择公共关系活动时间和空间

策划要善于利用有利时机，正所谓“好风凭借力，送我上青云”。只有抢占先机，才能事半功倍。自古以来，很多谋略成功的关键都在于“天时、地利、人和”。对于公共关系策划者而言，他们也需要刻意去捕捉“天时”“地利”，通过恰当地运用时间和空间，来创造“人和”的氛围。

1. 时机的捕捉

恰当的时机选择，能使组织的公共关系更有成效。一般说来，组织可预先选定利用的时机有以下几种：

（1）组织创办或开业之时；

（2）组织更名或与其他组织合作、兼并、资产重组之时；

(3) 组织内部改组、转型、品牌延伸之时;

(4) 组织迁址之时;

(5) 组织推出新产品、新技术、新服务之时;

(6) 组织周年庆典或周期性纪念活动之时;

(7) 组织新股票上市之时;

(8) 国际国内各种节日和纪念日之时。

此外,组织需要捕捉稍纵即逝的时机,主要有:

(1) 重大的社会活动和社会事件出现之时;

(2) 组织形象出现危机之时;

(3) 社会突发性灾害爆发之时;

(4) 国家或地方政府新政策出台或新领导人上台之时;

(5) 公众观念和需求发生转变之时;

(6) 组织经营出现困难之时;

(7) 国际国内政治经济大环境、大气候转变之时;

(8) 组织内部资源条件发生变化之时。

时机具有不可逆转性,“难得者时,易失者机”。公共关系策划者必须善于抓住转瞬即逝的机会,迅速果断地采取对策。谁能抢占先机,谁就能公关制胜。

2. 空间的选择

公共关系策划对于空间场景的利用非常必要。组织一方面应尽可能地考虑如何充分利用环境的有利条件,而回避不利条件,比如可以利用区域不同的气候、资源、风土人情条件来组织开展公关活动;另一方面要尽量选择便于公共关系活动实施的场所,具体可考虑:

(1) 空间环境——要考虑活动地域周边的建筑、交通、人流量和生态环境等;

(2) 空间大小——以不浪费为原则,既不能因空间狭小而造成拥挤,也不能因空间太大而显得冷清;

(3) 空间位置——位置选择要突出便利性,大型活动要考虑与机场、港口、车站的距离;

(4) 空间审美——指活动地点场所带来的感官感受,如建筑物造型、布局,场地的环境、设施等。

智慧火花

公关活动流程面面观

成功的公关活动能持续提高品牌的认知度、知名度、美誉度、忠诚度、顾客满意度,提升组织品牌形象,改变公众对组织的看法,积累无形资产,并能从不同程度上促进销售。很多组织都运作过公关活动，但没有目标、没有重点、虎头蛇尾、不够严谨的公关活动屡见不鲜。有的公关活动由于策划欠周全或危机处理不力而失败，导致损失较大，甚至酿成事故，造成人员伤亡，相关人员受到法律制裁。

公关活动策划有常规的方法可供遵循，但也有不少技巧。三分策划，七分实施。

目标一定要量化

公关活动特别是大型公关活动往往耗费很多人力、物力、财力。一个新产品在中心城市的上市传播费用，一般都在百万元以上。为什么要进行这么大的公关投入呢？是为了企业的传播需要，为了建立品牌的知名度、认知度、美誉度等，为了让更多的目标消费者去购买它的产品，这也是新产品上市公关活动的目标。没有目标而耗费巨资做活动是不可取的，目标不明确是不值得的。有的企业做公关活动，设定了不少目标，比如，提高知名度、美誉度，促进销售等，但是没有量化（提高知名度、美誉度的百分比，促进销售的货币额度），方向模糊，错把目的当目标。目标一定要量化，它不是希冀式的观测，而是指日可待。只有量化目标，公关活动策划与实施才能够明确方向，才会少走弯路。

集中传播一个卖点

公关活动是展示企业品牌形象的平台，不是一般的促销活动，它要确定活动卖点（主题），并以卖点作为策划的依据和主线。很多公关活动，花了不少钱都不知是什么活动，给人留不下很深的印象。只有提炼一个鲜明的卖点，创造公关活动的“眼”并传播，才能把有关资源整合起来，从而实现活动目标。这里的卖点是公关活动环节设计中最精彩、最传神的地方，是活动时隔多年，情节大多被人淡忘，但仍能让人记起的一个情节。公关活动策划需要创造这样一个非常精彩的高潮，要把这个高潮环节设计得更有唯一性、相关性、易于传播性。当然，集中传播一个卖点，并不是只传播一条信息，而是把活动目标和目标公众两项因素结合起来，重点突出一个卖点，提高活动的有效性。

公关活动本身就是一个媒体

随着公关新工具、新技术的不断涌现，同新闻媒体、广告媒体一样，公关媒体也在发生着革命，网络等新兴媒体被应用于公关活动。殊不知，公关活动本身就是一个传播媒体，它具备大众媒体的很多特点，其作用和大众传媒相比，只是公关活动实施前不产生传播作用，一旦活动开展起来，它就能产生良好的传播效果。公关活动因其组织利益与公众利益并重的特点，具有广泛的社会传播性，本身就能吸引公众与媒体的参与，以活动为平台通过公众和大众媒体传播。组织在策划与实施公关活动时，要配备好相应的会刊、通讯录、内刊、宣传资料等，整合传播资源，提升公关活动的价值和效果。

没有调查就没有发言权

国内不少公关公司做公关活动，因缺乏公众研究意识或公众研究水平有限、代理费少、时间紧等，省略公众调查这一重要工作环节已是司空见惯的事情。想一个好的点子，找一个适当的日子就可以搞公关活动，这是某些“大师”的通病。但“没有调查就没有发言权”，“知己知彼，百战不殆”。只有摸清自己的优劣势，洞悉公众心理与需求，掌握竞争对手的市场动态，并对之进行综合分析与预测，才能扬长避短，调整自身公关策略，赢得公关活动的成功。公关实践表明，公关活动的可行性、经费预算、公众分布、场地交通情况、相关政策法规等都需要详细调查，然后进行比较，形成分析报告，最后作出客观决策。

策划要周全，操作要严密

公关活动策划有哪些技巧呢？重点是一点：周全。这是因为公关活动给我们的成功或失败的机会只有一次。公关活动不是拍电影、电视，不能重来，每一次都是现场直播，一旦出现失误便无法弥补，绝不能掉以轻心。

化危机为机遇

大型公关活动有一定的不确定性，为了杜绝意外事件发生，公关人员在策划与实施的过程中要抱有强烈的危机意识，充分预测到有可能发生的各种风险，并制定出相应的对策。只有排除了所有风险，制定出的策划方案才有实现的保障。发生紧急事件时，要随机应变，不要手忙脚乱，不要抱怨，要保持头脑清醒，迅速查明原因并确认事实的真相。已造成负面影响的，一种方法是及时向公众道歉，防止再发生此类事件，与不同媒体建立友好关系，避免负面报道，有策略性地处理媒体与公众的关系，否则修复较难；另一种方法是化危机为机遇，借助突发事件扩大传播范围，借助舆论传播诚意，争取公众的支持，变被动为主动。

全方位评估

在对公关活动进行评估时，往往只评估实施效果，导致评估不够全面。如果能在评估时，除评估实施效果外，还评估活动目标是否正确、卖点是否鲜明、经费投入是否合理、投入与产出是否成正比、公众资料收集是否全面、媒体组合是否科学、公众与媒体关系是否更加巩固、社会资源是否增加、各方满意度是否量化等，则公关活动的整体效果便会体现出来。这种全方位评估有利于公关活动绩效考核、责任到人，更能增加活动经验。

用公关手段解决公关问题

社会上对公关活动的认知，不同时期存在不同误区，加之部分媒体的错误引导，更加深了这种错误认知的蔓延。近年来，对公关的认知又有了新的误区，即把公关活动等同于营销活动。实际上，两者的目标、重心、手段不同。公关活动的目标是提高美誉度，提升亲和力；营销活动的目标是提高销售额和市场占有率。公关活动的重心是公众、媒体、政府；营销活动的重心是消费者。企业同时需要公关、营销两种职能，两种职能不能通用。公关活动是社会行为，营销活动是经济行为；公关活动关注公众，营销活动关注消费者。公关与营销区别较大，营销的手段不适用于解决公关问题。公关活动面向的公众非常多，消费者只是公众的一种。对于不同的公众，使用的公关手段也不一样。所以，要走出“公关就是营销”的误区，用公关手段解决公关问题。

公关活动策划与实施需要经验的积累，公关活动要重策划，更要重实施。公关活动策划与实施，还有很多技巧可以利用，只要不断总结经验并应用于实践中，就一定能策划与实施出更多、更有影响力、更成功的公关活动。

资料来源：侯韶图．公关活动策划与实施的技巧［EB/OL］．（2004－04－07）［2024－07－25］．营销传播网．

（七）编制公共关系活动经费预算

经费预算既是公共关系策划的目标，也是对实施经费开支的控制。策划方案时的精打细算，既可保证对相关开支做到心中有数，也容易使决策层拍板认可方案。在公关实践中，我们经常能看到这些现象：一是经费紧张，导致活动难以为继，不得不仓促下马；二是经费不足，只能修改计划，草草结束；三是活动耗资过大，得不偿失。因此，策划方案时编制经费预算是非常有必要的。公共关系活动经费预算一般包括两部分：

1．行政开支

行政开支包括三部分：人工报酬，这是支付给专业工作者和一般工作人员的薪金或工资，还包括外聘公共关系顾问的工时报酬；文件印制及各种器材费用，这是由公共关系活动的需要决定的，一般包括各种印刷品、纪念品、摄影设备和材料、美术工艺器材、视听器材、展览设施和所需的各种实物、用品等所花的费用；日常行政费，如房租、水电费、保险费、办公室文具费、通信费、交通费、照相洗印费、餐费、交际费等。

2．项目开支

项目开支包括实施各种公关活动项目所需的费用，如赞助费、庆典活动费、专家咨询费、调研费、广告费及应付偶发事件的费用等。

确定公共关系活动经费预算的方法主要有：

（1）固定比率法，即按照经营业务量的大小确定固定的百分比来进行公关预算；

（2）量入为出法，即根据组织的财务状况来进行公关预算；

（3）实际操作法，即根据公共关系活动的目标和任务的难易程度来确定公共关系活动经费预算；

（4）竞争需要法，即根据地位相当的竞争者在公共关系活动上的投资多少来进行公关预算，此种方法风险较大。

四、设计公共关系策划方案

（一）策划方案构成要素

公共关系策划方案并无固定格式，策划者可根据实际需要和写作习惯来灵活撰写。但无论方案形式、内容有何差别，基本要素，即 5W＋2H＋1E，均应具备，如图 5－4 所示。

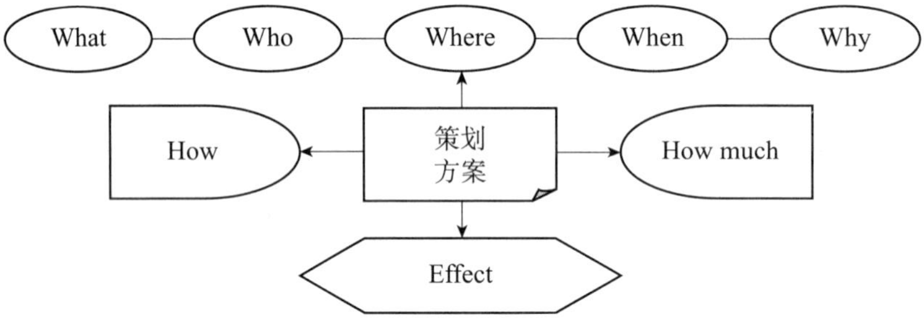

图 5－4　策划方案构成要素结构图

说明：

图中各个单词的含义分别为：

What（什么）——策划的目的、内容

Who（谁）——策划组织者、策划者、策划所涉及的公众

Where（何处）——策划实施地点

When（何时）——策划实施时机

Why（为什么）——策划的缘由

How（如何）——策划的方法和实施形式

How much（多少）——策划的预算

Effect（效果）——策划效果的预测

上述 8 个要素组合即是一份完整的公共关系策划方案应当具备的基本框架。针对不同组织而具有不同内容与形式的公共关系策划方案，应围绕这 8 个基本要素进行组合与搭配。

（二）策划方案基本格式

策划方案一般包括以下几个部分：

1. 封面

策划方案的封面应简洁、清晰，写明题目、策划者单位、策划者姓名以及策划文案的完成日期、编号等。要注意文字的书写及排列是否协调，布局是否合理。

2. 序

对于内容较多、相对复杂的方案，还应以简洁的文字作序，以对方案的内容及要求作综合说明。

3. 目录

策划的项目较多、内容比较繁杂时，还可以设计方案目录。目录是标题的细化和明确化，使读者看过标题和目录后，能对整个方案有个大致的了解。

4. 正文

正文的主要内容有：活动背景介绍、活动宗旨与目标、活动主题、基本活动程序、传播沟通的方案、经费预算、效果预测等。

5. 附件

附件包括：活动筹备工作日程表、有关人员职责分配表、经费开支明细预算表、活动所需物品一览表、场地使用安排表及相关资料和注意事项。其中，相关资料是指提供给决策者参考的辅助性材料，如完整的或专项的调查报告、新闻文稿范本、演讲词草稿、相关法规文件、平面广告设计草图、电视脚本、纪念品设计图等；注意事项是对策划方案实施过程中应当注意的事项作重点说明。

公关大舞台

GE医疗精准跨界“运动＋时尚圈”，开启企业公益焕新之路

项目主体： GE医疗

项目执行： 奥美公关

项目背景：

2017年是GE医疗连续第12年开展“粉红行动/粉红十月”乳腺癌防治公益活动。2017年，经过广泛深入的行业调查，GE医疗获得一项重要洞察：缺乏对品质筛查的认知和把控是我国乳腺癌早期发现比例远低于欧美国家的主要原因。因此，GE医疗将“粉红行动”全面升级为“金质关爱粉红行动”，呼吁社会各界关注品质筛查。2018年，GE医疗更需要在聚焦品质之上有所创新，扩大传播影响力，触达更广泛的受众。

项目策划：

传播目标：

- 整合传播渠道与媒介平台，将品质筛查理念精准传递给目标受众。
- 强化企业公益项目的持续性，打造极富责任感的企业公益形象。
- 树立品牌的行业领导地位，提升品牌知名度，实现品牌建设与销售提升的双赢。

目标受众：

- 35岁及以上的城市白领女性

传播策略：

●【广造势】借力移动社交平台：在互联网时代的当下，借助目标受众常用的移动社交平台，在10月的世界乳腺癌防治月里，发起具有一定持续性的线上活动，将核心信息通过互联网广泛传递给目标人群。

●【深诠释】打造草根代言计划：不同于以往的明星代言，塑造乳腺品质健康的素人代言，以真实经历深刻诠释核心信息，深度传播品牌价值理念。

●【久发声】全媒体社交化传播：以极具传播性的社交化内容，通过全媒体矩阵布局，在传播周期内以不同的视角和观点持续发声，强化传播效能，持久化传播效果。

项目执行：

● 携手“咕咚运动”发起“粉有爱·益起跑”线上公益跑，言传身教品质筛查

诸多研究发现，适量运动可有效防治乳腺癌。而跑步作为一项十分流行的运动项目，对场地、设施无过多要求，可随时随地随处进行，广受城市白领一族的欢迎。

2017年，GE医疗首次携手国内最大的运动社交App“咕咚运动”共同发起“粉有爱·益起跑”线上公益跑赛事，以跑步的方式促进乳腺健康行动，呼吁大家为关爱自己和身边的人广泛行动起来，像日常跑步运动一样，将定期的高品质乳腺关爱融入日常生活，让“早健康”的理念更加深入人心。

活动从报名至完赛持续20天，参与人数近22万，掀起运动圈和时尚圈关爱乳腺健康的“粉爱”热潮，更有跑友以跑出的“粉爱”路线，支持GE医疗长期践行的“粉红行动”。

● 联合《时尚健康》打造品质健康草根代言人，现身说法品质筛查

对于对健康品质有所追求的人群，通常也相应看重生活品质与个人品位。基于对传播媒介受众的深刻考量，GE医疗联手《时尚健康》杂志从乳腺癌相关领域选拔品质健康的草根代言人，领跑粉红公益跑，以亲身经历深刻诠释品质健康与定期检查的重要性，积极倡导将高品质乳腺关爱融入日常生活。

● 首创二次元动漫Ms.粉系列作品，身体力行品质筛查

创立“粉红行动”虚拟形象代言人Ms.粉及系列社交化作品，包括自创歌曲《我的粉style》和MV、九宫格拼图、科普漫画等，在社交平台引起热烈反响，更强势登录百度音乐、虾米音乐等各大音乐平台，以及腾讯视频、优酷、爱奇艺等主流视频平台，广泛宣传高品质乳腺健康的理念。

不仅如此，Ms.粉还通过参与“粉有爱·益起跑”线上跑，身体力行倡导高品质、定期的乳腺癌筛查，并贯穿传播项目始终，广泛呼吁全社会对女性健康的关注。Ms.粉在设计之初，即代表每一位正在奋斗的中青年女性，不仅凭借可爱的动漫形象深入人心，更因具备目标受众的共同特征，引发了强烈而广泛的共鸣。

● 全方位推进精准有效的品质筛查，以行动促行动

除此之外，2017年GE医疗“金质关爱粉红行动”还包括乳腺检查技术创新、与国

家癌症中心联合举办学术论坛、持续开展全国性大规模乳腺癌品质筛查，以及GE员工身体力行进行乳腺早健康宣教等多种形式的行动，加速实现精准、有效的乳腺癌早期筛查与诊治，全方位提升公众“早预防、早发现、早治疗”的乳腺健康意识。

GE医疗协助国家癌症中心组建中国乳腺癌筛查与早诊早治指南专家委员会，推进乳腺癌筛查标准指南的建立。

项目评估：

传播整体效果：本次整合传播不仅通过“咕咚运动”平台收获了来自全国范围内大量跑友的积极参与，更通过项目本身及全媒体矩阵平台，获得了来自媒体、企业内外部和公众良好的舆论口碑，获得媒体报道数百篇，极大地强化了GE医疗在乳腺癌防治领域的领导地位，显著提升了品牌的知名度和美誉度。

- 广覆盖：活动总曝光量近6 000万次，全国近22万人参与，并辐射海外31个国家和地区。
- 准触达：活动整体的参与对象以都市白领为主，女性占比超过60%，年龄段在26～40岁的占比过半，与目标受众高度吻合。
- 强整合：不仅精准跨界“咕咚运动”＋《时尚健康》，更强效整合了平面、网络、新媒体等各大媒体渠道，以及各大社交平台等资源。

资料来源：GE医疗精准跨界“运动＋时尚圈”，开启企业公益焕新之路［J］. 国际公关，2017（6）.

五、了解公共关系策划的方法

（一）群体策划法

现今社会，公关活动往往是综合性项目，需要多学科人才共同参与。对产品进行市场推广时，就需要营销人员、公关人员、广告人员协同作业。因此，群体策划法是现代策划的一个主要方式，其具体形式是组成一个专职策划小组，由策划小组共同完成策划的任务。策划小组的最佳形式是由多学科的成员组成，而且应该有经验丰富的一线工作者参与，这样有利于知识、信息的互补，有利于脑力激荡。

策划小组的工作内容归纳为5个步骤：分头调研、共享信息、独立思考、小组讨论、专人提炼。在这5个步骤中，策划小组的成员首先分头收集、整理、研究基本的调查资料，然后将个人收集、整理、研究的初步结果向策划小组成员通报，形成第一次信息冲击效应。个人再次独立构思至一定程度，由项目召集人召开策划小组讨论会。这个策划小组经过脑力激荡的过程，互相启发，十分有利于创造性意见的产生。有时一次会议未必产生结果，就需要重复前面的程序，择日再召开会议，直至有一个基本的结论产生为止。最后由专人将策划小组研究的成果整理在案，或者由不同的个人撰写不同的方案，形成多个方案。这是运用群体智慧的策划方式，最大优点是知识互补并产生思维冲击的力量。

(二) 头脑风暴法

头脑风暴法是通过联想进行构思的方法。头脑风暴法的核心是进行高度自由的联想。这种方法一般是通过一种小型策划会议，使与会者毫无顾忌地提出各种想法，彼此激励，触发联想，促生新的构思方法。

(三) 案例排列法

案例排列法也是通过联想进行构思的方法，主要是通过对过去案例的回顾而激发新的构思的方法。

这类策划会议主要由与会者将与过去的议题相同的同类案例排列出来，并在排列案例的同时促成新的构想。假设会议议题是讨论联谊会游戏的设计方案，与会者轮流发言，可以按座位顺序依次发言，也可以随时发言，发言者先将曾经有过的联谊会游戏构想排列出来，并随时可以提出新的构想。记录员要把发言者的构想记在记录板上。记录板分成两边，一边记录已有的构想，另一边记录新的构想，如此往返。案例排列法要力求挖掘与会者头脑中的构想，主持人要善于引导与会者进行联想推理，以便产生新的构想。

智慧火花

创意，让品牌更显眼迷人

公关活动中，创意的地位举足轻重。

一般来说，品牌的公关活动都需要有一个主题，而这个主题要得到充分的展现和关注，很多时候必须借助创意来实现。公关中的创意，既能体现品牌公关团队的智慧和水平，又能突出品牌与社会各种公共关系间和而不同的一些特点。

创意赋予了品牌公关更多的独特性和魅力。新颖优秀的创意能够在公关活动中发挥巨大的作用：

首先，吸引关注，扩大知名度和曝光度。富有创意性的活动都能够体现出符合当下受众心理需求的元素和风貌，显得与众不同、特立独行，更具有吸引群众目光的潜力。创意直接为公关活动带来更多目光，在对创意的讨论上有利于增加话题热度，进而扩大品牌公关活动的知名度和曝光度。

其次，彰显品牌，树立积极正面的形象。公关活动中加入有用的创意，能够巧妙地借助活动主题和过程展现品牌的核心内涵以及优势魅力。好的创意带给人们新奇与惊喜，同时也从中对品牌及其创新性产生好的印象，为品牌形象带来更多有利的影响。

最后，营造氛围，构建良好的公共关系。公关创意活动注重于营造主题氛围，在氛围当中感染大众，从精神和情感层面引人入胜，从而影响大众对于品牌的认识，并与品牌建立起良好的联系，这对于品牌构建起和睦正面的公共关系是非常有利的，这也是品牌公关所要达到的目的。

总之，创意是企业公关活动中最为亮眼的一点，它能够为公关增色不少，同时提升活动效果。

资料来源：李姗．如何运用公关创意，让品牌更加显眼迷人［EB/OL］．(2019-06-26)［2024-07-25］．CSDN技术社区网．

（四）创意策划法

创意就是创造性的思维活动，它可以是一个意象、一个联想、一个观念或一个念头与点子。创意包括策划目标、信息个性、公众需求等内涵要素。

公共关系创意策划是指公关人员为实现特定目标，在一定条件下进行的创造性思维活动。公共关系创意策划需要借助语言进行表达，一旦通俗、平白地表述出来，就成了一句话，就是所谓的计谋，而一旦精练、规整地表述出来，就成了策划的主题。

5-4　创意的力量源泉

创意是公共关系策划的灵魂，有了好的创意，策划才能成功。成功的创意离不开科学的思维方法，正如我国策划大师叶茂中在其公司网站中的宣言：“我们拒绝平庸，我们拒绝驯化。”

智慧火花

公关策划怎样才能有创意?

调查报告显示：65%的公关人批评公关策划行业缺乏创意。

什么让公关充满了创意？一个有创意的公关策划应该包含哪些要素呢？《公关创造力》(*Creativity in Public Relations*) 一书告诉我们要思考以下几个问题：

- Great Storytelling（精彩故事）：讲故事是公关文案与写作的基础技能，需要娴熟地呈现叙事技巧。此外，一个有创意的公关策划，总是通过一个故事让消费者与品牌之间产生情感链接或共鸣。
- Audience Insights（用户洞察）：公关创意离不开对目标受众的深入分析，以及对其消费习惯及喜好的精准把握。
- Content Creation（内容制造）：公关一直在跟踪趋势和热点话题，当时效热点出现时，有创意的公关策划要能抓住机会，快速反应。

● Purpose（目的）：在议题管理方面，公关策划中经常会出现这样一个表述——“改变人们对……的认知/行为”，挖掘独特的议题也可以让一个公关策划方案富有创意。

资料来源：如何解决公关创意不足的问题，看完这八条你就懂了［EB/OL］.（2018-06-21）［2024-07-28］. 搜狐网.

任务三 组织公共关系实施

任务目标

完成本任务，你要了解公共关系实施的特点和原则，明确公共关系实施前应注意的事项和如何做好实施准备。

任务布置

请以公关团队为单位，为穆墩岛景区公关策划方案设计具体的实施方案，要求明确操作过程的先后顺序、人力安排、物料使用、现场管理等内容。

一、理解公共关系实施

公共关系实施是指公共关系主体（组织）为了实现既定的公共关系目标，充分依据和利用实施条件，对公共关系的创意策划进行实施策略、手段、方法的设计，并进行实际操作与管理的过程。

公共关系实施是解决公共关系问题和实现公共关系目标的关键环节。若仅完成公共关系策划，则表明公关活动还只是停留在理论和书面上，只有通过有效的实施，才能达到公关目的。再完美的公共关系策划，如果不经过实施，也只能是水中月、镜中花，是毫无意义的。

5-5 公共关系实施

公共关系实施能检验公共关系策划的质量和效果。有效的公共关系实施，不仅能展示创意，而且通过实施人员创造性地运用各种途径、手段、方法和技巧，能及时解决策划中存在的问题；而失败的公共关系实施，不仅达不到公关目标，而且可能使问题更加恶化。从这个意义上说，实施环节不仅决定了策划创意能否实现，而且决定了策划创意实现的效果。

一项公共关系策划的实施不论成功与否，都会在社会上造成一定的影响和后果，并且为后续公共关系策划提供依据与借鉴。

二、明确公共关系实施特点

（一）艺术性

公共关系实施的艺术性包括两层含义：一是公共关系实施要勇于创新，要力争在实施策略、手段、方法上突破常规、出奇制胜，谋划出竞争对手意想不到的、传播效果最好的操作手段和方法；二是公共关系实施在于“攻心”，目标公众因年龄、性别、职业、阶层等不同，对公关活动的接受程度及反应也不尽相同，因此要针对目标公众的特点与喜好来具体实施，通过艺术性的操作来打动目标公众，使组织的美好形象深深地根植于目标公众的心里。

（二）文化性

没有文化品位的操作方法和手段是低层次的公共关系实施行为。公共关系策划在实施过程中要注意结合文化元素，可将传统文化、现代文化及地域文化融入其中。这样既能体现文化品位，又能满足公众的文化需求，用文化的力量去感染公众。

（三）人情性

公共关系实施是帮助组织赢得公众的赞美和认同，这其实是一种感情交流的过程，因此公共关系实施要体现温情感和人情味。要注重分析和趋从公众的心理和感情倾向，重视感情投资，以情感人，以情动人，以情服人，让公共关系实施行为充满真情，尊重人性。这是公众的客观需要，也是公共关系的生命根基。

（四）形象性

公共关系实施的根本目的是树立良好的公众形象和社会形象，并进一步赢得公众和社会的理解和信任。

（五）关系性

公共关系实施是以建立和协调组织与公众的良好关系为基础的，因此应广结善缘，积累人脉，力求充分利用资源，以构筑和巩固良好的关系网络，为组织的生存和发展铺平道路。

（六）传播性

在公共关系实施过程中，要注重各种传播媒介的综合运用，尽可能发挥各种媒介传播的优点，最大范围、最有效地传递组织的理念、行为、价值观，以实现公共关系整合传播的最佳沟通效果。

三、了解公共关系实施原则

公共关系实施原则是公共关系实施的工作准则，是公共关系管理者（领导者）和操作者在错综复杂的实施环境中，排除各种实施困难，完成公共关系实施的各个环节以及实现公共关系目标的成功法则。

（一）准备充分原则

公共关系实施本质上就是一种“攻心战”，要想攻无不克、战无不胜，就要在具体实施之前，做好各种实施准备，这是保证这场“攻心战”成功的基础和前提条件。准备越充分，公共关系实施就越顺利，失误就越少。具体就是要建立准备工作责任制，要分工明确，责任到人。

（二）策划导向原则

公共关系策划在具体实施过程中，难免会因为各种突发因素而导致行动方案有所调整。但公关人员须谨记的一点就是公共关系实施要以策划为导向，要严格按照既定策划方案中的公关目标、策略来开展工作。那种完全脱离了原有策划方案而实施的公关活动只能导致团队成员无所适从，效果也将偏离既定目标。

（三）控制进度原则

控制进度原则要求做好预测工作，及时发现各种可能影响实施工作进度的因素，针对关键因素采取有效的预防和应急措施。这就要求公关人员遵循公关实施方案中规定好的时间进度，随时检查各项工作内容的完成情况，及时查看进度，以便及时协调与调度，使各项工作内容按计划协调、平衡地发展，并确保按时保质完成。

（四）整体协调原则

整体协调原则是指在公共关系实施过程中，要使各项工作之间达到和谐、合理、配合、互补和统一的状态。公共关系实施是一项系统工程，各项工作只有相互有机配合才会达到整体最佳。因此全体实施人员在思想观念上要达成共识，在行动上要保持一致，力争做到同步与协调，提高工作效率与效果。

（五）反馈调整原则

反馈调整原则是指通过监督控制机制及时发现公共关系实施中的方法偏差及错误，并及时进行调整与纠正。由于公关活动受到各种外在因素的干扰，再加上公关人员素质参差不齐，因此各种意外情况时有发生，如设计有缺陷、实施环境发生变化、实施人员未按时到位等。针对上述情况，就要建立高效的监督反馈机制，及时发现问题征兆，并采取相应措施，保证公共关系实施顺利进行。

智慧火花

如何撰写公关执行文案?

执行文案是活动中需要的执行手册，它是一个活动顺利进行的有力保证。将活动项目所涉及的各个岗位的职责及时间安排都撰写在执行手册中，有助于后期参加项目的人员能够快速了解项目，明确分工及自己的岗位要求。

执行手册一般都包含哪些内容呢？一般包含活动基本信息、整体活动流程安排、职责分工、物料清单、摄影摄像管理、礼仪管理等。根据活动流程及安排将活动时间、工作内容、工作要求填写到活动列表每个岗位职责中去，能够让执行者清晰地看到时间安排、工作地点、工作内容及相关要求。

以往在做执行手册过程中出现一个误区，从常规执行手册目录上分析，其就是一个“已确认信息的汇总资料”，实际上对现场并没有真正起到执行管理的作用。因此，应确定执行手册的撰写标准。除应有的确认信息外，还需要将现场的分工内容用文字资料进行详细的描述，即活动执行五要素法。五要素包括时间、地点、做什么、怎么做和备注。现场的执行内容，如礼仪管理、搭建管理、演艺管理、主持人管理等，都可以提前写出来。这样做有以下几点好处：

（1）保证执行效果，降低风险。在活动中，各岗位按照活动执行手册中的内容进行培训，可以确保每项工作实施内容准确无误，保障活动的顺利进行，降低活动各环节的出错率。

（2）适合新人培训。新人可以按照活动执行手册中某个岗位职责规定直接进行操作，可降低对新人进行项目培训的沟通成本。

（3）体现专业度，让客户对公司在执行层面的经验更加放心。

资料来源：董冬．公关活动中的项目管理［J］．国际公关，2012（5）.

四、做好公共关系实施准备

公共关系实施的准备工作包括实施人员培训及调查与试验。

（一）人员培训

公关活动往往需要很多人员共同配合来完成。为了在实施前统一思想、统一目标、统一认识、统一行动、统一内容、统一时间，要对实施人员进行专业上和技术上的培训。培训的主要内容是实施工作制度教育和操作程序及方法等。

(二) 调查与试验

公共关系实施方案往往是经过认真论证（可行性论证）的方案，但由于实施主体、客体及实施环境存在差异，因此公共关系实施常常会面临各种障碍因素，严重时甚至导致公共关系实施方案夭折。这就需要公关人员提前对实施方案的障碍因素进行调查。对于大型公关活动项目，还要通过小范围试验，进一步明确障碍因素，以寻找排除障碍因素的途径与方法，取得成功实施的经验，以便全面推广。

1. 公共关系实施障碍因素调查

组织在公共关系实施的过程中，由于实施主体的规模、目标、资金及人员不同，再加上环境及沟通双方认识上的差异，可能导致公共关系实施的内容受到多种因素的干扰而无法正常开展，因此需要提前分析各种障碍因素，以保证公共关系实施的质量。公共关系实施障碍因素如图 5-5 所示。

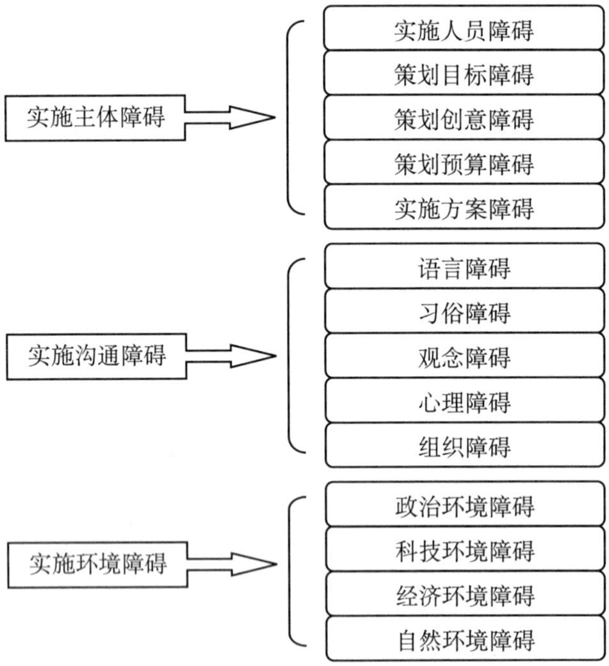

图 5-5 公共关系实施障碍因素

2. 公共关系实施试验

为保证公共关系实施的全面开展，组织应提前在一个相对较小的公众范围内作试探性实施，这样可以验证操作程序和方法，获取实施经验及调查各种实施障碍因素，并通过试验效果对公共关系实施方案进行分析和评价，以不断修改、调整和完善公共关系实施方案。

五、明确公共关系实施注意事项

公共关系实施是公关活动流程的关键环节，公关效果的好坏，很大程度上取决于实施的效果及社会传播的力度。因此要想达成最初设定的公关目标，组织就必须重视公共关系实施的管理和质量。具体需要注意以下几点：

（一）统筹管理，分工协作

公共关系实施过程中要注意统筹管理，注意调动公关团队成员的积极性，做到责任明确、权力下放、责权到人，通过大家的相互配合，高质量地完成公关任务。

（二）利用媒体传播，强化公关效果

在公关策划实施的过程中，要想使组织公关行为引起目标公众的注意，吸引公众的眼球，就要主动与媒体联系，借助媒体广泛的影响力来传播组织的理念和行为，从而达到强化公关效果的目的。

（三）注重质量和效率

对公关活动及相关信息发布的质量要严格把关，同时要保证信息传播快速有效。如新闻稿写作、广告作品制作、大规模公关活动筹备及开展、音响调试、邀请函写作等，都要反复讨论，使之达到最佳效果。

（四）体现公关活动的多样性

（1）以传播宣传为主要方式的公关活动，要特别注意营造声势或气氛，以便烘托人气，引起关注。要以组织宣传为主导，注重信息传播的速度、广度、频度及持续度。此外，要注意搭建与新闻界的沟通网络，保持与其良好的合作关系，以达到“借势升云”的目的。

（2）以社会交往为主要方式的公关活动，要特别注重人脉积累，最好是通过直接交流来进行情感沟通，并通过持续的人情渗透来强化这种情感关系，即活动开展要讲究灵活性和人情味，与目标公众共创和谐环境。

（3）以服务为主要方式的公关活动，要注意公众利益至上。即使是为配合商业性经营而开展的售前售后服务性公关活动，也要尽可能突出情感性，淡化商业痕迹。

（4）体现社会公益性的公关活动，要特别突出公益性文化的特点，强调组织作为社会公民应承担的社会义务，展示组织良好的道德观和社会责任感。

（5）以征询为主要方式的公关活动，要特别注意态度真诚，并对公众的意见及建议及时作出反馈，让公众感受到被尊重和被认可。

（五）恰当运用公关策略

（1）采取建设型公关策略，实施时要注意造势，要大张旗鼓地进行传播，尽可能地促使活动成为社会焦点和舆论话题。

（2）采取维系型公关策略，实施时要做好打持久战的准备，要坚持不懈地、以“润物细无声”的姿态来进行传播。

（3）采取防御型公关策略，实施时要特别注意防患于未然，及时跟踪信息反馈，及时调整组织的政策和行为。

（4）采取进攻型公关策略，实施时要目标明确、定位精准，要特别注意传播的速度和分量，要找准公关的有利时机，创造公关的有利条件。

（5）采取矫正型公关策略，实施时要深度挖掘对组织不利的舆论导向和影响因素，要及时调整思想、态度和行为，避免卷入负面舆论旋涡，及时再造组织的美好形象。

任务四　作出公共关系评估

任务目标

完成本任务，你要理解公共关系评估的意义，掌握公共关系评估的程序和标准。

任务布置

以团队为单位，分别讨论本团队策划方案应达到的实施效果及效果评价标准和方案。

一个完整的公关过程，不仅要做充分的公关调查，设计完美的策划方案，创造性地组织实施，而且要检验公关活动开展的效果。正如公关专家切斯特·罗索（Chester Russell）所说：“许多公关活动的唯一致命弱点，就是没有使最高决策者看到这一活动的明显效果。”

公共关系评估是指公关人员依照特定的标准，对公共关系工作过程的各个环节，如前期准备、调查、策划、实施及效果，进行检查和评价，以判断公关活动优劣成败的过程。公共关系评估影响并控制着公共关系工作实践的各个活动环节，在公共关系工作全过程中具有重要的作用。

一、理解公共关系评估

（一）公共关系评估的定义

5-6　公共关系评估

公共关系评估是指组织或机构依据特定的标准和方法，对公共关系的准备过程、整体策划、实施过程及活动效果进行测量、检查、评估和判断的一种活动。

公共关系评估是对公共关系工作进行全面深入的研究，是公共关系“四步工作法”（调查、策划、实施和评估）中的最后一步。它既是改进公共关系工作的重要环节，也为后续公共关系工作的开展提供了参考依据，同时还能使决策者认识到公关活动的价值。

（二）公共关系评估的意义

在整个公关活动程序中，公共关系评估控制着公共关系实践活动的各个环节。它在公共关系实践活动的三个阶段——调查阶段、策划阶段及实施阶段均发挥着不可低估的作用。

1. 公共关系评估是改进公共关系工作的重要手段

公共关系评估对组织的公共关系工作具有“效果导向”的作用。一位公关先驱所说的“整理出经验和教训，供下一次借鉴”，正是对公共关系评估的意义最恰当的写照。

2. 公共关系评估是开展后续公共关系工作的必要前提

组织的公关工作是一项长期工程，需要坚持不懈地开展各项活动，而且任何一次新活动的策划和实施都不是凭空产生的，而是以过去的公关工作及效果为背景和依据的，这样才能保证公关工作的质量和效率。因此公共关系评估在整个公关流程中起着承上启下的作用。

3. 公共关系评估可鼓舞士气，激励内部公众，增强员工公关意识

公关活动只有让组织内部员工看到成绩与效果，才能真正激发员工参与的积极性，才能增强组织的凝聚力和员工的战斗力。

就企业而言，公共关系活动重在平时，它对企业良好形象的树立能起到潜移默化的作用。只有通过公共关系评估，才能很好地将公共关系活动的效能显现出来，使全体员工看到公共关系活动有作用，体会到公共关系的重要性，理解“唐松定律：100－1＝0”（即100个员工为组织形象努力，只要有1个人损害组织形象，这些努力都可能会付诸东流），以更好地加强企业全体员工的公关意识。

4. 公共关系评估可以为企业管理提供决策参考

任何公关活动都是帮助组织实现某个特定的目标。人力、物力、财力的投入是否有价值？价值多大？公众有何反应及评价？所有这些公关效果评估会帮助组织认清自我，并为进一步的管理决策提供依据。

5. 公共关系评估可以衡量公共关系活动的效果

公共关系评估可以用来衡量经费预算及人力、物力的配备与开展公共关系活动之间的平衡性，也可以用来衡量公共关系活动的效果。

二、熟悉公共关系评估的程序

（一）确定评估目标

评估目标是检验公共关系工作的参照物。有了参照物才能通过比较来检验公共关系计划与实施的结果。目标不明确，评估工作就不能顺利开展；标准不统一，则会在调查中搜集许多无用的材料，影响评估的效率与效果。

（二）获得最高决策者认可并将评估过程纳入公共关系计划之中

评估不是公共关系计划的附属品或计划实施后的事后思考和补救措施，而是整个公共关系计划的重要组成部分。因此，组织应该对评估给予足够的重视，对评估的方法、程序等方面予以充分的考虑和周密的筹划。

（三）公共关系部门内部对评估标准及其内容要统一认识

组织要让公共关系部门内部人员有足够的时间对评估标准及其内容进行统一认识，并允许他们通过自己的亲身体验加深这一认识。

（四）量化评估目标，并使之具体化

在项目评估过程中，组织首先应该将项目目标具体化。例如，谁是目标公众，哪些预期效果将会发生以及何时发生等。没有这样的目标分解，项目评估就无法进行。同时，目标分解还可以使公共关系计划的实施过程更加明确化与准确化。

（五）选择适当的评估标准、目标，说明组织的期望效果

如果一个组织将“让公众了解组织积极参与慈善活动，塑造组织社会公民形象”作为公关活动的目标，那么评估的重点就应该是了解公众对组织的认知情况，以及公众对组织的观点、态度和行为的变化。

（六）确定收集评估资料的有效途径

为进行效果评估，组织还要通过科学的方法来收集整个公关流程中的相关资料，即明确从何处了解公众知晓的范围、公众的态度、公众的感受及评价等。

（七）保持完整的计划实施记录

这些资料能够充分反映公共关系人员的工作方式和工作效果，反映策划的可行性。

公关大舞台

某超市公关活动的评估标准

评价项目	评价内容
总体公关效果评价	1. 本次公共关系活动的目标是什么？是否符合实际？活动的主题是否明确？号召力如何？ 2. 超市内部各部门、各环节成员对这次公关活动了解和支持的状况如何？ 3. 本次公关活动传播媒介的选用及效果如何？信息被目标公众接受的程度如何？态度有何变化？是否取得了预期效果？ 4. 本次公关活动计划方案是否周密？是否存在重大纰漏？ 5. 本次公关活动预算执行情况的分析。 6. 本次公关活动的成果是什么？对今后的影响如何？提出对遗留问题及隐患的处理意见和建议。
日常公关效果评价	1. 商品供应者是否愿意与本超市打交道并建立长期的供货关系？ 2. 顾客对本超市所经营的商品是否放心？是否愿意购买？ 3. 顾客数量是呈递增趋势还是递减趋势？原因何在？ 4. 是否有良好的社区环境？ 5. 企业凝聚力怎样？员工是否热爱本企业？工作是否安心？ 6. 是否重视各类公众的意见与建议？

资料来源：谢红霞．公共关系（原理与实务）[M]．大连：东北财经大学出版社，2006：202.

（八）提高评估结果的使用效率

公关活动往往需要连续性，而且希望一次比一次获得更大的影响力，这就需要进行不断的评估、反馈、调整与提高。对评估结果的充分使用，可以帮助我们更加准确地确定问题及分析形势，使公共关系目标更加符合组织发展的要求。

（九）将评估结果上报组织领导层

将评估结果及时上报，一方面，可以保证组织管理者及时掌握情况，有助于公关工作的全面协调；另一方面，可以进一步发挥公关活动在实现组织目标过程中的重要作用。

三、掌握公共关系评估的标准

（一）公关工作准备过程的评估标准

（1）背景材料是否充分。

（2）信息内容是否准确、充实。

（3）信息的表现形式是否恰当。

(二) 公关工作实施过程的评估标准

公共关系评估不仅评估公共关系工作的效果，而且在公共关系活动的实施过程中发挥着监控、反馈的作用。在这个阶段，评估标准可分为以下四个不同的层次：

(1) 检查发送信息的数量。

(2) 检查信息被媒体所采用的数量。

(3) 检查接收到信息的目标公众数量。

(4) 检查注意该信息的公众数量。

(三) 公关工作实施效果的评估标准

实施效果的评估是一种总结性的评估。该阶段的评估标准包括以下几点：

(1) 了解信息内容的公众数量。公共关系活动的目的之一是增加目标公众对组织的认识、了解和理解。

(2) 改变观点、态度的公众数量。这是评估实施效果的一个更高层次。

(3) 发生期望行为和重复期望行为的公众数量。

(4) 达到的目标和解决的问题。

(5) 对社会与文化的改变及影响。

智慧火花

如何评估公关活动效果?

公关活动能否完成企业目标？传播效果是否达到预期？品牌受众信任度是否得到积累？核心人群资源能否支撑企业发展？这些或许就是公关活动效果如何的最佳判定依据。

公关作为年轻的行业，在如今的时代，已然初显锋芒。但对于传统的广告等推广行业而言，它依旧还是太年轻。公关活动结束之后，企业领导人肯定想要第一时间明确公司公关活动的效果如何。但他们对于“什么是公关”这样的问题，依旧是一知半解，他们评判公关价值的依据，就是所谓的关键绩效指标（KPI）考核。因此，很多公关人都会选择“刷数据”的方式，以“应付”老板。

其实如果从以下几个方面进行分析，或许“雾里看花”般的公关效果就会变得有迹可循。

1. 明确公关活动的目的是否达成

任何公关活动，它的产生都具有目的性，或传播企业文化，或传播品牌形象，或实现产品营销，等等。目的，才是公关活动的根本。

华丽的活动数据下，如果最终的活动目的没有达成，那一切都是白搭。同样，评价一场公关活动的好坏或效果如何，是否达成预期目的，是能够作为最准确的检验标准的。

从目的出发，判断公关效果如何的方法，或许有效，但也需要企业负责人多一点耐性，静候佳音。因为效果产生的影响维度是多方面的，多多配合，把事情做好，才可以让目的如约达到。

2. 传播效果是否达到预期

如今的市场环境，流量就意味着知名度，就意味着利益。因此公关活动的效果展示，很多时候，从传播的角度去评价，就显得比较准确。

说到底，公关的本质其实就是为了传播。无论是让受众从心里认可产品，还是让品牌印象深入人心，其实都是建立在传播的基础上的。

传播需要讲究方法，传播效果的好坏也不仅仅通过传播人数就可以直观判定。将对的内容展现到对的人面前，是传播的理想状态，也是传播效果最佳的状态。

因此从传播上来判定公关效果的好坏，关键在于判定内容是否准确推送到对的人面前，而非更多的人。

3. 减少功利心，构建信任元素

广告的急功近利与公关的润物细无声相比，前者的内容传递是由外而内，后者是由内而外。前者短暂，后者持久。

如何体现受众对品牌的信任度呢？首先，从相关平台的粉丝数或品牌公众号的关注数上，可以浅显地收获第一笔信任数据。其次，在平台上都会存在对应的互动窗口，搜集这些窗口内的好评率，来进一步确定信任度构建如何。类似评论、公众号留言等，只要是受众能够发言的地方，都是所谓的“互动窗口”。最后，复购率直接判定效果好坏。复购的操作，根据行业不同，其周期也会存在较大的差异。另外由于较长时间的沉淀，最终效果是否是由公关活动所致，也难以判定。但无论什么时候都不要忘记，只要企业在稳步发展，核心人群资源在逐渐积累，无论哪一块推广内容取得效果，都意味着目的的达成。

公关人的思维方式讲究“颗粒化”，评估公关活动效果最终的好坏，依旧也应遵循“颗粒化”特性。“一刀切”的成功思维模式，终究会被这个时代淘汰。

还是那句话，公关不是“神”，它不是万能的。

资料来源：公关活动成功与否的三大关键［EB/OL］．(2019-08-01)［2024-08-03］．搜狐网．

四、明确公共关系评估的注意事项

(一) 应注意定性分析与定量分析相结合

定性分析从价值评判方面评估公共关系工作效果，而定量分析则从数据事实方面分析公共关系工作效果。

(二) 应注意长远效益分析与近期效益分析相结合

组织的公关目标并不是一两次公关活动就能实现的，需要公关人员长期的运作和努力。因此，评估时要将公关活动的长远效益与近期效益相结合，既要注重组织的近期效益，也要兼顾组织的长远效益。

(三) 注意标准化与变化性的统一

组织所要解决的问题五花八门，组织策划的活动也千差万别。因此，评估时既要考虑评估的标准化，又要注意其变化性，做到标准化与变化性的统一。

思维与技能训练

一、想一想

1. 简述公共关系调查的内容和意义、调查方法的类型，以及各种方法的优缺点。
2. 公共关系策划的程序有哪些？要注意哪些原则？
3. 简述公共关系实施的原则和特点。
4. 公共关系评估的意义是什么？评估的标准和方法有哪些？
5. 简述公共关系调查、策划、实施和评估之间的联系。

二、做一做

1. 某职业技术学院教务处拟开展一次调查，目的是了解学生对学院开设的人文素质讲堂有何看法和建议。请你就此活动设计一份调查方案，展开调查并撰写调查报告。
2. 请搜集若干份公共关系策划方案，选出你认为最有创意的方案并说明理由。

三、技能实战训练

[实战项目]

请为你所在的学校开展一次公关调查，了解学校的公共关系现状。同时为学校策划一次公关活动，以提高学校的认知度和美誉度。

[实训目标]

1. 能设计科学合理的公关调查问卷并组织实施公关调查。
2. 能创新性地进行公关活动策划，帮助组织优化公关形象。

［实操流程］

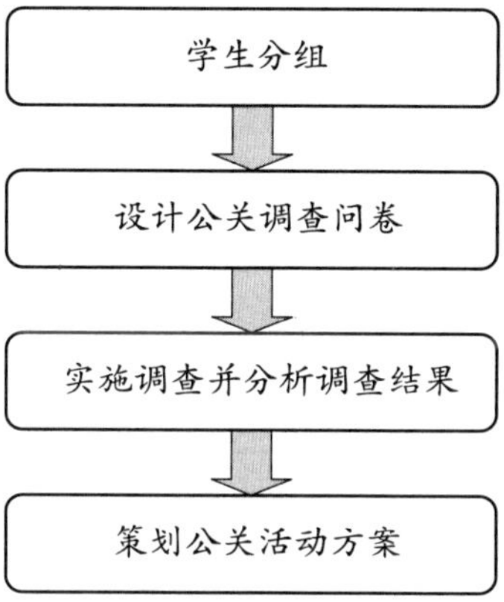

［注意事项］

1. 调查问卷设计要科学合理，调查结果能清晰反映组织公关现状。

2. 公关活动策划要具有创新性，兼顾合理性和可行性。

［实训成果与评价］

1. 成果：

（1）每个小组完成调查问卷设计，并组织实施调查。

（2）每个小组完成公关活动策划方案一份。

2. 评价指标：

序号	项目	评价标准	比重（分）	得分
1	内容	问卷科学合理，方案合理可行，策划有创新	30	
2	态度	团队分工明确，合作意识强	20	
3	知识	问卷及策划符合公关原则与要求	25	
4	技能	能按照公关活动流程合理组织公关调查与策划	25	
总分			100	

项目核心能力与公关素养自评

	核心能力（素养）	是否提高
通过学习本项目，你的哪些核心能力得到了提升：	公关调查能力	
	公关策划能力	
	组织实施能力	
	分析评估能力	

续表

<table>
<tr><td></td><td>核心能力（素养）</td><td>是否提高</td></tr>
<tr><td rowspan="3">通过学习本项目，你认识到的公关素养有：</td><td>创新意识</td><td rowspan="3"></td></tr>
<tr><td>临场应变技巧</td></tr>
<tr><td>文字功底</td></tr>
<tr><td colspan="2">自评人（签名）：

年　月　日</td><td>教师（签名）：

年　月　日</td></tr>
</table>

项目六 熟悉公共关系活动运作

公关之赢，赢在坚持

公益其实是播撒一颗种子、种下一个希望，将来总会生根、发芽，传播到更远地方。

——新东方教育科技集团创始人俞敏洪

项目解析

随着公共关系日渐深入人心，越来越多的组织开始重视公共关系活动运作。它们通过内部专职公关人员，或委托专业公司来实施公共关系活动运作。公共关系活动运作的专业性、科学性与艺术性直接影响着组织的社会形象，也影响着组织的长远发展。

项目目标

1. 知识目标

(1) 掌握公共关系日常运作的方式和内容。

(2) 掌握公共关系专题活动运作的形式与特点。

(3) 掌握公共关系危机的处理程序与技巧。

2. 能力目标

(1) 熟练处理各种日常公关事务。

(2) 认知组织公共关系现状，帮助组织有效开展公共关系活动运作。

(3) 及时进行舆情监测和控制，能运用多种手段预防并处理公共关系危机。

3. 素质目标

(1) 坚守职业精神，培养前瞻意识和忧患意识。

(2) 注重人文精神塑造，培养责任担当意识。

(3) 培育工匠精神，形成脚踏实地的工作作风。

公关聚焦

危机公关，路在何方?

2018 年 7 月 19 日，中山大学学生会通过其官方微信公众号发布《中山大学学生会 2018—2019 学年度干部选拔公告》，公告中按照三个层级公示了 200 多个学生干部岗位，而在“秘书机构”和“组成部门”两个层级中，还特别标明了职位是“正部长级”还是“副部长级”。对此，有网友调侃“中山大学圆你部级领导梦”“这是形式主义和官僚主义”，更多网友则认为这是对大学精神的一种讽刺。随后，中山大学紧急删除公告，并表示具体回应会于两天内在微博和微信公示。

无独有偶，2019 年 7 月，山东大学旨在促进中外学生交流的“学伴”项目经网络传播后，也引起了公众喧哗，社会舆论纷纷聚焦其出发点及社会影响，并引发了高校对留学生“超国民待遇”的广泛质疑。最后，山东大学通过其官方微博作出回应，称在项目实施过程中，由于审核把关不严，在相关报名表格中出现“结交外国异性友人”不当选项等问题，引发不良影响，对此深表歉意。下一步，学校将对“学伴”项目进行全面评估，认真总结反思，不断改进工作。

近几年，由于信息传播渠道的多样化及通畅性，校园公关危机已处于高频发生阶段。一名大学生“教训”赞助商的消息刚在网络刷屏，南京大学女教授学术不端事件又成为社会关注焦点。如今，几乎隔三岔五就会爆出与高校有关的丑闻，校园舆情呈高发态势，这对于很多还对大学校园存有“象牙塔”幻念的人是个不小的冲击。

当今社会仍处于转型过程中，不可避免地会产生一些问题和矛盾，如贫富差异造成的对立、社会群体之间的相互矛盾、社会主流价值观的失落，以及公民的社会行为失范等。凡此种种也都在校园里以不同的表现方式存在着。

那么，处于舆情高发态势的高校，危机公关，路在何方?

任何社会组织都不可能不出现问题，重要的是危机背后的公关处置是否及时、得力。

高校危机公关当务之急是要构建危机防控处置体系，要让全员公关意识深入人心。首先，校方应主动联系相关部门和媒体，如第一时间召开新闻发布会，及时发布权威信息，面对舆情要主动发声，不躲也不怕，要“敢于说”，积极掌握新闻舆论的主动权，将公众的关注重点正确引导至有利于突发事件解决的方向，维护高校稳定和谐的舆论氛围。其次，加强建立即时的、对外的舆情监测，而且要及时了解大学生层面的意见领袖、影响力较大的自媒体（主要是校园内的学生媒体）的舆情状况。最后，要落实新闻发言人制度、危机管理培训及实务演练。对于教职工群体，要注意说理，讲清内涵，引导其内心认同，而不是通过制度方式强制性说服，做好内部沟通与对外传播相结合的机制建设。

资料来源：李志军．高校危机公关频发，路在何方［J］．国际公关，2019（1）．

思考

1. 公关人员日常工作内容？ → 了解公共关系日常运作
2. 新闻发布会属于何种公关活动？ → 开展公共关系专题活动
3. 高校应如何应对舆论危机？ → 掌握公共关系危机处理技巧

对于组织而言，目前公关活动的运作分为三大块内容：一是公共关系日常运作，二是公共关系专题活动，三是公共关系危机处理。

任务一 了解公共关系日常运作

任务目标

完成本任务，你要熟悉公共关系日常运作的内容，了解日常运作中应注意的问题。

任务布置

1. 无锡力马化工机械有限公司近期将接待中国石油化工集团有限公司领导一行来公司进行项目考察，请为该公司拟定一份接待计划。

2. 分组进行角色扮演，模拟来访者接待的基本礼仪规范。

公共关系日常活动庞杂而多变，既有大量日常性的业务工作，又有临时性的琐碎工作，这些工作往往零碎而繁杂，需要公关人员高度负责和认真对待。

一、日常接待工作

任何组织都不是孤立存在的，要同形形色色的公众打交道。因此迎来送往是经常发生的事情，这就涉及公关人员的日常接待问题。接待工作是组织临时性的琐碎工作，又是展示组织形象与管理的一个窗口，如果公关人员的言行举止能给来访者留下良好的印象，那么组织的形象也会相应提升。因此，公关人员要努力做好电话接待和来访者接待的工作。

（一）电话接待

6-1 通信网络（书信及电话）礼仪

电话是现代社会传播交流的主要工具。得体礼貌的电话接待会使人心情舒畅、精神愉悦，从而对组织产生美好的第一印象。因此，公关人员应努力做好电话接待工作。电话接待一般应注意以下几点：

（1）电话用语应简洁、恰当。当电话铃声响起，应及时拿起电话并自报门户："您好，这里是××公司××部。"

(2) 电话用语要礼貌、热情，使对方感到心情舒畅，留下美好的印象。

(3) 电话交流要态度认真、体现理解，并对对方的谈话给予必要的答复和附和，以显示你给对方的积极反馈。

(4) 接听者应备有电话记录本，重要的电话应做记录，并给予及时的传送。

(5) 电话内容谈毕，应该让对方结束电话，并以"再见"作为结束语。对方放下电话之后，再轻轻地放下电话，以示对他人的尊重。

以上程序不但公共关系人员要谨记，而且应在组织内部对员工进行培训，保证组织的所有工作人员都遵守，这样才有利于组织整体形象的塑造。

(二) 来访者接待

组织在日常业务活动中，经常会有一些客人来访。他们或是联系业务，或是洽谈生意，或是观光访问，或是参观学习。无论这些来访者的目的是什么，他们都是组织的客人，公共关系人员都要给予热情的接待。来访者接待一般应注意以下两个方面：

1. 制定接待计划

一般要求包括以下几点：

(1) 明确来访对象、人数、任务、目的及要求。

(2) 确定接待规格。

(3) 确定接待期间的程序和日程表。

(4) 确定接待人员及具体分工。

(5) 确定食宿安排。根据客人风俗习惯和接待规格确定住宿和用餐标准。

(6) 合理安排迎送环节。遵从对等原则，迎送人要与客人身份相当。

(7) 确定经费预算，包括招待费、食宿费、交通费、材料费、纪念品费等。

2. 重视接待礼仪

在接待的过程中，首先要直接或间接地了解来访者的目的，尽力给予满足。如果是公共关系工作以外的内容，应敦促有关部门和人员积极配合。整个接待过程要亲切热情。在来访者离开时应打招呼，并欢迎来访者下次再来。

二、宣传资料的编写

一个组织要与公众打交道，就应该让公众更多地了解组织。公共关系人员可以通过编写各种不同形式的宣传资料来沟通信息，提高组织的认知度和美誉度。

不同的公众，有不同的要求。组织可以针对不同的公众编写不同的宣传资料。从总体上看，宣传资料基本上可以分为两大类：一类是组织内部的宣传资料，一类是组织外部的宣传资料。

（一）组织内部的宣传资料

组织内部的宣传资料，由于其读者是组织内部的各类公众，一般采取内部报纸、内部通讯、简报等形式。刊登的内容主要包括：组织内部的最新动态，组织的近期和未来规划，国内外新闻与行业发展动态，组织内部的先进人物和先进事迹，节假日及组织纪念日领导的讲话或贺词，组织员工活动报道及图片。如果版面允许，宣传资料还可以刊登一些名人名言或知识趣谈等。

一般来说，在组织内部宣传资料的选择上，报纸是最多被选择的媒介，因为它可以及时地刊登组织内部一些应该宣传的消息，尽快地沟通组织上下左右之间的联系。但它也有缺点，即不易于保存。如果条件允许的话，组织也可以定期或不定期地编发一些生动活泼、印刷精美的小册子，这样可以起到与内部报纸一样的效果，同时可以弥补报纸不易于保存的缺点。简报和内部通讯一般都是专题性质的，只要负责编写简报和内部通讯的公共关系人员把要写的内容编排得有序、条理清晰、符合写作的要求即可。此外，组织也可以利用其内部网站及时刊发组织的一些最新消息。

（二）组织外部的宣传资料

随着组织机构宣传意识的增强，编写外部宣传资料已成为一种重要的宣传媒介。因此，组织公共关系部门在编写宣传资料时应该力争让更多的公众满意，将组织的历史、现状与未来都编写在其中。编写态度要诚恳，语言要细腻婉转，感情要真挚，以赢得更多公众的信赖。组织外部的宣传资料一般要求包括以下几个特征：

1. 反映全貌

对外宣传资料要尽可能地向公众介绍、反映组织的全貌，包括组织发展历史、经营宗旨与方向、整体规模与实力、取得的成就和对社会的贡献等。

2. 影响持久

对外宣传资料要注重潜在、持久的影响，不强调信息传播的时效性，不追求“昙花一现”，而是立足于“润物细无声”。

3. 图文并茂，印刷精美，彰显品位

最好聘请专业人士对宣传资料的页面、色彩进行精心设计。既然是对外宣传组织形象，就要在细节上力求精益求精，通过资料的精美印刷来显示组织的态度和用心。

4. 形式多样

内容可以是组织领导人的致辞，也可以是组织的历史与概况。一篇好的组织领导人的致辞，会在公众心目中留下极深的印象，起到扩大组织认知度的作用。写作时，篇幅忌长，内容忌虚，语言忌俗，态度忌伪。对于组织介绍，第一，要求语言生动具体，内容真实感人，分析透彻简练；第二，要求图文并茂，纸张精良，并且中英文对照。

三、其他日常工作

在公共关系工作中，公关人员的其他日常业务活动还有很多，具体有以下几类：

（一）处理日常的公函与便函

公函是按公文体裁编发，来往于本组织与其他组织之间的一种信件。按信件所表明的事项，公函可以分为：

函请——写出希望对方办理事情的要求；

函知——写出要对方知晓的事项；

函送——写出所报送的事项；

函复——写出对方所要求答复的事项；

便函——一般信件，无固定要求和格式。

组织在日常的经营和运转中，经常会有公函与便函的往来，组织的公共关系人员要认真负责地处理好往来于组织之间、组织与私人之间的信件，做到有函必复、有问必答。

此外，针对一些突发事件或有损组织形象的行为，公关人员也要经常撰写各种致歉、声明等函件。对于发出的信函，一定要认真撰写。文字要简练得体，文笔要轻松自如，谈吐要活泼，态度要诚恳，字里行间要融进热情和善意。

公关大舞台

关于谷歌暂停支持华为部分业务的媒体声明

安卓作为智能手机操作系统，一直是开源的，华为作为重要的参与者，为安卓的发展和壮大作出了非常重要的贡献。华为有能力继续发展和使用安卓生态。华为和荣耀品牌的产品，包括智能手机和平板电脑，产品和服务在中国市场不受影响，请广大消费者放心使用和购买。未来华为仍将持续打造安全、可持续发展的全场景智慧生态，为用户提供更好的服务。

华为技术有限公司

2019 年 5 月 20 日

资料来源：华为发布关于谷歌暂停支持华为部分业务的媒体声明［EB/OL］.（2019-05-20）［2024-08-15］. 中国经济网.

（二）记录“组织志”

组织在运转过程中经常会发生一些重大事件，诸如组织领导人的更换、周年纪念、某种新产品的研制成功、某位高层领导的来访、某一个新闻人物的出现、某个先进集体的经验、某项竞赛的获奖、某项重大决策的出台等。公共关系部门应该对组织发生的重大事件进行详细的记录，并写清时间、地点、事件的经过、最后的结果，然后将这些有价值的历史资料收集、整理、装订成册，归入“组织志”档案。

（三）编发邀请函

组织有重大的活动，诸如记者招待会、周年纪念会、联谊会、乔迁等，都要请来各种嘉宾参加，这时就要做好邀请函的编发工作。与组织来往的其他组织如果有重大的公共关系活动，本组织一般也要发函或发电以示祝贺。

公关大舞台

校庆邀请函

亲爱的校友：

弦歌不断，桃李芬芳。2019 年 10 月 18 日，我们的母校无锡职业技术学院将喜迎 60 华诞。我们谨向长期以来关心、支持、参与学校建设和发展的校友致以诚挚的感谢和崇高的敬意！

筚路蓝缕，滋兰树蕙。从 1959 年建校至今，母校已经走过了 60 年的光辉历程。近年来，学校紧跟国家、江苏省及行业发展需求，抢抓机遇，推进改革，不断拓展办学空间，发展成效显著，同时围绕“建设领军全国的智能制造特色校和创建特色鲜明的高水平应用技术大学”这一奋斗目标，大力实施“质量立校、人才强校、特色名校、开放活校、文化厚校”五大发展战略，学校内涵建设水平和整体实力有了较大提升，2019 年在“中国高职高专院校竞争力”排行榜中位列全国第 4，其中机电类专业综合实力全国高职院校第一。

锐意进取，硕果累累。昔日，年轻的你们怀揣着热情来到这里格物致知，逐梦扬帆。今日，你们凭借着脚踏实地、拼搏奋斗的精神，在各自的岗位上取得了辉煌的成绩，母校为你们感到骄傲。

不忘初心，与梦同行。值此盛会来临之际，母校全体师生热诚地邀请您和您的家人一起回到锡职，走一走林荫路，讲一讲同窗事，重温美好的青春回忆。母校的发展离不开学校师生的共同努力，也离不开各界校友的鼎力支持，同时也希望每一位校友助力母校发展，以捐赠的方式表达您对母校最深情的祝福和期许，为母校发展注入源源不断的动力，建言献策，共绘蓝图！

无锡职业技术学院校庆办

2019 年 8 月 18 日

资料来源：无锡职业技术学院校庆办．饮水思源，反哺母校：无锡职业技术学院建校 60 周年捐赠倡议书 [EB/OL]．(2019－08－18) [2024－08－20]．搜狐网．

公关活动邀请函的主体结构一般由标题、称谓、正文、落款组成。

(1)标题。邀请函的标题由活动名称和文种名称组成，还可包括个性化的活动主题标语。

(2)称谓。邀请函的称谓使用统称，并在统称前加敬语，如“尊敬的××先生/女士”或“尊敬的××总经理(局长)”。

(3)正文。邀请函的正文是指公关活动主办方正式告知被邀请方关于举办活动的缘由、目的、事项及要求，写明活动的时间、地点、日程安排，并对被邀请方发出得体、诚挚的邀请。正文结尾一般要写常用的邀请惯用语，如“敬请光临”“欢迎光临”。

(4)落款。邀请函的落款要写明公关活动主办单位的全称和时间。

公关大舞台

淄博发布致广大游客朋友的一封信

亲爱的游客朋友们：

一场始于烟火、归于真诚的邂逅，让八方游人了解淄博、走进淄博，相逢八大局，牵手海岱楼，欢聚烧烤店……让这座古而弥今的城市更富活力、更为温暖。

“进淄赶烤”，是一道联结缘分的桥，是一首彼此温暖的歌，是一幅双向奔赴的景。您赞扬的话、走心的建议，都是对淄博的信任和包容；您带来的人潮、人气，唤起了全城一心的城市荣誉感和凝聚力；您为淄博“人好物美心齐”城市印象“鼓与呼”，让更多人了解这座城市的人文历史、感知这座城市的厚道质朴、看到这座城市努力的样子。感谢您与淄博结下了深厚情，感谢您给淄博注入了正能量，感谢您为淄博传递了好声音。

“淄博烧烤”火出了圈。面对“难得的厚爱”，虽然我们已经全力以赴，但服务供给可能还无法完全满足游客的体验需求，近期客流过载等问题已给大家造成了一些困扰和不便。目前，“五一”期间中心城区的酒店已基本售罄，客流量已超出接待能力，预计部分重点路段、网红打卡点将会出现交通阻塞、停车难、排队时间长等问题，将影响您的体验效果。旅行贵在品质，建议您可以关注相关信息，错峰出游、避免扎堆，打出时间差、换得舒适度。淄博是一座温馨美丽的城市，四季皆美景，天天有美食。请给我们一点时间，我们会把服务的品质品位做得更好，让您悦享旅程、游淄有味。

淄博是齐文化发祥地，演绎了“春秋五霸”之首、“战国七雄”之冠的盛况，诞生了太公封齐、管鲍之交、管晏辅国等故事，成就了稷下学宫“百家争鸣”的美谈，孕育了《孙子兵法》《齐民要术》《考工记》《聊斋志异》等巨著，留下了齐长城、齐国故城遗址、东周殉马坑、世界足球起源地等文化遗存，陶琉文化、黄河文化、聊斋文化、渔洋文化等地域文化交相辉映，悠长的文脉让历史文化和现代生活融为一体，陶瓷、琉璃、蚕丝织巾是淄博更具韵味的文化灵魂“三件套”。泱泱齐风，美美齐地。境内齐山、鲁山、原山、潭溪山嵯峨奇异，马踏湖、文昌湖、五阳湖、天鹅湖一望无垠，开元溶洞、樵岭前溶洞、沂源溶洞绵延不绝，博山菜、周村烧饼、沂源苹果、高青黑牛和清水小龙虾唇齿留香。淄博的五区三县，都有各具特色的美景美食，也都有滋滋作响、念念不忘的烧烤，欢迎大家择时品尝体验。

美景美食不止淄博，好客山东应有尽有。山东是文化大省、旅游大省。这里可赏山水画卷，泰山雄伟磅礴，崂山神秘缥缈，尼山钟灵毓秀，梁山热血刚劲，红色沂蒙山情深义重；趵突泉腾空翻涌，微山湖烟波浩渺。这里可品齐鲁风情，大运河贯通南北，海岸线蜿蜒曲折，沿着黄河遇见海，在东营看蓝黄交汇，在青岛扬帆冲浪，在烟台、威海的海洋牧场尽情海钓。这里可读街巷烟火，在台儿庄古城、青州古城、东昌古城、魏氏庄园赏民风古韵，去济南老商埠、青岛广兴里、烟台朝阳街赶潮流时尚，在济南超然楼见证“燃灯”时刻，在泰安大宋不夜城流连烟花绚烂。这里可尝饕餮美食，孔府菜、济南菜、胶东菜精美考究。这里可打包必购好物，日照绿茶、胶东海参、菏泽鲁锦、德州扒鸡给人嗨购体验。欢迎您到处走一走、看一看，感受“好客山东 好品山东”的独特魅力。

齐鲁青未了，齐地迎贵客。在淄博旅行中，您遇到什么困难和不便，有什么意见和建议，随时可以通过便民热线 12345、网络留言等各种渠道向我们反映，也可拨打旅游专线 0533－2176099 联系我们。

天长海阔，与子成说。淄博一直在这里，一直在努力变得更好。

淄博市文化和旅游局

2023 年 4 月 26 日

资料来源：致广大游客朋友的一封信［EB/OL］.（2023－04－26）［2024－07－05］.“文旅淄博”微信公众号.

任务二 开展公共关系专题活动

任务目标

完成本任务，你要了解公共关系专题活动的特点及主要形式，并能有效地帮助组织策划和组织各项专题活动。

任务布置

1. 2024 年 6 月 6 日—7 日，第十五届母婴童行业高质量发展大会在无锡国际会议中心举行，你公司将承担组织任务，请为该展览会制定组织实施方案。

2. 某电子商务公司为了提升企业形象，拟决定对“壹基金”公益项目进行赞助，请为该公司制定赞助活动计划。

公共关系专题活动是指组织为塑造自身形象而围绕某一特定主题所开展的专门性公关

活动，是组织与公众传播沟通的有效途径，它可以帮助组织在某一阶段实现其特定的公关目标。通过专题活动，组织可进行多方位的展示，强化宣传效果，提高组织的认知度，从而在公众面前塑造出完美的、富有立体感的组织形象。

专题活动一般都有一个明确的主题，需要围绕主题筹划和安排一系列的专门活动，其目的是加强组织与特定公众的联系，促进公众对某个突发事件的了解，加深公众对组织的良好印象。

作为一种特殊的公关运作形式，公关专题活动具有以下一些特点：

（1）更有针对性。公关专题活动一般目标很明确，它是在组织审时度势后，根据组织的现实情况及公众的特定需要而开展的。公关专题活动由于针对性强，而且声势大，因此解决公关问题更有效。

（2）打破时间限制。公关专题活动举办的时间长短可根据实际情况灵活掌握，而且活动的开展不受时间限制，组织一旦发现问题可随时进行调整，这样更有利于组织对症下药。

（3）活动方式灵活。公关专题活动的形式和规模可根据需要进行调整，而且可以因时、因地、因人、因事来灵活组织多样化专题活动，提高公关专题活动运作的质量。

（4）感染力强。公关专题活动的形式多样，而且不拘泥于时间、场合的限制，加上某些活动中的创新性设计，能使特定公关活动印象更加深刻，再加上情境气氛的烘托，往往使活动的感染力更强。

（5）与日常公关工作相得益彰。日常公关工作是公关人员每时每刻都在做的工作，但在应对一些突发问题或特定事件时则有一定的局限性，而且这些问题处理不好会给组织造成不必要的麻烦，并对组织产生不利影响。公共关系专题活动则可以有效地弥补日常公关工作的不足，使组织公共关系活动更具有全局性和有效性。公共关系专题活动可以集中优势兵力来攻克公关难题，使平淡而又平凡的日常工作“异军突起”，从而引起公众的注意和兴趣。

公关大舞台

情绪价值拉满　车主欢呼雀跃

2024 年 4 月 3 日，小米汽车的首批客户交付仪式在北京隆重举行，众人期待已久。

雷军亲自到场，与各位车主纷纷合影留念。交付仪式开始时，雷军站在交付台前，不仅亲自为车主们开门关门，而且每位车主到来时，他都会躬身致意并握手。这一现场场景简直令人震撼！雷军身穿蓝色西装搭配牛仔裤，与他在发布会上的着装一模一样。

人们原本以为交付仪式就是车主和新车合影，最多再来一张与雷军的合影，这已经足够了。然而，没人预料到汽车停稳后，雷军在车前亲自迎接车主，为其打开车门，行为优雅有礼。他像门童一样，恭敬地迎接着每一位车主，并亲自为其关好车门。这个场景给人一种置身于豪华酒店门前的感觉。

观众纷纷发出欢呼声，估计除了雷军之外，没有人预料到一场普通的交车仪式会有如此体验。对于花费 20 万元购买一辆汽车的车主来说，能够亲眼见证千亿元身价的雷军亲自开门，这样的待遇着实让人觉得物超所值。

网友们感叹雷军不仅具备企业家的风度，还具备为用户服务的态度。雷军作为一家上市公司的CEO，竟然如此尊重消费者，着实让人惊叹不已。

资料来源：太牛了！雷军亲自给小米车主开门，情绪价值拉满现场全是欢呼声[EB/OL].(2024-04-03)[2024-07-06].百家号网.

与其他商业活动相比，公关专题活动往往是在公众不设防的情况下来塑造组织或产品形象，因此花钱更少、效果也更显著，甚至部分公关专题活动还能引起巨大的社会轰动效应。此外，公关专题活动一般是提前就作出计划安排的，因此更具有主动性、开拓性。

公关人员在公关工作中，应密切注视社会生活中发生的各种与组织有关的事件，适时推出一系列精心策划的公关专题活动，从而更好地完成组织公关目标。

公关专题活动不拘泥于某种特定形式，富有创新性的专题活动层出不穷，这也为公关人员的创造力提供了巨大的空间。任何组织都可根据自己的性质、特点和需要，巧妙地构思出新颖独特的专题活动来展示自己。

一、新闻发布会

新闻发布会是指组织主动召集记者，通过回答记者提问来向新闻媒介和公众公布权威信息的一种专题活动。这种专题活动可以帮助组织提高认知度、融洽媒介关系、影响社会舆论，是组织从事信息传播的一种十分正规和隆重的活动。

6-2　记者招待会

新闻发布会与记者招待会有一定的区别：新闻发布会往往是例行的，而记者招待会往往是带着专题进行的；新闻发布会以“发布”“告知”为主，发布者不一定与记者进行互动，而记者招待会以“答记者问”为主，新闻发布为辅；新闻发布会可以采取公告、书面等形式取代口头发布，而记者招待会则必须有口头的交流；新闻发布会可以由公关人员代为发布，而记者招待会往往需要较高（甚至最高）层次的领导者出面。

新闻发布会属于二级传播，首先是通过人际传播的方式，将消息告知记者，然后由记者通过大众传播方式进一步将消息告知公众。可以说，它是一种介于人际传播与大众传播之间的传播方式。

（一）新闻发布会的特点

1. 权威性强

组织以新闻发布会的形式发布组织信息，其形式比较正规、隆重，而且规格比较高，有极强的权威性。

2. 针对性强

新闻发布会上，答问是活动的主要形式，在活动中，记者就自己感兴趣的问题进行提问，问题针对性强。同时，在提问中，记者们还可相互启发，能从更深层次上掌握信息。

3. 价值性较高

举办新闻发布会一般在组织急需的情况下进行，要求紧迫。例如，组织拟定了重大发展规划或新决策即将付诸实施之时，新发明、新产品试制成功之日，组织涌现先进典型人物之时，突发事件发生之时等。这使得新闻发布会的信息必然具有较高的新闻价值，能够引起新闻媒体和广大公众广泛的重视和报道。

4. 难度大，要求高

召开新闻发布会不仅成本高，而且占用组织者和与会记者的时间也较长，对组织发言人和主持人的要求较高，如要求发言人和主持人头脑清晰、思维敏捷、逻辑性和应变能力强。因此，举办新闻发布会与其他专题活动相比，难度较大。

5. 利于感情交流

在新闻发布会上，主持人与记者进行面对面的交流，可就一些问题达成共识，加强了组织与新闻记者的沟通。

(二) 新闻发布会的准备

由于新闻发布会的主要公众是对社会及组织发展有特殊影响作用的新闻记者，活动的成败事关组织大局，因此不允许出现差错和失误。这就要求公共关系人员进行充分的准备工作。

1. 确定主题，选择时机

组织一般会在取得突出成绩或面临重大变故的情况下召开新闻发布会。这些情况包括以下几个方面：

(1) 喜庆性事件，如开业、周年庆典、产品或组织获奖等。

(2) 专业性新闻事件，如重大项目开工、导入组织形象识别系统工程、质量认证、企业转产、科技成果转让、新政策实施、新产品上市等。

(3) 突发性事件，如重大突发性事件，尤其是危机爆发时，需要向公众及时说明情况。

一般来说，新闻发布会的主题是根据事件的性质和组织的传播目标来确定的，主题必须明确和单一，切忌含糊不清，提炼的标语口号也应该准确精练，便于记者进行报道。

在时间安排上，突发性新闻发布会可以精心准备的余地不太大。至于其他主题的新闻发布会，应尽量避开重大节假日（因为重大节假日涉及党政领导人的活动较多，大多是媒介关注的焦点，而本组织的新闻发布会的意义则往往被削弱或被冲淡）。所以组织的新闻发布会可以考虑安排在周末，因为周末一般无重大活动，新闻媒介可能把搜寻“头条新闻”的目光转移到组织的活动上来。

2. 选择媒体，落实邀请

在选择媒体时应结合当前和长远的目标进行考虑：当前目标包括争取几家媒体报道，让多少人知晓，影响哪个层次的公众等；长远目标包括希望得到哪些方面的社会评价，对公众施加哪些潜在影响等。

此外，公关人员还必须考虑新闻发布会的规模、预算，可能带来的影响及范围，需要传播的具体消息和内容等。

向媒体发出邀请以后，要及时落实并确认与会记者的名单及接待规格。

3. 选定新闻发言人及会议主持人

新闻发布会的一般程序如下：宣布开始、发布新闻、宣布结束、提示会后安排。如果在发布新闻后要与记者进行交流沟通的话，则增加“答记者问”一项。

由于记者的职业习惯和对新闻信息的特殊要求，记者提出的问题往往都十分尖锐、深刻，有时会触及一些敏感问题，导致发布会的现场出现尴尬或失控的局面。这就对新闻发布会主持人和主要发言人提出了极大的挑战。新闻发布会主持人或发言人要熟知传播理论和技巧，思维敏捷，反应迅速，具有极强的现场驾驭能力和语言表达能力，并且要有丰富的新闻传播经验和较高的文化修养，做到胸有成竹、临危不乱。

智慧火花

新闻发言人应具备哪些素质?

新闻发言人要具备六种素质：一是要知晓全局，充分认识全局的形势，善于站在一定的高度上与公众对话，对国家政治、经济等政策了如指掌；二是要详知实情，知道新闻事件本身的实际情况，还要知道针对事件的社情民意、舆情动态和可能面临的下一步媒体追踪或传播危机，做到心中有数、随机应变；三是要善于应对，把握分寸，讲究艺术，因势利导，努力把希望报道的消息传播出去；四是要恪守纪律，把握正确的舆论导向，注意维护国家的、集体的、组织的利益并塑造其在公众心目中的良好形象；五是要精通业务，技巧熟练，心理素质好；六是要冷静、理性、坦诚、包容，特别是在电视镜头前要注重自身的形象，注意细节，注意肢体语言。此外，要善于全面、理性地认知媒体和记者。在高度商业化的媒介环境里，“狗咬人不是新闻，而人咬狗一定是新闻”，反常的是新闻，正常的不是新闻。

资料来源：于清教．解密新闻发言人的职业生态：刀尖上跳舞 [J]. 营销学苑，2006（2）.

4. 准备有关新闻发布资料

新闻发布资料包括报道提纲、新闻发言稿以及其他宣传资料等。

报道提纲是指事先拟定好的背景和会议要点，要求简明扼要、列举事实，可在记者入场时发给他们，以便记者对新闻发布会的内容有一定的了解，同时为撰写报道提供思路和参考。

新闻发言稿是新闻发布会的基本文件，是对新闻发布会主题的细化。它要反映新闻发布会的主题、意义以及组织所持的立场、态度等，是新闻信息内容和组织政策精神的集中体现。

5. 安排接待程序和内容

关于新闻发布会接待事项安排，应事先成立会务组，主要操办事项有：

（1）请柬通知，包括会议的主题、主要发言人的姓名、举办时间、地点以及联系电话等。在会议举办的前两三天，再次与被邀请的记者进行电话确认。

（2）确定发布会地点及时间。

（3）布置会场，准备视听辅助工具。

（4）做好接待服务工作，包括签到、发资料等，使记者感到热情、诚恳、友好和亲切的气氛。

（5）安排参观、宴请，赠送纪念品。

新闻发布计划要有一定的前瞻性。那些对组织的发展影响特别重大的新闻发布活动最好制作几种备用方案，以防出现突发事件。

（三）新闻发布会中的注意事项

（1）一次新闻发布会最好确定一个主题，切忌同时发布互不相关或关联性不大的几个主题信息，否则会分散新闻媒介与公众的注意力，影响主题新闻价值的实现。

（2）新闻发布会主持人要充分发挥主持和组织的作用。言谈要庄重、有涵养、有感染力，能活跃会议气氛，引导记者踊跃提问。切记把握主题范围，当记者的提问偏离主题太远时，要巧妙地将话题引向新闻发布会主题。新闻发布会出现紧张气氛时，能够及时调节缓和，不要随意延长会议预定的时间。

（3）新闻发布会发言人回答问题时要把握“火候”，不要用语言、表情、动作及其他任何方式对记者表示不满，也不要随便打断记者的提问。即使部分记者提出带有很强偏见或明显挑衅性的问题，发言人也不要表现出激动和愤怒，应保持涵养，尽可能用平静的口吻及确凿的事实予以纠正或反驳。

（4）要严守发布纪律。对于不能透露的信息，发言人应婉转地向记者作出解释，以期得到理解。如果欲言又止，反而更会使记者追根究底，造成尴尬的局面。遇到无法回答的问题时，不能简单地说“不清楚”“不知道”“无可奉告”“我不能告诉你”等生硬话语，态度要委婉而又通情达理，否则会引起记者的不满和反感，甚至会导致记者对组织发表不利报道。

（5）回答记者提问时，主要发言人和其他发言人口径要统一，防止因口径不一而引起记者的猜疑和混乱。

（6）发言人发布的信息和回答的问题必须准确无误，若发现错误应及时予以更正。

（7）发给与会记者的请柬要精致美观，请柬发出后不要随意更改会议地点或时间，以免产生不严肃之感。

（8）组织新闻发布会的人员应穿戴整洁、适宜，仪表端庄，精神饱满，并佩戴胸牌，要给与会记者发放标有姓名和传播机构名称的座牌，并将座牌分清主次依次摆放好。

公关大舞台

2018 格力“世巡赛·环广西”新闻发布会在北京举行

2018 年 9 月 10 日，2018 格力·环广西公路自行车世界巡回赛（简称 2018 格力“世巡赛·环广西”）新闻发布会在北京举行。

中国自行车运动协会、广西壮族自治区体育局、桂林市体育局、万达体育集团、格力电器等相关领导出席活动。同时，活动现场正式公布了 2018 格力“世巡赛·环广西”18 支全球顶级世巡赛参赛车队全数参赛、比赛路线以及四色领骑衫样式等消息。

格力“世巡赛·环广西”是当前中国唯一，也是世界规格水平最高的公路自行车世巡赛（简称“世巡赛”），是经国际自行车联盟授权，由中国自行车运动协会、广西壮族自治区人民政府、万达体育集团共同主办，格力电器冠名赞助的世界顶级公路自行车赛事。

2017 年首届赛事的成功举办是世界最高级别世巡赛在中国的首次亮相，吸引了全世界自行车运动爱好者的目光。它向世界展示了我国筹办世界最高水平公路自行车赛事的实力，同时也推动了广西成为面向世界，尤其是面向东盟的区域赛事中心。

作为第二届赛事，2018 格力“世巡赛·环广西”包含男子世巡赛、女子世巡赛两项赛事，其中男子世巡赛于 10 月 16 日—21 日在广西北海、钦州、南宁、柳州、桂林等 5 个城市举行，女子世巡赛在男子世巡赛的最后一日，即 10 月 21 日同在桂林举行。

2018 格力“世巡赛·环广西”在全面展示广西秀美自然山水、人文风光的同时，也将继续为各国参赛选手创造不同的参赛体验。今年女子世巡赛已升级为世界巡回赛，广西桂林也因此成为亚洲唯一同时举办男子、女子世巡赛的城市。同时，2018 国际自行车联盟全球颁奖盛典也会如期于 10 月 21 日晚在桂林举办。

2018 年 12 月 11 日是广西壮族自治区成立 60 周年纪念日，2018 格力“世巡赛·环广西”的举办势必将谱写出一篇新的“广西故事”，向自治区成立 60 周年献礼。

资料来源：2018 格力“世巡赛·环广西”新闻发布会在北京举行 [EB/OL]. (2018-09-10) [2024-08-25]. 腾讯体育网.

（四）新闻发布会的具体程序

（1）签到。签到处应安排组织的一个主要人物出面迎宾，以示对来宾的尊重，同时也显示新闻发布会的庄重，此外，还可通过问候寒暄加强接触了解，利于培养彼此的感情。

(2) 发资料。新闻发布会正式开始前，工作人员要将准备好的资料分发下去，使记者提前对新闻发布会的内容有个大致了解，以便强化与会记者对新闻发布会主题的认识和理解。

(3) 新闻发布会开始。由主持人对召开新闻发布会的目的、所要发布的信息及有关情况进行介绍说明。

(4) 发言人讲话。发言人根据发言稿对发布事件及相关信息进行详细、准确的说明。

(5) 回答问题。发言人答记者提问。

(6) 新闻发布会结束。组织领导应站在门口对来宾予以相送，并表示感谢，为今后更好地合作打下基础。

(五) 新闻发布会后的工作

(1) 尽快整理出新闻发布会的记录材料，对新闻发布会整体组织工作作出总结，以积累经验和吸取教训，并将总结材料归档备查。

(2) 收集与会记者在各媒体上的报道，进行归类分析，检查是否达到了举办新闻发布会的预定目标，是否有由于失误而造成的谬误，对检查出的问题，要分析原因，设法弥补失误。

(3) 对照会议签到簿，查看与会记者是否都发了稿件，并对记者所发稿件的内容及导向作详细分析，为今后举办新闻发布会邀请的记者范围作参考。

(4) 收集与会记者及代表对新闻发布会的反应，检查新闻发布会在接待、安排、提供服务等方面的不足之处，以便对今后的工作进行改进。

(5) 若出现不利于本组织的报道，要及时应对。对不正确或歪曲事实的报道，应采取行动，说明真相，向新闻机构提出更正要求；若报道虽然属实，但对本组织产生不利影响，这时组织应通过该报道媒体表示虚心接受舆论监督并诚恳致歉，以挽回组织的良好声誉。

二、开放参观

组织为了增加透明度，让公众更好地了解自己，获得公众对其经营发展的支持，可以有计划地组织公众参观，如邀请组织的员工家属、社区公众、新闻工作者以及其他对组织感兴趣的人深入组织内部进行参观访问，并借此机会向公众进行宣传，从而帮助组织塑造良好形象。

对外开放参观活动是树立组织形象的良好时机，但如果接待组织工作做得不好，则会招致适得其反的效果。因此，一定要认真对待，充分准备。

(一) 开放参观活动的对象

开放参观活动的对象既要考虑参观者的代表性，又要重视特定的目标公众，也要考虑组织的承受能力。如果参观者像潮水般涌来，组织就可能疲于奔命和应付。因此，参观对象要仔细选择和确定。

参观活动的对象主要包括：

（1）目标公众，包括客户、经销商、消费者、供应商、生产协作者、运输部门等。

（2）一般公众，包括社会团体、学校、文化单位、研究机构、社会各界代表、职工家属、社区居民等。

（3）股东公众，包括股东、证券商、证券专家、证券从业人员、证券主管部门等。

（4）党政部门，包括各级党政部门、主管部门、上级部门等。

（5）其他相关部门，包括金融机构、保险公司、新闻媒体、司法部门、环保部门等。

（6）社会名流，包括专家学者、各类明星、新闻人物等。

（7）国外投资者、外国客商、观光者、旅游者等。

（8）各类慈善组织和社会福利团体等。

（二）开放参观活动的组织程序

1. 明确参观活动目的

参观活动是一项细致而复杂的工作，涉及组织内部和外部的各种因素，一定要明确参观活动的目的是什么，解决组织什么问题，达到什么样的目标和效果。只有在此基础上，才有可能进一步策划和组织好参观活动，使整个活动有的放矢地进行。

2. 明确参观活动主题

组织参观活动，应有一个明确的主题来体现组织的精神和活动宗旨，这既可以使整个参观活动的组织工作围绕主题进行，突出中心，又能以其鲜明的主题给参观者留下深刻的印象。

3. 确定参观日期

在确定参观日期时应注意不要和重大节假日或组织的重要活动发生冲突。在重大节假日，大部分公众都有自己的安排，可能导致无暇参加组织的开放活动；如果组织正处于举办重要活动的期间，可能事务繁杂，腾不出更多时间和人力来接待、照顾参观者，导致参观组织工作混乱，反倒会给组织形象带来负面影响。

4. 成立专门机构

组织举行参观活动需要成立一个专门机构来统筹安排，专门机构中应至少有一名决策层的人来做总协调人，并安排相关部门的负责人和具体的工作人员参与其中。该专门机构负责筹备组织工作，组织人力、物力，落实具体事项。

5. 做好宣传准备工作

组织应充分重视参观活动的宣传工作，首先是通知新闻部门，利用新闻媒体来扩大影响。同时，组织应对其内部的全体员工做好宣传工作，使每个人明确参观活动的意义与目的，让组织成员自觉地参与这项活动。组织还应准备各种相关的宣传材料，如广告、关于组织和产品的说明书、画册、纪念册，配备有关的视听材料给参观者播放。有条件的组织还可以向参观者赠送一些宣传材料、纪念品、公关礼品，以保持参观的持久效应。

6. 确定参观活动内容

组织可通过现场观摩、介绍、实物展览三种方式来确定开放参观内容。组织可以事先准备一些印刷精良的宣传册，深入浅出、图文并茂地展示某些参观活动的内容。让公众进行现场参观时最好配以口头讲解，通过现场实物和员工的形象展示来展现组织风貌。组织还可以安排公众参观实物展览、资料馆、样品陈列室等。

7. 选择参观路线

参观路线应有明确的路标。在参观活动开始前，需要事先采取安全措施，组织的安全人员应在必经的地方设置警告信号和障碍，以防止意外发生。

8. 做好解说和接待工作

参观活动要有一些具有一定素质的接待人员和向导从事接待组织工作。要提前对专门的接待人员和向导进行培训，使他们不但充分了解组织情况，而且具备一定的专业知识和公共关系素质，特别是演说口才、接待礼仪等，从而把参观活动开展得生动、活泼、有声有色，给参观者留下深刻的印象，为组织树立良好的形象。

9. 做好欢送工作，收集参观者意见

参观活动结束后，要做好欢送工作，并认真听取参观者对组织的看法和建议，注意收集参观者的意见，并对这些意见进行整理分析，提交给组织相关部门。对采纳的意见，组织还应把意见实施情况反馈给建议者。

10. 对参观者一视同仁，营造真诚、开放的活动氛围

组织要以真诚的态度对待参观者，不论其地位高低，均应热情相待，接待态度、规格、程序不能因人而异。

公关大舞台

大唐桂冠新能源成功举办企业开放日活动

2023年12月30日，广西大唐桂冠新能源有限公司成功举办中国大唐第十七届企业开放日活动。本次活动以“中国大唐 绿动未来”为主题，旨在展示新时代中国大唐企业文化“卓越文化”及发展成果、未来规划，提升中国大唐“负责任、有实力、可信赖”的企业形象和品牌价值。

公司特邀了南宁市月湾路小学师生、家长代表及多家媒体参与。在马王风电场，活动负责人向媒体、与会嘉宾介绍了公司在广西新能源产业发展情况及企业文化精髓。

开放日启动仪式结束后，与会嘉宾参观了场内企业文化展区和升压站内设备、设施(主变压器、主控室等)，并移步至最近风机平台合影留念，小学生们现场还用稚嫩的画

笔描绘了“绿水青山”中的“大风车”。最后，兴致勃勃的师生们在活动志愿者的带领下参加了“大唐启明星课堂”活动（安全用电、急救知识、制作风力发电模型等）。

广西大唐桂冠新能源有限公司成立于2017年，属中国大唐集团有限公司基层企业。目前，该公司管理在役风电项目机组容量总共589MW（宾阳马王风电三期100MW、博白射广嶂风电三期102MW项目正在建设当中），年发电量约13.5亿千瓦时，为当地构建清洁低碳安全高效能源体系、实现碳达峰碳中和作出贡献。

一直以来，企业文化建设是事关中国大唐凝心聚魂的大事，是事关长远发展的大计。举办此次企业开放日活动，是新时代新征程中国大唐在广西坚持贯彻落实新发展理念的一次生动实践。后续，中国大唐将切实担起央企的社会责任，主动服务和融入广西经济社会发展大局，为构建面向东盟的国际大通道、打造西南中南地区开放发展新的战略支点、形成“一带一路”有机衔接的重要门户建设等贡献大唐力量。

资料来源：中国大唐桂冠新能源成功举办企业开放日活动［EB/OL］.（2024-01-02）［2024-07-06］. 百家号网.

三、展会

展会是通过实物并辅以文字、图形或示范性的表演等来展现组织成果、提高组织认知度和美誉度的一种大型专题活动。展会由于规模大，而且展示直观、形象，能给公众以强烈的感官和心理刺激，因此能够加深公众印象，提高组织及其产品在公众心目中的形象。

（一）展会的特点

（1）展会是一种复合型传播方式。它可以借助多种媒介来进行宣传展示，具体有：①文字媒介，如文字注解、印刷宣传材料、介绍材料等；②音像媒介，如照片、幻灯片、录像片及电影等；③声音媒介，如讲解、交谈和现场广播等；④实物媒介，如现场表演、实物示范等。

（2）展会往往是综合性的大型活动，容易引起新闻媒体的关注，极易成为各类媒体报道的热点。

（二）展会的组织程序

组织举办展会时，必须按照一定的程序来进行。

（1）确定展会的主题和目的。无论是组织自筹展会，还是参加综合展会，都要首先明确展会的主题和目的。根据主题和目的来选择参展实物、图片和展示方案，能更好地达到预期效果。

（2）确定参展单位、参展项目和展会形式。组织可以发布广告或寄发邀请函来吸引有关单位参加，并要明确说明展会性质、规模、费用及时间等。

（3）选择展会时间和地点。确定时间和地点时，要考虑交通状况、客流情况、设施安全性、天气情况等。

（4）培训工作人员。大型展会需要配备大量的工作人员，如讲解员、接待员、服务员、操作员等，这些人员的形象和素质直接决定了展会效果的好坏。因此，组织应提前对这些人员进行培训，重点在服务态度、公关意识及操作技巧上加以训练，同时要辅之以必要的专业知识培训。

（5）成立相应的信息发布机构。在展会期间，要随时向新闻媒体提供信息，并与它们保持联系，要懂得积极借助媒体力量来扩大组织影响力。

（6）做好展会的环境布置，要提前设置好照明、音响等装备。

（7）设计一些创新环节来吸引人气、烘托气氛，如邀请知名人士、影视明星出席或剪彩，尽可能让展会别具一格、富有创意。

（8）合理确定展会的经费预算。组织根据自身实际经济状况，合理确定经费预算。

（9）展会结束后，公共关系人员应当注意收集新闻媒体对展会的有关报道及评价，写出总结报告，及时总结经验教训，为今后举办类似的展会提供依据。

四、赞助活动

（一）赞助活动的意义

赞助活动是指组织对某个团体或个人以及某项事业的物质赠予和捐助。作为一种公关专题活动，赞助活动往往投入较大，对组织的经济实力要求较高。一方面，组织通过赞助活动可以向公众表明，自己是社会的一员，在追求经济利益之外，也支持社会福利、社会公益和慈善事业，承担社会责任和义务；另一方面，赞助活动可以帮助组织赢得政府、社区及相关公众的支持和好感，为组织的生存和发展创造良好环境。

6-3 赞助活动

近些年，全球自然灾害频发，社会上需要救助的弱势群体逐渐增多，在这种社会现实背景下，是否积极参与赞助活动、关注社会公益和慈善事业，就成为公众对组织道德责任的考量标准。组织有意识地开展赞助活动，既展现了组织良好的价值观和社会责任感，又展现了对社会责任的担当，这无疑会对组织的形象建设产生积极的影响。赞助活动的开展对组织的意义包括以下几个方面：

1. 塑造组织良好的、负有责任感的社会公民形象

目前，公众判断一个组织是否有爱心、是否愿意承担社会责任，主要取决于该组织能否有效地开展赞助活动，是否积极参与社会公益和慈善事业。在公众眼里，企业都是唯利是图的，浑身散发着“铜臭味”。要改变公众的这一印象，一个有效途径就是要将企业所

得尽可能地回报于社会。因此，西方一些企业家十分重视赞助活动，这样既可消除公众误解，又能融洽企业与公众的关系，表明企业不仅追求经济效益，而且关心社会效益，具有高度的社会责任感。

2. 提升组织的社会美誉度和影响力

组织一旦参与具有社会影响力的各种赞助活动，往往会吸引新闻媒体跟踪报道，再加上组织自身的一些传播活动，有利于公众对组织的名称、产品、商标和服务进行认知，提升组织的美誉度。同时，许多赞助活动都具有新闻效应，常常被新闻媒体渲染放大，演变成一种“无心插柳”的广告宣传，这无疑也会强化组织的影响力。

3. 强化与目标公众的良好关系，增强组织与外界交流的和谐度

组织通过参与某个特定领域的赞助活动，如香港霍氏家族赞助体育事业、邵氏集团赞助教育事业等，有助于维系目标公众与组织的良好感情，培养品牌忠诚感，提升组织与社会交流的和谐度。

（二）赞助活动的形式

赞助活动的形式很多，可覆盖社会生活的各个领域，从体育赛事到电影制作，从教育事业到文艺晚会，从福利机构到弱势群体，组织都可以对其进行赞助或捐赠。赞助活动的形式具体包括以下几个方面：

1. 赞助体育事业

赞助体育事业主要包括为特定的体育团队提供经费或赞助大型体育比赛。追求健康、参与体育运动是当今时尚，也是社会热点之一，尤其是一些大型的体育赛事，往往在短时间内就能吸引大量的眼球，获得极高的关注度。因此对其进行赞助，往往可帮助组织创造良好的宣传效果，使组织名利双收，一举多得。

公关大舞台

蒙牛携手壹基金　共筑公益向善新篇章

2024年4月24日，蒙牛集团与深圳壹基金公益基金会（以下简称“壹基金”）达成战略合作，正式开启“营养普惠”进校园——2024年壹乐园运动汇公益捐赠项目。

蒙牛学生奶云贵广大区负责人在捐赠仪式上表示，学生是国家的未来与希望，乡村振兴必先振兴乡村教育。多年来，蒙牛笃行不怠，通过助教助学、蒙牛营养普惠工程、校园公益行等多种方式助力公益慈善，不断解锁更多领域，深化公益内涵，努力让营养公益更有深度，也更有温度。

本次为当地乡村小学捐运动场及运动器材的公益活动，是蒙牛集团关心青少年健康成长的创新尝试。未来，蒙牛也将继续携手教育部门、公益组织一起，不断创新合作模式，为青少年儿童健康营养构筑坚强护盾，担当起守护青少年儿童健康的重要责任。

作为奶业国家队，蒙牛积极履行企业社会责任，通过助教助学、蒙牛营养普惠工程、校园公益行等多种方式，结合身体营养帮扶和智力营养帮扶，持续关注中国学生的健康成长。自2002年起，蒙牛就积极响应国家政策，成为首批获得国家“学生饮用奶计划”定点生产企业之一。历经23年，蒙牛与各行业组织深化公益覆盖，为学生营养贡献一份力量。

从“牛奶助学行动”到“牛奶爱心行动”，再到“蒙牛营养普惠工程”，蒙牛不断创新，打造了“营养捐赠＋营养科普＋环保课堂＋食育教育”的营养公益模式。这一模式帮助孩子们缩小城乡环境差距，为覆盖的学校儿童提供多维度、立体化的公益帮扶。截至目前，蒙牛已累计捐赠10亿元，覆盖28个省、自治区及直辖市的2 500万余学生，用实实在在的营养支持着孩子们健康成长。

除了关注学习之外，蒙牛更注重孩子们的身心健康。蒙牛学生奶先后开展了“少年足球公益行”“万颗足球百所校园”等活动，希望通过体育运动等方式激发他们的潜能，促进青少年全面发展。

作为较早开始布局学生饮用奶生产的企业，蒙牛在关注青少年营养健康方面做到了行业领跑，始终将青少年健康与安全生产摆在首要位置，以精益求精为准则，严格遴选优质牧场奶源，保证每一杯学生饮用奶均来自经过认证的专属优质奶源基地。

未来，蒙牛将坚持“营养普惠”公益初心，致力于乡村助学、乡村教育振兴工作，关注每一位学生的健康发展，持续深耕公益实践，为孩子们创造更多的成长机会，以长期主义精神为学生营养健康事业贡献更多的蒙牛力量。

资料来源：王景平．蒙牛携手壹基金 以“营养普惠”共筑公益向善新篇章［EB/OL］．(2024－04－26)［2024－07－08］．百家号网．

2. 赞助文化活动

赞助文化活动主要是赞助各种专业大赛、影视作品、大型晚会、书画摄影作品展、艺术节等，如中国联通赞助中央电视台《赢在中国》创业大赛。文化活动吸引的公众层面较宽，影响较广，品位较高。同时，参与这种赞助活动，不仅有助于社会文化事业的发展，而且有助于民族文化素质的提高，增进组织与公众的交流和感情，提高组织的认知度和认同感。

3. 赞助教育事业

发展教育是国家的千秋大业，正所谓“再苦不能苦孩子，再穷不能穷教育”。赞助教育事业，不仅有利于祖国教育事业的发展，而且会使组织从中受益；同时，对教育事业的赞助，最能打动公众的心弦，提升组织的美誉度。例如，对“希望工程”中失学儿童的救助，对地震灾区中小学校舍的援建等。这种赞助，既可为组织树立关心教育的良好形象，又能使组织和教育界建立良好的关系，还能为组织的人才招聘和培训创造条件。赞助教育事业的方式有设立专项奖学金、兴建校舍、赠送图书资料和教育仪器、提供教育经费、赞助社会办学等。

4. 赞助科研学术活动

这类赞助活动的影响面虽然不大，但意义重大而深远：一是可以推动与本组织的性质、产品和服务有关的学术研究的发展，为组织发展提供基础研究理论和技术支撑；二是可以提高和扩大本组织在同行中的认知度和影响面。这类赞助活动的形式有提供科研基金、资助购买科研设备、赞助学术研讨会、资助学术专著出版等。

5. 赞助社会福利事业

这主要是指为贫困户、残疾人、孤寡老人和荣誉军人等提供无偿帮助的活动。这类活动体现了组织良好的价值观和高尚的道德品质，是组织承担社会责任和义务的具体体现。此类赞助人情味最浓，商业味最淡，最易博得公众的好感。赞助对象主要是社会弱势群体或社会福利机构、困难人群，具体形式有捐款、捐赠生活资料、修敬老院、提供残疾人基金、募捐、慰问、义卖、提供医疗设施等。

6. 赞助社会公益事业

这类赞助活动一家出钱、万家受益，社会影响范围广，是为公众办实事的行为，如赞助修路、修桥、治理黄沙、兴修水利工程等。

7. 赞助节日庆典活动

这类赞助活动范围较小，影响面不大，但针对性强，如赞助教师节、校庆、厂庆、奠基仪式等。

8. 赞助特殊领域

建立基金组织，专门支持某一特殊领域，如保护文化古迹和文化遗产；或设立专业奖项，如最佳摄影奖、新闻奖、设计奖等。

9. 赞助环保事业

环保事业是功在当今、利在千秋的公益事业，涉及广大公众的切身利益，是公众和媒体关注的热点。赞助环保事业能获得经济效益、社会效益和生态效益的三丰收。

赞助活动形式很多，组织要结合自身情况以及多种因素来选择确定，如组织宗旨、经济实力、所处行业领域、社会趋势等。这要求公关人员在策划赞助活动时力求创新，尽可能扩大宣传效果及影响力，以提高组织的认知度和美誉度，建立良好的公共关系。

（三）赞助活动的原则

组织在参与赞助活动时，必须明确一点：赞助即付出。因此组织首先要考虑自身的经济实力，其次要考虑社会效益，要把有限的经费用在最需要的地方，尽可能取得最佳的公众口碑。目前，从我国的经济发展来看，需要赞助的事业和活动太多，而组织的经济实力有限，不可能解决所有问题。这就要求组织在赞助活动中坚守一定的原则。

（1）赞助的项目和活动要具有社会意义和社会影响力，能产生良好的社会效益。

(2)赞助的项目和活动要有利于扩大组织的认知度和美誉度。组织赞助活动时要尽可能与自身经营业务有关，有利于扩大组织在目标公众心目中的影响力。

(3)量力而行，要考虑自身经济承受能力。千万不要“打肿脸充胖子”，或者是一时冲动而轻易许诺，否则会陷入被动境地。

(4)要提前制订赞助计划，并留有余力，以防由于突发事件(如天灾、市场变化、政策调整等不可预测因素)而造成被动。

(5)对明显不符合组织原则的赞助活动，要坚决回绝，并诚恳地向对方解释原因，坦诚相告组织不予捐助的决定。对无理纠缠者可向有关部门反映，必要时可诉诸社会舆论或法律手段，以保障组织的合法权益。

(6)把握赞助时机。赞助应顺应社会潮流，抓住公众和媒体关注的一些热点或焦点问题，要把握时机，巧妙借势，并达到“借势升云”的目的。

(四)赞助活动的程序

1. 进行调查论证

赞助活动有两种形式：一是组织主动提出赞助，二是组织接到外界赞助请求予以赞助。一般而言，主动赞助的形式更有利于组织获得良好的信誉和形象。但无论采用哪种赞助形式，组织都必须进行可行性论证分析，即对赞助项目和与之相关的因素进行分析论证，从而判断赞助活动是否可行。赞助活动是一种高投入的公共关系活动，处理不当就可能造成人力、物力和财力上的极大浪费，甚至还可能费力不讨好。因此，组织必须对每一项赞助活动进行可行性论证分析，从被赞助者的信誉和赞助项目的价值、可行性、所需费用、社会影响力、经济效益等几方面展开。论证后若发现赞助活动没有负面和不良影响，赞助活动就可以进行。

2. 制定赞助活动计划

在调查论证的基础上，组织可根据自己的赞助能力和赞助计划制定出具体的赞助活动计划。赞助活动计划的内容包括赞助的目的、范围、对象、形式、组织管理、费用预算、实施步骤等。赞助活动计划应是赞助活动可行性研究的具体化，一定要尽量具体和留有余地，做到有的放矢，使组织通过计划来控制赞助的范围和规模，防止赞助规模超过组织承受能力，使赞助活动有计划、有步骤地进行。

3. 确定赞助活动类型和赞助对象

赞助活动首先要确定赞助活动的类型，即采用哪种赞助形式，这要根据赞助的目的来确定。如果要扩大组织的影响力和认知度，可采用赞助体育活动的形式；如果要树立良好的形象，可采用赞助教育事业的形式；如果要培养感情、增进社会理解，可采用赞助社会公益和福利事业等形式。然后要确定赞助对象，要分析赞助对象是否需要，是否是社会各界关注的，是否是新闻热点，这关系到赞助活动是否有意义，是否会带来很大的社会反响。因此，仔细确定赞助对象至关重要。

4. 确定赞助金额

赞助活动需要一定数量的经费，这要根据组织的经济实力来确定，也要考虑赞助对象的具体情况和赞助的经费是否会给他们带来影响，一般由公关部门提出具体方案，再报组织决策部门审定。赞助也可以是实物，但要在实物的数量、品种上作出规定。

公关大舞台

新东方与东方甄选驰援甘肃地震灾区

2023 年 12 月 18 日，甘肃临夏州积石山县发生 6.2 级地震，造成甘肃、青海上百人遇难。

地震发生后，新东方和东方甄选快速响应，于 19 日上午分别捐赠 500 万元，合计 1 000 万元现金，联合壹基金，支援救灾相关工作。

19 日当天，新东方、东方甄选联合壹基金根据灾区需求，在当地政府部门统一协调下，紧急调集煤炭、粮油、过渡安置箱、冬季温暖包等能源、生活物资，发往灾区。

6-4　新东方与东方甄选驰援甘肃地震灾区

21 日，新东方、东方甄选联合壹基金，将首批救灾物资运抵甘肃省积石山县和青海省循化撒拉族自治县临时仓库，并在积石山县胡林家乡山庄村、张豆家村为受灾群众发放 1 320 袋面粉，在积石山县吹麻滩镇中庄村发放 111 个救灾温暖箱，在积石山县大河家镇韩陕家小学为受灾儿童发放 380 个冬季温暖包，为受灾群众过渡安置期间提供生活保障。

22 日，由新东方和东方甄选支援的 1 605 桶食用油，在甘肃省积石山县柳沟乡上坪村和胡林家乡张豆家村、山庄村向受灾群众发放，146 袋面粉、146 桶食用油在青海省循化撒拉族自治县道帏乡发放。

23 日，由新东方、东方甄选支援的 728 袋面粉、728 桶食用油在青海省循化撒拉族自治县清水乡、白庄镇向受灾群众发放，30 吨无烟煤在青海省循化撒拉族自治县道帏乡发放。同时，无烟煤、面粉、食用油等援助物资，在甘肃省积石山县柳沟乡、刘集乡向受灾群众发放。

24 日，由新东方、东方甄选支援的 60 吨无烟煤在青海省循化撒拉族自治县道帏乡分装并向受灾群众发放，44 袋面粉、44 桶食用油、4 顶棉帐篷，在青海省民和县官亭镇发放。同时，过渡安置箱、无烟煤也在甘肃省积石山县寨子沟乡、关家川乡发放。

新东方和东方甄选持续关注灾区救灾情况，联合壹基金，根据灾区需求，开展生活救助、过渡安置、灾后重建等工作，与受灾群众共渡难关。

资料来源：新东方与东方甄选驰援甘肃地震物资陆续运抵发放 [EB/OL]. (2023-12-25) [2024-07-12]. 央广网.

5. 实施赞助活动

赞助活动应有专门的公关人员负责，公关人员应首先弄清楚赞助活动的目的、内容和具体细节，以及所有宣传活动的安排、步骤和程序。为了扩大影响，赞助活动应举办一定规模的签字仪式，邀请政府部门的负责人、新闻记者、各界朋友参加，并在签字仪式上宣布赞助金额，展示实物。被赞助单位应本着互利互惠的原则，尽可能地为赞助单位提供宣传的机会，使宣传与赞助活动同步进行，协调一致。赞助单位对赞助资金的使用、赞助项目的落实，以及传播补偿条件的兑现，要进行必要的监督，并在赞助资金的兑现上，分阶段到位，按实施效果分阶段提供，以便从经济上约束赞助接受单位，实现赞助的目标。在实施的过程中，公关人员还应充分运用各种有效的公关技巧，使组织尽可能地借助赞助活动扩大其对社会的影响。

6. 评估赞助活动效果

赞助活动结束后，组织应对赞助活动的效果进行评估检测，检测赞助活动的目标和计划是否完成，赞助活动是否成功，新闻媒体和公众有什么反响，有哪些成功和不足，原因何在。组织还可以进一步检测被赞助单位获得赞助后对其产生了什么作用和影响，调查被赞助单位的员工对赞助活动的了解程度，以及对赞助活动意义和作用的认识。通过评估赞助活动，组织可以总结赞助活动的成功和不足，提高公关人员的业务素质，同时又为今后的赞助活动提供可供借鉴的宝贵经验和参考。

五、开幕典礼

随着社会的发展，一些新的组织相继成立，一些老组织也会有重大项目开工、大型活动开幕等情况，而这正是组织向社会展示自己、宣传自己的好机会。为了强化宣传效果，给相关公众留下深刻印象，为今后事业的发展奠定良好的基础，成功的开幕典礼就显得相当重要。

开幕典礼的宗旨是烘托和渲染气氛，给公众留下深刻的印象，提高组织的认知度。开幕典礼宜隆重壮观、火爆热烈，因此开幕典礼的筹划要力求突出这一特色。

举行开幕典礼的程序如下：

（一）确定开幕典礼的形式

开幕典礼的形式多种多样，不拘一格。开幕典礼既可采用较为正规的形式，如记者招待会、宴会等，也可采用相对轻松随意的形式，如联欢会、酬宾会等，还可二者搭配使用。

（二）拟定出席典礼的宾客名单

开幕典礼邀请的宾客一般应包括政府官员、社区领导、同业代表、新闻记者、员工代表及公众代表。邀请函要提前两三天送达宾客手中，请柬要写明开幕典礼的时间、地点及形式。

（三）拟定典礼的程序和接待事宜

典礼的程序一般为：宣布典礼开始、宣读重要宾客名单、致贺词、致答词、剪彩。接待方面主要是安排好签到、接待、剪彩、摄影、录像的人选，让他们了解典礼的程序及自己所承担的工作，及时到达岗位，保证典礼工作的顺利进行。

（四）确定致贺词、答词人名单

致贺词的宾客应有一定的代表性，答词人应从组织领导中圈定。公关人员应事先为本组织负责人拟定答词。贺词和答词都力求生动活泼、简洁明快。

（五）确定剪彩人员

参加剪彩的除本单位负责人外，还应在宾客中邀请地位较高、有一定声望的知名人士共同参加。

（六）安排一些助兴节目

剪彩结束后，为了增强喜庆气氛，可组织锣鼓、歌舞、现场游戏等节目。

（七）组织参观

典礼结束后，可邀请宾客参观组织的工作现场、服务设施、产品陈列，进一步展示组织形象，加强与宾客的沟通交流。

（八）征求意见

通过座谈和留言的形式广泛征求宾客的意见和建议，以帮助组织做好善后工作。

六、公关仪式

为了融洽关系，增强双向沟通、相互合作、相互了解，组织在开展各项公关活动时还需要安排一些仪式，如剪彩仪式、签约仪式等。

（一）剪彩仪式

通常，开工与竣工典礼、奠基仪式、开业（开张）仪式、展会等活动，都要举行剪彩仪式。

1. 剪彩仪式的准备工作

（1）确定剪彩人员。剪彩人员最好由组织邀请的贵宾、上级领导、主管部门负责人或某一方面的知名人士担任，有时也可由主办组织的主要负责人担任，但人数不宜太多，应事先将有关事宜通知剪彩者。

（2）挑选或聘请礼仪小姐。礼仪小姐应选容貌端庄、气质高雅、身材苗条的年轻女士担任，配以统一的服装，可以佩戴绶带，她们的工作主要是托送彩带花和剪刀。

(3) 准备剪彩用具。剪彩用具包括扎有彩带的剪刀、用丝绸扎成的彩带花和托盘，剪刀数量应与剪彩人数相等，剪刀要锋利，彩带花应比剪彩人员多一朵或一条。

2. 剪彩仪式的程序

(1) 请与会者入座。如果不是对号入座的话，可提醒与会者自选位置坐好。对就座于主席台上的贵宾或相关领导，应事先通知说明，由工作人员或礼仪小姐引领入座。

(2) 宣布剪彩仪式开始。主持人宣布剪彩仪式开始后，应鼓掌向与会者表示谢意，如有必要还应向与会者介绍一下参加剪彩仪式的领导、贵宾，并对他们的到来表示感谢。

(3) 安排简短发言。发言人一般由主办组织的主要负责人担任，发言内容是介绍该项活动的宗旨和意义，并可对有关过程进行汇报，同时也可安排其他有关部门的人员致贺词。

(4) 进行剪彩。剪彩时，主席台上的人员一般应尾随于剪彩者身后 1～2 米处，待剪彩完毕时，转身向四周公众鼓掌致意。

(5) 组织参观、座谈或宴请。这一过程可视不同的剪彩仪式而灵活决定。

3. 剪彩者的礼仪要求

(1) 注意着装打扮。由于剪彩者特殊的角色地位，其穿着打扮总会在其他宾客和周围观众中引人注目，这直接关系到剪彩者的形象和仪式的效果。因此，剪彩者应注意穿着整齐、干净和利落。

(2) 注意举止仪表。剪彩者应注意使自己保持一种稳重的姿态，快而不乱、忙而不慌。走向剪彩绸带时，要步履稳健、面带微笑、神情自然，千万不要去和别人打招呼。当礼仪小姐用托盘呈上剪刀时，应以微笑表示感谢，然后向手拉绸带的礼仪小姐微笑致意，聚精会神地把彩带一刀剪断。

(3) 谈笑要节制。剪彩完毕，把剪刀放入托盘内，转身向四周的人们鼓掌致意，并与主人进行礼节性的交谈，但时间不宜过长，也不宜旁若无人似地纵情谈笑。

(二) 签约仪式

1. 签约仪式的基本要求

(1) 签约双方的身份应大体相当，根据所需签订文件的级别和性质，由签约双方确定。

(2) 参加签约仪式的人员一般应是双方参加会谈的人员，如一方出于某种原因要求让未参加会谈的人员出席，另一方应予以同意。

(3) 出席签约仪式的双方人数应大体相当。

2. 签约仪式的准备工作

(1) 及早做好签约协议的定稿、校对、印刷和装订等工作。

(2) 准备好需要使用的国旗、文具等物品。签约仪式上，国旗有三种悬挂方式：一是悬挂在签字桌中间的旗架上，二是悬挂在签字桌后方，三是悬挂在各自的桌上。

(3) 布置好现场。签约现场应在正面中间悬挂“××××签约仪式”横幅，对于涉外签约仪式，横幅文字应以东道主文字为主。签字桌的摆放应视具体情况而定：若是双边签约仪式，厅内可设长条桌一张或圆桌两张，桌面用深绿色厚台布覆盖，桌后安放两张椅子作签字人的座位，主人位于左，客人位于右；若是多边签约，则可在桌后只设一个座位；若是集体签订，则需要根据签约项目多少划分轮次，根据每轮签字人数布置现场。

（4）安排助签人员。助签人员一般由熟悉情况的人员担任，有的组织为了塑造形象，需要招聘礼仪小姐或公关先生担任助签人员，应安排熟悉情况的人员做好指导工作，助签人员事先应洽谈好有关细节。

3. 签约仪式的程序

（1）迎宾人员引领与会人员进入签约现场。

（2）主持人宣布仪式开始。

（3）签字人员入座，其他人员按身份高低顺序排列于各自签字人员的后方，助签人员分别站在各自签字人员的外侧。

（4）工作人员或礼仪小姐送上签字文本和签字工具。

（5）助签人员协助翻揭文本和指明签字处。

（6）签字人员在本方保存的文本上签字。

（7）助签人员互相传递文本。

（8）签字人员在对方保存的文本上签字。

（9）双方签字人员交换文本，互相握手。

（10）合影留念。

在某些特殊情况下，还可在签约仪式完毕后，请各方负责人讲话致辞。多边公约的签约仪式，因为只设一个座位，应先由公约保存方代表签字，然后各方代表按一定次序，轮流上前签字。

任务三　掌握公共关系危机处理技巧

任务目标

完成本任务，你要了解公共关系危机的诱因与特征，知道公共关系危机的类型，掌握公共关系危机管理的程序和技巧。

任务布置

1. 2023 年，“小作文”事件导致新东方旗下的东方甄选遭遇了粉丝抵制风波。请查阅相关资料了解事件起因，并针对此危机事件为东方甄选策划一份危机处理方案。

2. 近几年，中山大学和山东大学先后因学生会干部选拔公告和“学伴”项目引发社会舆论风波。请查找相关资料，分析比较两所学校危机公关处理程序的异同及危机公关效果。

天有不测风云，人有旦夕祸福。任何组织在其发展过程中，都会碰到各种意外因素的干扰，导致陷入不利境地，有些因素甚至可能成为“压倒骆驼的最后一根稻草”。微软公司总裁比尔·盖茨曾说过，“微软离破产永远只有18个月”，这表明任何组织都要有忧患意识。如何处理各种危机事件，化干戈为玉帛，化危机为良机，是公共关系人员进行公关管理的重要内容。公共关系人员担负着随时应对各种危机的重大使命。正如中国国际公共关系协会原常务副会长郑砚农所说：“遇到危机时，你绝对不可以改变事实，但是你可以改变公众对你的看法。”

一、公共关系危机的诱因与特征

公共关系危机一般是指意料不到的、突然发生的，对组织生存、发展有不利影响的重大事件。这种事件往往使组织与公众关系处于极度紧张的状态，置组织于十分艰难的地步，使组织的美誉度遭受严重考验。

6-5 海底捞公关危机

（一）公共关系危机的诱因

任何风吹草动都有可能引发危机，所以说导致公共关系危机的因素可谓五花八门，具体表现在如下几个方面：

（1）组织内部管理和沟通不善导致的危机。

（2）资金链断裂导致的危机。

（3）企业产品缺陷或质量问题侵害消费者权益导致的危机。

（4）强势领导生病、死亡或出事而导致的危机。

（5）企业广告宣传不当导致的危机。

（6）企业违法违规操作触犯法律导致的危机。

（7）企业核心人物或团队出走导致的危机。

（8）自然环境突变导致的危机。

（9）新闻报道失实导致的危机。

（10）政治、军事、文化冲突导致的危机。

“天有不测风云”，组织在发展过程中遭遇危机事件既是偶然的，也有一定的必然性。但无论危机的诱因是什么，如果处理不当，都将造成灾难性后果。因此，能否妥善处理公共关系危机，关系到组织的前途和命运。

（二）公共关系危机的特征

1. 突发性

危机往往在瞬间突然爆发，使组织因没有准备而措手不及，这是公共关系危机最显著的特征。

2. 不可预料性

公共关系危机往往源于很多偶然因素，使组织难以预料。

3. 破坏性

公共关系危机往往会产生巨大的破坏作用。一是危害组织，降低组织的声誉，危及组织的生存和发展；二是危害公众，公共关系危机能导致组织内部人心涣散，危害团体，外部公共关系危机则会危害公众的实际利益；三是危害社会，公共关系危机往往涉及社会各种因素，带来多方面的负面影响。

4. 社会辐射性

公共关系危机一旦爆发，会立即引起舆论的重点关注，一时间可能谣言满天飞，对组织造成广泛的负面影响。

公关大舞台

东方甄选“后院起火”不可怕，可怕的是“火上浇油”式公关

掉粉超10万十，股价跌了12.96%，市值蒸发30多亿元，此番东方甄选“后院起火”所带来的损失是惨重的。

此次“后院起火”的起因在于“吉林之行”宣传文案到底出自谁之手。对于这一话题，东方甄选小编在“吉林之行”宣传视频下方声称，每一次小作文制作都是主播在镜头前，背后是文案创作团队、拍摄团队、剪辑团队的小伙伴们，大家协作，才有了一篇篇专场小作文。

早前，董某因在主播间金句屡出而走红，故而大众对于他的文案能力有着很厚的滤镜，外加此前东方甄选的系列视频并未明确注明文案创作者，让不知具体创作模式的大众误以为一直是董某亲力亲为。故而小编的这一番言论引发了粉丝们的种种讨论，并搜集各种素材，以“引经据典”的方式力证董某才是文案的原作者。

对于董某这样量级的头部带货主播来说，团队作战无可厚非。董某早期因文案走红，东方甄选不主动揭示文案背后的真相，可能是不敢冒风险削弱文案之于董某的光环。与此同时，起初不明真相的粉丝们也极力呵护着这一重光环，故而产生了此番争论。但不曾想到的是，这一番争论只是危机的导火线，真正的“爆雷点”还在后面。

对于小编在评论区的种种发言，前东方甄选执行董事CEO孙某与董某在直播间作出回应，其中“小编不懂业务”“胡回复”等词汇让幕后小编的怒火一触即发，在“东方甄选”账号的评论区开启了新一轮的“爆料模式”，详细盘点了董某相关文案幕后创作的真相，让整个舆论呈现愈演愈烈之态。

为此，董某不仅在评论区回复让小编休息，还在个人社交平台发布长文回应了“小

作文"一事，并介绍了东方甄选的小作文创作模式：一是他自己创作，如西安场、内蒙古场；二是他提供思路和建议，小编创作，双方讨论修改；三是小编自主创作小作文，他极少改动或不改动。

明明只是文案原创的问题，却催化了一场高管、主播以及小编之间的公开内战，最终却闹出账号掉粉、股价下跌甚至给竞争方送流量的局面。

那么，在此次事件中，东方甄选到底做错了什么呢？

首先，创作机制不够透明化，为此次危机的爆发埋下了伏笔。的确，董某从未说过所有文案都是他写的，但也未曾说过不是他写的。外加有早期因文案走红的高光时刻，会让不知内情的大众认为如今的文案依然是董某所写，更是利用这样的误解持续为他的人设赋能。

而这种误解的造成，亦与东方甄选当下幕后工作者没有署名权有关。大众之所以知道某些幕后工作者的文案写得好，源于她们在作品中拥有了署名权，名声逐渐从业内外传开来。而董某系列短片中并未有相应的署名，这正是东方甄选在创作机制上的缺失之处。或许，这也启示着企业型账号在作品中应像影视、综艺那般让幕后工作者拥有署名权，给予相应的尊重。

对于文字创作者而言，没有署名权就意味着没有代表作，是职业生涯的悲哀之处。同时，在主播与幕后工作者工资差距极大的行业，更容易因利益分配问题累积矛盾。而东方甄选在力推董某到台前之时，大概是忽略了幕后团队的内心感受以及福利机制，为此次事件的爆发埋下了隐患。

其次，内部矛盾突出，员工内部似有"离心离德"的倾向，团队凝聚力存在很大不足。在"文案出自谁之手"这一话题爆发后，东方甄选原本能够以此为契机，统一口径来处理公关危机。但不知出自何种缘故，"东方甄选"账号的小编成了爆料者，并激发了粉丝们的种种反驳。外加在后续的公开回应中，孙某与董某明明是既得利益者，却在言辞上不尊重幕后工作者，更别说是有同理心，故而进一步激化矛盾，最终闹得无法收场，只能由董某出面写长文进行澄清。

最关键在于，在公关危机处理上，东方甄选对外没有处理好与消费者尤其是粉丝群体的关系。在此事件中，董某的粉丝们扮演了很重要的角色。随着事态的变化，粉丝们从最初的"小作文到底是谁写"的话题争论，逐渐变为希望东方甄选重视并保护董某。

而在回应中，孙某以公司开内部会的态度批评小编的情绪化，透露董某工资不止千万元，在向品牌方道歉之余，还直接重创了粉丝群体，表示拒绝饭圈化，让不少粉丝表示不满。

一面享受饭圈红利，一面打压粉丝群体，这样矛盾的吃相和自杀式的公关方式让粉丝群体们愤怒且心寒。为此，"果取关"成为不少粉丝最直接的态度。而这带来的后果是非常直接的，当天东方甄选直播间观看人次只有 818 万，而此前三天这一数据在

1 210 万～1 691 万。

整体来看，东方甄选在公关危机的处理上极为糟糕，不仅没有及时灭火，反而是火上浇油。既没有维稳董某的人设与口碑，也没有积极引导舆论的正能量走向，更没有处理公司内部的协作关系，充分暴露了东方甄选在当下社交环境中的不成熟以及没有前瞻性的一面。

让人意外的是，从幕后小编到粉丝群体，从核心人物董某到以孙某为代表的高管层，在这一场舆论战争中并没有真正的胜利方与受益者，反倒是带货同行“高途佳品”直播间意外接到了“泼天的富贵”，大抵是“鹬蚌相争，渔翁得利”的另一种现实呈现。

怀揣着对东方甄选的种种不满，超 60 万人涌进了“高途佳品”直播间，超 1 万人同时在线，带货额涨超 10 倍，并有不少粉丝要求高途将董某挖过来，故而有了#东方甄选后院起火带火高途#这一热门话题。

对此，高途方面也进行了积极的回应，创始人首次亮相直播间，在分享了创业历程之余，回应了大家所说的挖角董某等话题，让某些话题登上热搜。

一面是东方甄选后院起火、自取灭亡，一面是高途佳品接住“泼天的富贵”，两相对比间，企业的格局与公关手段高下立现。

资料来源：东方甄选“后院起火”不可怕，可怕的是“火上浇油”式公关 [EB/OL].（2023-12-14）[2024-07-15]. 百家号网.

二、公共关系危机的类型

（一）按公共关系危机的性质分

按公共关系危机的性质，公共关系危机可分为灾变危机、经营危机、信用危机、形象危机和误导危机。

（1）灾变危机。这是指由于自然灾害和不可抗拒的社会动乱而造成的危机。如洪水暴发、瘟疫流行、飞机失事、战争等都会使组织处于危难之中。

（2）经营危机。这是指由于组织领导决策失误或管理不当而导致的危机。如企业因经营不善而失去市场，因劣质产品造成伤害而使消费者向有关部门投诉。

（3）信用危机。这是指由于组织不履行承诺，危害公众利益，失信于公众而导致的危机。如组织有严重欺诈行为或不能有效履行合同，信用危机就将爆发。

（4）形象危机。这是指组织内部发生丑闻，组织形象受到严重伤害而导致的危机。如组织从事不正当业务或其主要领导有贪污、受贿等犯罪行为，都会严重影响组织形象。

（5）误导危机。这是指由于新闻媒介的失实报道而导致的危机。如对“小道消息”的过分炒作或对“花边新闻”的大肆渲染，会使组织陷入极为被动的局面。

(二) 按公共关系危机涉及的公众对象分

按公共关系危机涉及的公众对象，公共关系危机可分为组织内部关系危机、组织间关系危机、政府关系危机、消费者关系危机、媒介关系危机和社区关系危机。

(1) 组织内部关系危机。这是由于对干群关系、部门关系、职工关系、上下级关系处理不当，在组织内部产生的危机。如领导处事不公、分配制度不合理等，使组织内部关系紧张甚至矛盾激化。

(2) 组织间关系危机。这是发生在不同组织之间因利益及相关因素引发的矛盾纠纷，如合作破裂、变友为敌。

(3) 政府关系危机。这是发生在企业与政府部门之间的纠纷，主要指政府有关部门认为企业存在违反政策的行为，对其不信任或予以相应处罚。

(4) 消费者关系危机。这是最常见的公共关系危机，组织作出有害于消费者情感和利益的事情，必将引起消费者的极大不满和报复性行为。

(5) 媒介关系危机。这是由于组织的错误行为引起新闻媒体的连续报道，或者组织对新闻媒体采取不合作的态度，导致双方关系紧张。

(6) 社区关系危机。组织不注重维护社区关系，或者发生严重危害社区公众利益的事件，必然导致社区公众的对立行为。

三、公共关系危机管理

(一) 公共关系危机管理原则

1. 科学预测原则

科学预测原则是指通过运用有效的分析预测方法，确认某些引发危机的潜在可能性因素，从而制定多种可供选择的应变措施。

预测公共关系危机事件是组织公共关系部门的一项重要工作。组织平时应加强对可能发生的各种危机因素的监测和分析，及时发现危机苗头，采取有效预防措施，做到防患于未然。

预测的内容一般包括：哪些因素会导致危机发生，各类危机的性质和特征，危机发生后产生的后果和影响等。公关人员还应及时向组织的决策层报告预测结果，并提供防范方案。为保证预测效果，组织有必要建立相应的管理制度，如信访制度、调研制度、自查制度和预测制度。

2. 实事求是原则

组织在处理危机的过程中，必须端正态度，敢于直面事实。无论是对内部员工，还是受害公众、上级领导及新闻记者等，都要实事求是。如果危机发生后，组织对危机后果置之不理、麻木不仁，或弄虚作假、封锁消息、愚弄公众，反而会使组织陷入“四面楚歌”的境地，甚至产生连锁反应，加重危机的负面作用，给组织带来灭顶之灾。

实事求是原则是处理危机事件的最基本的原则。只有坚持这一原则，才能使组织临危不乱、头脑清醒，采取最为有效的应对措施，并最终赢得公众的理解和支持。

公关大舞台

“三观”VS“公关”

从毒疫苗到碧桂园质量风波，从滴滴安全事件到昆山龙哥，从《开学第一课》到自如公寓……有人调侃：碧桂园救了毒疫苗，滴滴救了碧桂园，昆山龙哥救了滴滴，《开学第一课》救了昆山龙哥，自如公寓救了《开学第一课》……一波未平一波又起，舆情声浪不绝于耳。

社交媒体时代危机无处不在，很多危机事件究其深层原因大多不是单纯的公关问题，而是管理问题和企业深层的价值观问题。

危机发生，仿佛一夜间“道歉”就像刮风下雨一样，雷打不动，不期而至。当然，“道歉式”比起“鸵鸟式”的回避总体上是一种社会进步。但如果企业在资本的驱动下过度追求规模和扩张，失去了初心、敬畏心、责任心，那么道歉就变成一种套路。如果表达变成表演，虚心变成虚晃一枪，道歉就会贬值。于是就有了“勇于道歉，坚决不改”的滴滴式公关。

正如滴滴 CEO 在道歉信中所说的那样，“激进的业务策略和资本的力量一路狂奔”，让企业迷失了方向。只有独角兽们耐得住漫漫征途的寂寞，少一点急功近利的野蛮生长，多一点长远发展的耐心与匠心，多一点对生命的敬畏与责任，那么原本等待滴滴的是更阳光的未来。希望我们的企业早一点回归“用科技的力量让出行更美好”的初心，并决心用安全、品质、服务来为客户创造价值。

其实没有人、没有企业是永远不犯错的，只要企业有担当、有态度、有温度、有诚意，措施得力、及时补救，公众是可以原谅的，但机会只有一次。如果是因为企业根深蒂固的价值观问题，三观不正，就算企业心存侥幸成功地躲过了这次危机，更大的危机迟早会到来。

据有关调查显示，80%的企业认为，危机就像税收和死亡一样难以避免。企业要做的是心怀诚意，正确地做好危机管控与应对。危机有时暴露的是企业自身管理漏洞或价值观问题。如果能借机改变文化理念，弥补管理漏洞，也许亡羊补牢，为时未晚。有时危机爆发就像火山喷发一样，一个企业内部问题不断积累，就像岩浆在蓄积负能量，爆发是迟早的，只是爆发的时间和爆点的问题。所以企业应由内到外地去管理危机，不断完善自身，而不是事情来了忙着删帖，删帖的负面影响有时甚至超过危机本身。

企业一定要站在品牌声誉的高度看待危机管理，而不是一时一事的得失。如果危机应对搞砸了，那么会对公司宝贵的无形资产（品牌声誉）带来很大的伤害，危机是品牌的潜在杀手。

社交媒体时代危机管控已经从危机传播 1.0（认识），到 2.0（认知），再到今天的 3.0（认同），得人心者才能得天下。

企业一方面要为投资人创造价值回报，但另一方面一定要平衡社会价值与公众利益，敬畏生命，拿出匠心与耐心来改变“资本为上”的浮躁商业环境，“不忘初心，方得始终”。

资料来源：王丽丽．“三观”VS“公关”[EB/OL]．(2018-09-05)[2024-08-25]．中国公关网．

3. 公众利益至上原则

危机事件主要是组织与公众之间的利益冲突激化所致，危机事件的爆发往往使组织与公众同样遭受重大的损失。在处理危机的过程中，一个很重要的问题就是组织能否摆正两者的利益关系，如果组织一味强调自己的损失，以保护自身利益为根本目的，势必导致矛盾的进一步激化，促使形势恶化，最终使组织走向毁灭。

应该说，越是到危难时刻，越能显现公共关系的独特作用。危机公关的根本原则是，宁可组织作出重大的牺牲，也要把公众利益放在第一位。组织在危机事件处理过程中的正确定位和良好姿态，必将感动公众，并最终重新赢得公众的理解、支持与信赖。

4. 及时果断原则

危机事件突发性强、杀伤力大，并在瞬间广泛传播。因此，对待危机事件一定要做到早发现、早通报，及时了解真相，果断采取应对措施。如果对危机不以为然，或推诿扯皮，就会延误时机，使组织蒙受更大的损失。

(二) 公共关系危机管理程序

1. 开展公共关系危机预测

组织公关人员要随时监测各种环境因素，并分析各种因素导致危机发生的可能性大小。

智慧火花

危机管理的"5P研究模型"

某公关机构曾推出了危机管理的"5P研究模型"，即"5P"原则，用该模型进行公关危机事件评估，简便易行，有利于迅速提高公关管理人员的素质。"5P"原则包括以下几方面内容：

1. 端正态度（Perception）：态度决定一切。

2. 防范发生（Prevention）：优秀的企业关于危机事件都有良好的危机预案和危机预警机制。

3. 时刻准备（Preparation）：面对可能出现的危机事件和危机事件爆发后出现的可能情况，有计划、有步骤地作出各种准备措施。

4. 积极参与（Participation）：危机爆发后，企业应本着一种积极态度处理危机事件，而不是逃避责任或者推诿。

5. "危"中找"机"（Progression）：危机处理的最高境界是能把"危"变成"机"，从中获利或者得以提升。

资料来源：马唯星．麦肯锡的学习机制与知识管理［J］．外国经济与管理，2002（24）．

2. 加强公共关系危机防范

组织要在紧密监测各种环境因素的基础上，提前制定防范措施和手段，并在日常工作中加以贯彻，严格控制各种危机事态的发生。

3. 进行公共关系危机识别

尽管组织应加强对危机的日常防控，但危机往往防不胜防、不期而至，这时就要以积极的态度去应对危机。首先要识别危机产生的原因：是天灾还是人祸？危害大还是小？涉及面是宽还是窄？只有正确地识别危机，估计事态的发展趋势和可能造成的后果，才能对症下药。

4. 实施公共关系危机处理

危机一旦来临，要注重沟通，迅速采取行动。首先要了解事件真相，成立临时专门机构，并制订危机处理计划。具体可采取如下应对措施：（1）积极主动，高度负责；（2）迅速使组织脱离危机险境；（3）尽可能控制危机态势蔓延；（4）积极查明危机事件真相；（5）组织高层领导人要及时直面危机；（6）重视危机处理态度；（7）分析研究，确定对策；（8）及时联系媒体，发布第一手信息。

智慧火花

公众危机沟通4S原则

公众是危机的火源。要解决危机，就必须扑灭火源。

社会大众作为企业的外部公众，是企业经营活动的现有或潜在的对象，对企业会有无形的压力。危机也许只涉及很少的一部分，但是潜在地会影响所有的消费者，他们会据此重新判断企业产品或服务的价值。企业要注意争取公众的理解、支持与信任，防止社会信任的丧失是头等大事，这就意味着企业要积极主动地作出某种行动或说明来挽救企业声誉。北京关键点公关顾问有限责任公司董事长游昌乔将公众攻略概括为4S：

1. Sorry：道歉。公众不仅关注事实真相，在某种意义上更关注当事人对事件所采取的态度。事实上，90%以上的危机恶化都与当事人采取了不当的态度有关，比如冷漠、傲慢、敷衍或拖延。受害者作为危机的直接当事人，对企业给予一个明确说法的期望值最高，因为企业的态度将直接关系到他们的切身利益。他们会积极地关注企业公关的每一个举措，并会对外发表自己的评价。在危机发生后，企业应以最快的速度与受害者接触，了解情况，坦诚相待，并积极查明事实真相，给消费者以圆满解释，履行企业的社会责任与承诺，并尽力作出超出有关各方所期望的努力。同时，企业要冷静地倾听受害者的意见，向受害者道歉，给受害者以安慰和同情，诚恳地对待受害者及其家属。

2. Shut up：闭嘴。企业应始终把企业形象放在首要地位，了解公众，倾听他们的意见，确保能把握公众的情绪，并设法使公众的情绪向有利于自己的方面转化。不要和消费者争论，永远不要和公众去辩论谁对谁错，企图向公众辩称不是企业的错，结果会让公众觉得企业没有诚意。

3. Show：展示。值得注意的是，沉默并不是金。之所以闭嘴，是不与消费者争辩。但务必重视与消费者的沟通，建立有效的沟通渠道，与新闻媒体保持良好的合作关系，主动把自己所知道的和自己所想的，尽量展示给公众，不要试图去愚弄公众，否则会给人留下傲慢和不尊重消费者的形象。

4. Satisfy：让公众满意。“公众利益至上”是公众攻略的根本。制定对策时，要尽量站在消费者的角度考虑问题，结合企业实际使解决方案能与消费者的期望值相一致。消费者在投诉时一般在意：企业是否与消费者真正沟通；企业是否勇于认错，对自己的失误勇于承担责任；企业对消费者是否可靠，不流于表面文章；企业是否以消费者利益为上，随叫随到，灵活变通；产品是否名实相符。因而，企业从消费者的思路出发考虑问题，会有助于解决投诉危机。

资料来源：公众危机沟通 4S 原则 [EB/OL].（2008-02-22）[2024-08-23]. 百度文库.

5. 进行公共关系危机善后处理

危机事件平息后，组织一定要进行彻底的反思，总结教训，并对责任人进行追究；还要借此机会进行全面的整顿工作，以完善各项工作机制。

危机事件的发生严重破坏了组织在公众心目中的形象，使组织最坚实的生存基础受到冲击。但是，组织一方面需要通过有效的补救措施把损失降到最低限度，另一方面要有积极的思维，变危机为良机，实施重塑形象工程，使组织得到更好的发展。

公关大舞台

白象的公关亮了

白象方便面的公关文案让人震撼！文笔功底深厚，堪称中国人的傲骨，读来只觉满卷傲气底蕴，字字沁人心脾，文字看似清新可爱，实则气势磅礴。白象方便面的公关文案以温暖的文字，表达着恢宏的爱和气势。

这形象，就是众人心目中中国人的形象：外表憨态可掬，内心强大无比，我自成傲，任尔狂风暴雨，我自岿然不动。苦困来时，不气馁，默默承受；荣誉加身，不骄傲，不急不躁。

白象创建于 1989 年，是粮食深加工和食品生产龙头企业，有 9 个方便面生产基地、1 个面粉生产基地、1 个挂面车间、2 家调味料公司等。其主要产品有“白象”牌系列方便面、挂面、面粉和粉丝等。白象现有 97 条方便面生产线，日产可达 3 000 万包，年产可达 100 亿包，实现中国市场人均 7.69 包。

2007 年，白象与河南省宋庆龄基金会签订捐赠协议，向该基金会捐赠 1 000 万元。

2008 年，白象食品集团向四川汶川捐款捐物 150 多万元。

2009 年，白象集团成功入选 2009 中国慈善榜，位列中国境内 800 家企业慈善捐赠排行第 312 位。

…………

捐赠、捐款离我们太远，员工招聘却是我们每个人都感同身受的。

最让人感动的是白象对残疾人士的帮扶。白象的员工组成中约有三分之一是残疾人士，在社会的质疑声音中，白象在招聘大龄残疾人士这一事情上坚持了整整 25 年。若不是凭借冬季残奥会，我们很多人可能都不知道白象集团的优良事迹。

坚持民族品牌，拒绝日资收购，主动聘用残障人士，捐助灾区……自己明明就在暴风雨中行走，却还要想着帮他人挡雨。

在白象身上，我们看到了民族企业的典范，也看到了炎黄子孙的精神。

附：白象发货公告公关文案

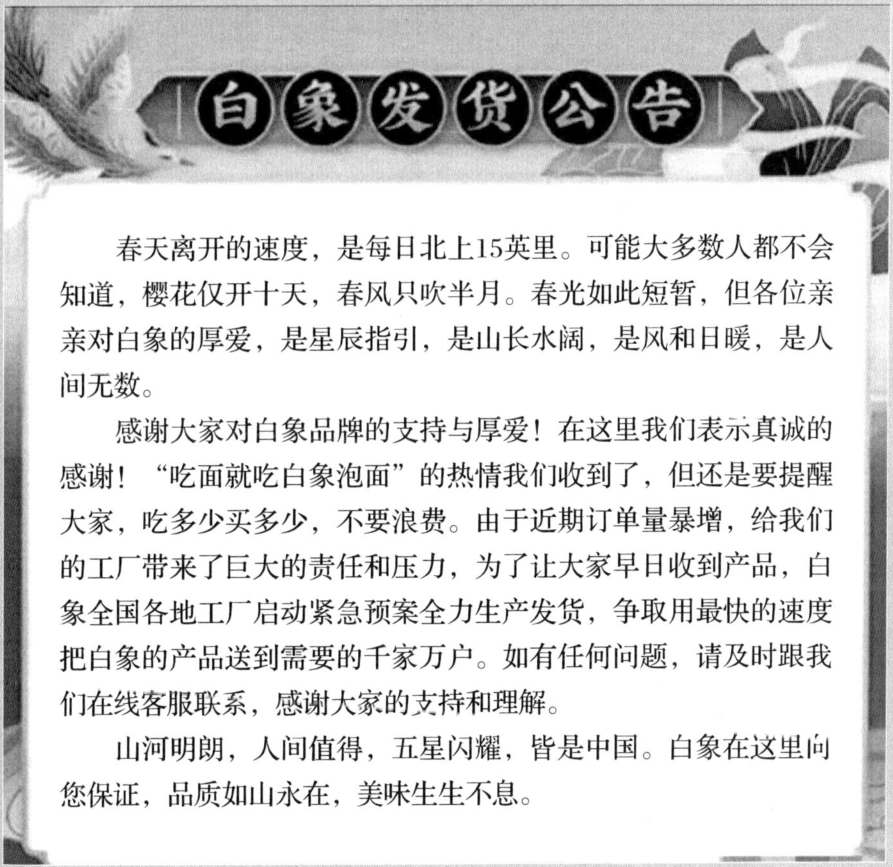

白象发货公告

春天离开的速度，是每日北上15英里。可能大多数人都不会知道，樱花仅开十天，春风只吹半月。春光如此短暂，但各位亲亲对白象的厚爱，是星辰指引，是山长水阔，是风和日暖，是人间无数。

感谢大家对白象品牌的支持与厚爱！在这里我们表示真诚的感谢！“吃面就吃白象泡面”的热情我们收到了，但还是要提醒大家，吃多少买多少，不要浪费。由于近期订单量暴增，给我们的工厂带来了巨大的责任和压力，为了让大家早日收到产品，白象全国各地工厂启动紧急预案全力生产发货，争取用最快的速度把白象的产品送到需要的千家万户。如有任何问题，请及时跟我们在线客服联系，感谢大家的支持和理解。

山河明朗，人间值得，五星闪耀，皆是中国。白象在这里向您保证，品质如山永在，美味生生不息。

资料来源：白象方便面的公告把我震撼到了，文笔功底太深厚！堪称中国人的傲骨［EB/OL］.（2022－03－19）［2024－08－30］. 个人图书馆网 .

(三) 公共关系危机处理技巧

1. 危机预防技巧

危机预防工作是危机处理体系的主要组成部分。有效的预防措施，不仅可以帮助组织及时发现诱因，降低危机发生的概率，而且一旦危机发生，可以帮助组织做到有备无患。预防危机的技巧包括：

(1) 加强全员危机意识教育。危机意识对于现代组织的生存和发展具有十分重要的意义。居安思危应成为员工自警自查、自我完善的重要动力。组织的领导者更要时刻保持清醒的头脑，对组织存在的突出问题和外来冲击要有高度的警觉和充分的准备。

(2) 建立危机预防系统。危机爆发虽然具有突发性，但在其爆发之前往往都会出现一些征兆，组织建立有效的预防系统可以捕捉这些征兆，及时采取应对措施。危机预防系统包括以下几点：

第一，注重对组织运行的基本信息和公众对组织的评价信息的及时监测。

第二，关注国家政策和国际环境的变化。

第三，加强与主要目标公众的联系与沟通。

第四，跟踪主要竞争对手的动态信息。

第五，对危机易发环节及时检查。

第六，实施危机信息警报制度。

2. 危机应急技巧

突如其来的危机，往往使组织猝不及防，但如果组织有良好的应急机制和技巧，则能有效地控制事态的发展。具体包括：

(1) 成立危机处理小组，安排有丰富经验的领导和专家亲临现场。

(2) 拟定应急方案。危机处理小组要对危机事态的发展迅速作出反应，拟定应急计划，在诸多备选方案中作出最佳选择。

(3) 进行应急模拟演习。对重大的危机事件在实施具体措施之前，应组织一定的模拟演习，对细节步骤进行修补和完善，做到万无一失。

(4) 统一思想，统一行动。在危机处理过程中，如果组织没有一个统一的指挥，势必造成更大的混乱。

(5) 密切关注受危机伤害最大和最有影响力的公众，认真聆听他们的倾诉，控制他们的情绪，做好安抚工作。

3. 控制危机舆论传播技巧

危机的社会传播速度很快，如果控制不力，任由舆论传播，不仅会扩大对组织的消极影响，而且容易误导公众，不利于事件的处理，还会造成一定的社会混乱。有效控制舆论是处理公关危机十分重要的技巧，具体包括：

（1）及时公示真实信息。危机爆发已成为客观事实，任何的掩饰都会导致公众的愤怒，并促使事态扩大。明智的办法是本着对公众负责的态度和实事求是的原则，公布事实真相，公开发表自己的立场和观点，勇于承认错误和承担责任，堵截小道消息的传播。

（2）积极配合新闻媒体。新闻媒体不仅十分关注危机事件，而且往往对负面的细节信息及组织的反应态度更加敏感。因此，在危机发生后，组织一定要处理好与新闻媒体的关系，端正态度，不能有抵触情绪和不良表现。组织要积极配合新闻媒体，提供真实信息。为避免报道失实，组织还要准备较为详尽的书面材料。组织如果有不宜公开发表的内容也应坦诚说明，以求得同情和谅解。此外，组织还要注意引导舆论向有利于解决问题的方向发展。

公关大舞台

怎样回答这“四问”？

因禁止游客携带食品进入园区，并翻包检查，上海迪士尼乐园被一位法学专业大学生告上法庭。为此，人民网对上海迪士尼乐园发起四问，一问：凭什么搞“双标”，欧美带得亚洲带不得？二问：凭什么强制翻包，游客隐私如何保障？三问：禁带食物是为园区卫生？园区卖的饮食没气味？四问：谁来纠正迪士尼的“双标”行为？谁来保障消费者权益？

一时之间，迪士尼这家全球闻名遐迩的娱乐公司，就登上了热搜，陷入舆论的漩涡，再加上涉嫌歧视亚洲人，企业形象更是大打折扣。还有记者表示，这家上海迪士尼的业主公司之一上海国际主题乐园有限公司自 2016 年以来受到 7 次行政处罚。这一猛料爆出，更是令其陷入前所未有的困境。

6-6 人民网
四问迪士尼

但是纵观事件的起始至今，从企业的危机公关角度来看，效果似乎很不理想。下面一起来看看，作为一家娱乐公司到底应该如何进行危机公关。

1. 尊重消费者的合理诉求和公众舆论意见

根据人民网记者就此次事件与迪士尼官方的沟通邮件来看，得到的回复是：“一般将在 5 个工作日内答复，你提的问题可能需要其他部门介入，因此回复有可能推迟。”很显然，整个过程违反了承担责任、真诚沟通的危机公关处理 5S 原则（即承担责任原则、真诚沟通原则、速度第一原则、系统运行原则、权威证实原则），没有及时向公众、向消费者作出任何解释说明，缺乏对消费者的合理诉求以及公众舆论意见的尊重，以至于危机有愈演愈烈的趋势。

2. 正视危机，端正面对危机的态度

由于娱乐公司本就深受社会关注，再结合新媒体时代公众获取信息的途径更加广泛便捷，因此一旦发生危机就会引发大众关注，产生巨大的社会舆论影响，对企业的形象造成冲击。因此只有正视危机，端正面对危机的态度，并采取实质性的措施，才能得到更多的谅解，从而有效降低负面影响，让娱乐公司可以在一种安全的环境中进行危机公关。

3. 重塑形象

这是危机公关的最后一个阶段，也是进行危机公关的主要目的。一般而言，娱乐公司可以利用一些社会公益活动、免费赠票等方式逐渐重新塑造企业形象。与此同时，娱乐公司还可以通过一些专业的舆情监测软件进行话题聚合，综合分析，然后确定具体应该采取怎样的对策化解危机。

资料来源：人民网四问迪士尼：娱乐公司如何进行危机公关 [EB/OL]. (2019-08-16) [2024-08-25]. 识微科技网.

(3) 确立新闻发言人。新闻发言人可视危机性质和程度进行选择，但其必须具有传达信息的权威性。新闻发言人应讲述事件发生的原因和经过，以及组织所采取的和正要采取的补救措施。在向新闻界公布事实前，组织内部要先统一认识和口径。在说明情况时，应尽量简明扼要，避免使用专业术语或晦涩难懂的词语。

公关大舞台

相同的危机，不同的结果

一个曾是抖音带货一哥罗某，一个曾是快手带货一哥辛某；一个是卖羊毛衫，一个是卖燕窝。同样是直播带货，同样是售假，但不同的公关态度和公关手段造成的结果却大不一样。

快手带货一哥辛某的危机处理	抖音带货一哥罗某的危机处理
1. 2021年9月和10月，辛某两次在直播间带货销售推广商品“茗挚碗装风味即食燕窝”。 2. 消费者投诉过度宣传功效，质疑所售产品为假燕窝。 3. 辛某面对质疑矢口否认。 4. 市场监管部门对产品抽检，责令辛某停止违法行为，并给予罚款200万元的行政处罚。 5. 辛某红着眼睛上演影帝级别的道歉表演，同时将几十亿元资产转移给家人，自己留个空壳公司。	1. 2020年11月28日，罗某团队在交个朋友直播间销售“皮尔卡丹”羊毛衫。 2. 部分消费者反馈羊毛衫非纯羊毛制品，系假冒伪劣产品。 3. 直播团队即刻回收5件羊毛衫送专业检测机构检测。 4. 第一时间承认羊毛衫非纯羊毛产品。 5. 及时在网络发布诚恳致歉声明。 6. 承诺因维权官司执行期较长，罗某直播间将代为进行3倍赔付。在未来一周内，对2万多名消费者办理赔付，赔付总额高达467.4万元。 7. 罗某表示直播团队今后将重新梳理管理流程、优化渠道合作伙伴管理机制、提升供应商准入门槛等，还将安排匿名顾客购买商品以随机检查，并和成都淘立播网络科技有限公司一起，马上向公安机关报案。

4. 重塑组织形象技巧

危机后期的形象重塑工作是对组织生存、发展能力的严峻考验，危机公关的高级技巧应在这方面得到更有效的运用，具体包括以下几个方面：

（1）确立形象，重塑目标。组织在重塑形象的过程中，首先，要做好受危机伤害最大的公众的安抚和补偿工作，赢得他们的理解和重新信赖；其次，要对危机爆发的关键环节及时修补；最后，还要借此进行全面的整顿，并确立更高的发展目标。

智慧火花

危机中的“破窗效应”

中国有一句老话：墙倒众人推。西方管理学对此也有一个专门的术语——“破窗效应”。当一个企业遇到危机的时候，如果不能及时化解，就给公众一个暗示，对该企业批判性的舆论会逐步加强，并很快成为一种主流行动。随后在强大的负面批评浪潮之下，任何反对的意见都变得苍白无力。同时，“破窗效应”还会对舆论形成一种导向：即使是赞同，人们也会保持沉默。这反过来又强化了反对方的力量，经过反复循环，就会对企业造成一股强大的反对势力。在这种情况下，即使企业最终证明是正确的，也无法抗拒负面影响对企业造成的巨大伤害。

资料来源：于剑．网络时代的零售企业危机公关［EB/OL］．(2009-03-20)［2024-08-30］．联商网．

（2）做好信心恢复工作。危机事件对组织和公众心理的伤害和信心的冲击不亚于直接的物质损失。重新培育信心是重塑组织形象工程的重要组成部分。对内，组织要通过有效的沟通和积极的举措使员工振作精神，坚定信心；对外，组织要及时传达积极有益的信息，让公众感觉到组织的存在和重新崛起的实力。

（3）策划一系列重塑形象的专题活动。重塑组织形象需要艰苦的努力，其中精心的策划显得尤为重要。例如，新的领导班子的第一印象、新的发展项目的隆重推出、大型公益活动的轰动效应、组织最新的成就和社会评价的连续报道等，这些都将有助于组织形象的重塑工作，并促使组织向更高目标发展。

智慧火花

新媒体时代，企业如何做好危机公关？

从近几年来企业危机发酵、曝光的渠道来看，新媒体扮演了越来越重要的角色。相比传统媒体，新媒体传播速度非常迅速，任何一件小事都有可能在短短几分钟内传遍世界各个角落，形成强大的舆论风暴。因此，如何在新媒体时代进行危机公关，就成了摆在企业面前的重要课题。

新媒体环境下，企业面临的舆论危机呈现复杂化和多样性的特点，如何通过正确的危机公关策略建立并维持良好的企业形象，进而提升企业的知名度和美誉度呢？

1. 搭建全方位舆情监测平台

危机监测重在信息的收集与关注，搭建一个全方位的舆情监测平台至关重要。舆情监测包括两个方面的内容，一是日常舆情监测，一是“排爆”。日常舆情监测的主要工作是收集、分析、研究各类信息资料，发现舆论的发展趋势、来源分布、热门话题，并对容易引发企业危机的信息进行判断和处理；“排爆”就是对企业各个方面可能存在的危机爆炸点进行排查，以便在危机尚未发生或尚且处于信息传播的初始阶段及时地作出预测和判断，掌握控制危机的主动权。

2. 寻找原因，穿透危机本质

企业危机处理不仅要用诚意的语言安慰人，更要用积极的行动来打动人。新媒体时代信息庞杂，有效信息极其容易被淹没，企业发生危机后，需要通过提高自身危机判断能力和信息处理能力，抽丝剥茧，找出危机爆发的直接原因并挖掘出危机的本质，才能有的放矢，采取准确、有效的危机公关措施。

3. 真诚告知危机事实真相

新媒体时代，信息在一个公开透明的环境之下自由地流通，企业的“沉默是金”只能导致信息真空，现代企业必须跳出传统媒体时代的“冷处理”方式。在危机事件发生后，企业应该通过官微、官网等公开、权威的渠道，及时、准确地告知公众危机事件的真相，企业因为一些原因无法掌握全部真相时也必须保证发布的部分真相属实，从而满足公众的知情权。从马航事件中我们可以看到，让人们及时了解事实真相，哪怕是残酷的真相，都是消除谣言的良方，也能赢得公众的理解、支持和配合。

此外，企业还需要做好危机公关的善后工作。善后得当，企业能够消除危机残存的尾巴，修复受损的企业形象，重新获得甚至加强公众对企业的认同。在成功进行危机处理后，企业最重要的就是要恢复消费者、公众、社会对企业的信任，还可以借助之前危机造成的高关注度对品牌形象进行宣传，为企业后续发展寻找机会。

资料来源：新媒体时代，企业如何做好危机公关？[EB/OL]. (2020-04-20) [2024-07-16]. 彼亿营销.

(四) 危机中忌讳的言论和行为

(1) 事件发生后显得不温不火，似乎对事件造成的损失和影响漠不关心、若无其事，如赛门铁克“诺顿误杀事件”。

(2) 嘴上说在处理，但行动上迟迟不见动静，如某国足坛“赌球”风波。

(3) 在处理危机事件时显得手足无措，不知如何是好，如东方甄选“小作文”事件。

(4) 态度强硬，在没有调查前就一再强调“是别人弄错了，本公司根本没有问题”，如芬达“致癌风波”。

(5) 面对媒体或公众，发言内容逻辑混乱，出现前后矛盾或多种声音，如中国平安高管“年薪门”事件。

(6) 声称“任何企业或个人都可能会发生同类事件”，如当产品质量出现问题时，某些组织以这样的口气推诿责任。

(7) 声称“事件的发生是由于供应商或别的什么人”，如三鹿“毒奶粉”事件。

(8) 声称“此类事件属于不可抗力因素”，如东航“返航门”事件。

(9) 不直接扼要地阐述为处理事件在具体做什么，而是说一些不能传达任何有效信息的话，如某电影明星“诈捐门”事件。

(10) 面对媒体和公众时，态度不严肃、不诚恳，表现出不耐烦或怒气冲冲的情绪，如某市阳光城市花园销售经理怒斥媒体事件。

四、自媒体时代组织危机公关处理

当越来越多的新闻事件通过微博或微信等来表达和传播时，自媒体的力量被逐渐放大。一些原本弱小的声音，也可以在口口相传中被放大，让众人的观点立场迅速集结，甚至能撼动事件本身走向及未来发展趋势。

在这样一个信息碎片化的时代，组织危机公关面临着重大的挑战，有众多需要规避和注意的方面。只有正确看待自媒体，及时发现危机根苗，将其扼杀在萌芽状态，才能游刃有余。

在自媒体时代，传播源十分分散，微博、微信、直播平台等都有可能传播负面信息。在不能有效干预和屏蔽疏导的情形下，面对危机，任何愤怒、隐瞒、掩盖都于事无补，几乎所有的危机处理失败的案例，都存在态度上的偏差。此时组织最明智的做法是，面对事实，正视事实，认真对待，敢于公开真相。

智慧火花

自媒体揭开了谁的盖子?

自媒体是普通大众经由数字科技强化及全球知识体系相连后，一种提供与分享他们自身想法、行为和新闻的途径。当今社会，传统媒体不再是获取信息的唯一途径，自媒体时代，信息垄断几乎没有可能，每一个人都是媒体，全民皆可参与传播信息资讯。这就表现为对于同一个事件，各种不同的描述和观点从四面八方涌来，人们获取信息的渠道多种多样，再也没有所谓绝对权威，真相隐藏于密密麻麻的线索之中，反而更加难以理清头绪。由于“主流媒体”的声音渐弱，人们不再接受“统一声音”来告知对或错，每一个人都需要从独立获得的资讯中，对事物作出判断。自媒体以超越人类想象的速度改变和控制着人类的思维，对和错的区分也变得越来越模糊。

自媒体与传统的传播方式不同，每个人在自媒体上都是有多种身份，有多种位置。比如说我们每一个参与者，既是信息发布者，又是信息传播者，还是话题创建者，也是活动策划者。每一个参与自媒体传播的人，实际上是以多种角色、多种形象在媒体上出现。

新媒体的社会化改变了传统媒体一对多的传播方式，现在的媒体传播体现为多对多的“对话”。由于发布者的不可知性，任何一个人都可以是危机发生的触发器，任何一个细节都可能是危机的诱发因素，我们也许能控制某一个媒体，但我们无法控制每一个人。正是因为门槛低，这给危机的潜入提供了机会。

自媒体时代，同样面临一个很大的挑战，那就是信息没有价值，注意力才有价值。而这个挑战的残酷性在于：好消息通常不能吸引注意力，而能够吸引注意力的往往是坏消息。

“微博或论坛曝光—网民关注—传统媒体报道—网络转载—网民议论放大—更多媒体关注—更多社会关注—事件升级，掀起高潮”，这种令人恐怖的裂变效应，往往使组织措手不及。自媒体的“扩音器”作用明显。

自媒体传播具有垃圾累积效应。负面信息一经发布，就会被不断谈论、转载，甚至被丑化，就像没有回收的垃圾一样，散发着臭味。当累计达到一定量之后，形势就覆水难收了。

有的自媒体过分追求新闻发布速度或者说为了追求点击率而忽略了新闻的真实性，这就导致了自媒体所传播的信息的可信度低。而微博的传播机制，也让很多人在无意中当了谣言的“二传手”。

自媒体时代成为“围观时代”，当组织被无数人围观的时候，即使你做了100件好事，也抵不过1件错事带来的伤害。任何一个微小的疏忽或细节的失败，都可能导致“100－1＝0”的效果，前功尽弃。有人说：爬到山顶需要花10年的时间，而掉到山谷只需要10秒钟。在社会化的新媒体时代，尤其如此。

(一) 态度和沟通是组织危机公关的着陆舱

一些机构、企业或个人对网络公关、危机公关的认识存在偏差，解决问题的方法是依赖于雇用水军灌水及删帖。但事与愿违，帖子越删越多，是非越来越混淆，事情越闹越大。如何让社会化媒体不成为放大器，而成为着陆舱呢?

组织处于危机旋涡中时是公众和媒介的焦点，此时组织应该主动与新闻媒介联系，尽快与公众沟通，说明事实真相，促使双方互相理解，消除公众的疑虑与不安。

危机发生后，公众会关心两方面的问题。一方面是利益问题。利益是公众关注的焦点，因此无论谁是谁非，组织都应该承担责任。即使受害者在事故发生中有一定责任，组织也不应首先追究其责任，否则会各执己见，加深矛盾，引起公众的反感，不利于问题的解决。另一方面是感情问题。公众很在意组织是否注重自己的感受，因此组织应该站在受害者的立场上表示同情，并及时安慰，通过新闻媒体向公众致歉，解决深层次的心理、情感问题，从而赢得公众的理解和信任。

面对媒体，态度最大。每个公众人物在面对媒体时，始终要记住一件事情：第一是态度，第二是态度，第三还是态度。人们会原谅一个犯错误的孩子，但不会原谅一个不承认错误的孩子。

网络是双向的沟通渠道，此时的组织不仅是单向地“说”，也要善于“倾听”，了解网络上包括来自消费者、竞争者、围观者的声音，及时收集口碑信息，找到不足之处，并作出相应的处理，引导网络口碑向好的方向传播。

不论是第三方监测机构，还是雇用专业公司优化搜索引擎服务，组织需要尽可能多地倾听来自各方的反馈和意见，在声誉危机还未发生时做到未雨绸缪。对于个体意见的反馈速度一定要及时和快，即便是一些大公司也容易忽视负面口碑传播的严重性，若没有一套及时的处理机制，则常常会使组织陷入措手不及的声誉危机之中。

（二）速度和统一是组织危机公关处理的关键

在危机出现的最初 24 小时内，消息会像病毒一样，以裂变方式迅速传播。而这时候可靠的消息往往不多，社会上大多充斥着谣言和猜测。危机发生后，能否首先控制住事态，使其不扩大、不升级、不蔓延，是处理危机的关键，这样才能及时地将事情往好的方向引导。

对于危机公关，组织高层越早介入越好，这不是放手给下面的员工让他们单独处理就能解决得好的。只有及时地反馈到高层才能对可能发生的危机进行及早的处理。

在越发透明的互联网时代，组织的受众、员工或合作伙伴等利益相关方都是品牌的传播者。成功的声誉建立在组织不间断地履行当初强有力的诺言。利益相关方现在都可以直接地感受到组织的承诺，一旦作恶便可能引发声誉危机。

公众在一定程度上已厌倦组织精心策划的宣传语，也不再信服于组织精心组织的官方式回应，他们期望在网络上能与品牌有平等和真诚的沟通机会。以沉默和不作为的方式期望负面危机会过去的想法早已过时。能够积极应对危机的组织相比那些试图藏着掖着的组织，品牌和形象的恢复速度都更快。

而对于以往试图以悲情牌获取同情的举动，现在的公众也不再买账。倒不如以实际行动，让公众看到组织对于问题的积极处理，没有哪家组织不犯错，但关键是犯错之后怎么面对。组织由于被误解能积极面对不难，难的是组织真实存有问题时如何面对。道歉或提升信赖感的沟通方式反而能及时遏制事态的进一步恶化。

(三) 密切监测网络舆情，建立预防机制

传播危机是任何组织都不希望看到的局面，都会竭力避免，但是传播危机在自媒体时代又无所不在，加强传播危机管理就成为组织公共关系部门的重要课题。

“预防是解决危机的最好方法”，这是危机公关专家迈克尔·里杰斯特（Michael Regester）的名言。未雨绸缪，超前预防潜在的危机本身就是最好的公关。对于组织而言，预防危机的难度在于危机的先兆可能很细小，非常容易被忽略，也可能出现的频率很高，以至于麻痹了决策者的神经，还可能从先兆出现到危机爆发的时间极短，组织无暇顾及。

在发达的传播环境中，任何再微小的危机事件都可能经过媒体的放大效应酿成大旋涡，最终导致品牌的美誉度及公众信任被摧毁。因此，组织危机公关的关键是要重视媒体沟通策略，进行正确的舆论引导，从而实现公众信任重建的目标。

此外，要抢占社会化媒体阵地，建立危机的“防火墙”。首先，要建立危机公关体系，从危机的预防、处理到从危机中恢复，都应有体系、流程和制度做保证；其次，要做好舆情监测工作，确保在第一时间发现危机源头，了解危机动向，对热点进行识别，通过分类、聚类分析，判断其倾向和趋势；最后，主动、系统、全面地进行传播，积极承担社会责任，润物细无声，潜移默化地树立正面形象。

思维与技能训练

一、想一想

1. 一般而言，组织进行公共关系日常运作的主要方式有哪些？

2. 公关专题活动的特点是什么？

3. 怎样搞好赞助活动，以提高组织的认知度和美誉度？

4. 组织开放参观活动要注意哪些问题？

5. 公关危机的特征和类型有哪些？如何预防危机的发生？

6. 公关危机处理的原则和技巧是什么？

7. 公关危机发生时应按什么程序进行处理？要注意哪些问题？

8. 自媒体时代，组织应如何预防并应对公关危机？

二、做一做

1. 请查阅有关资料，了解 2017 年海底捞因食品卫生问题被媒体曝光后的危机处理过程。请分析：为什么海底捞的这次危机公关被誉为“一次成功的公关”？

2. 你所在的学校拟在明年组织一次大型校庆联谊活动，请你为学校策划一个活动方案（要求说明庆祝形式、内容、程序、组织、开支、效果等）。

三、技能实战训练

［实战项目］

查找相关资料，了解 2023 年媒体曝光的十大危机事件，请任选其中一个危机事件，分析危机背景及产生的危害，并帮助相关公司制定危机公关方案。

［实训目标］

1. 能深入分析危机产生的原因及危害。

2. 能按照危机处理程序及原则帮助组织制定危机处理方案。

［实操流程］

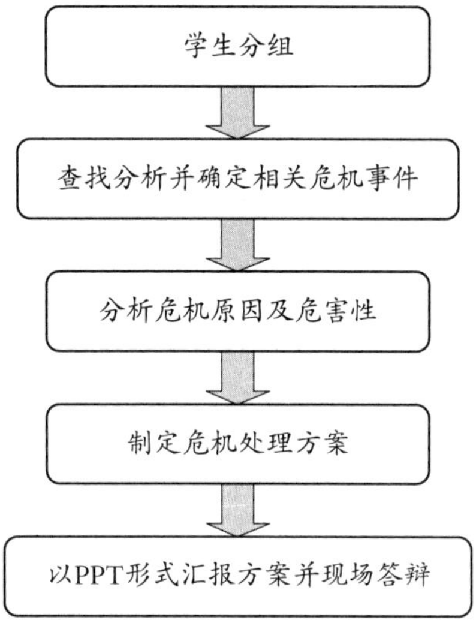

［注意事项］

1. 深入分析公关危机产生原因，公关危机处理要遵循科学程序与原则。

2. 公关危机处理方式与方法要注重创新性和可行性。

［实训成果与评价］

1. 成果：

（1）各组完成企业公关危机处理方案一份。

（2）制作 PPT，课堂汇报危机处理方案并现场答辩。

2. 评价指标：

序号	项目	评价标准	比重（分）	得分
1	内容	方案完整，结构合理，内容明确，有创新	30	
2	态度	工作态度严谨，团队合作高效	20	
3	知识	方案体现科学程序与原则，具有可行性	25	
4	技能	应变能力强，口头表达好，具备良好的知识运用能力	25	
总分			100	

项目核心能力与公关素养自评

	核心能力（素养）	是否提高
通过学习本项目，你的哪些核心能力得到了提升：	文字编辑能力	
	接待能力	
	组织策划能力	
	危机处理能力	
通过学习本项目，你认识到的公关素养有：	决断力	
	话题设置	
	网络热点捕捉	
	应对突发事件	
自评人（签名）： 年　　月　　日		教师（签名）： 年　　月　　日

项目七 精通公共关系传播管理

公关之魂，魂系沟通

再好的产品，如果不与注意力与瞩目性相结合，也创造不了市场价值。

——搜狐总裁张朝阳

项目解析

公共关系传播，是信息交流的过程，也是社会组织开展公共关系工作的重要手段。组织与公众的沟通很大程度上依靠信息传播。离开了传播，公众无从了解组织，组织也无从了解公众。因此，组织要充分利用传播手段开展公关活动，赢得公众好感和舆论支持，以期获得良好的经济效益和社会效益。

项目目标

1. 知识目标

(1) 了解公共关系传播的含义、要素和功能。

(2) 掌握公共关系大众传播的方式及特点。

(3) 掌握公共关系人际传播的分类及特点。

(4) 了解新媒体公关传播的手段及传播策略。

2. 能力目标

(1) 熟练运用各种传播手段为组织进行公关宣传。

(2) 帮助组织策划新闻事件或撰写新闻稿件以提升组织在公众中的影响力。

(3) 根据组织公关目标策划公关广告。

(4) 能利用新媒体帮助组织进行形象宣传与公关传播。

3. 素质目标

(1) 提升文化素养水平，树立正确三观。

(2) 培养创新精神，具备新发展理念。

(3) 正直阳光，人性向善，诚信守德。

公关聚焦

新媒体环境下，企业公关的便捷性与传播技巧大集结

随着移动互联网和新媒体技术的迅猛发展，企业公关越来越重视新媒体传播。如何利用新媒体的便捷性和传播技巧，来帮助企业传播良好的公关形象就成为企业关注的重点。

1. 新媒体迅猛发展孕育了公关营销的便捷性

在新媒体迅速崛起的今天，随着私域流量的日益流行，对于企业公关活动而言，微信公众号（订阅号和服务号）、朋友圈、小程序，微博（大V、博主和粉丝），抖音和快手等短视频平台，小红书（流行、种草）等平台的全新助力无疑让企业日常公关活动变得越来越便捷。但这种便捷性是一把双刃剑，有时能使企业良好的公关形象得以快速传播，但有时也会因某一细小失误或小事件给企业带来负面影响，甚至是毁灭性的伤害。

2. 公关营销的三大传播技巧

（1）诚实是公关传播活动的核心。公关活动的核心目标是与公众保持友善，诚实沟通，建立互惠关系。在新媒体日益发达的今天，企业开展公关活动时，一方面要注重传播内容的原生性、趣味性以及与用户的互动性；另一方面应借助相关数据监测，加强企业不利信息的收集，尽量将企业危机扼杀在摇篮之中。诚实是企业公关的核心品质，要将诚信形象通过人际传播、大众传播、网络传播等多种途径传递给公众。

（2）转变思维，更注重日常公关活动传播。企业公关分为日常公关和危机公关。日常公关是指企业日常进行公共关系的活动。危机公关是指企业在经历某一重大危机时所采取的公共关系活动。一般而言，企业危机爆发时，来势凶猛、破坏力大，而且带有一定的强制性，因此企业更注重危机公关。殊不知，企业爆发危机事件的根源在于企业日常管理的疏忽。处理危机公关的根本之策在于加强企业的日常公关管理活动。所以，企业必须转变公关认识思维，更注重日常公关活动传播。

（3）转变受众观，用户也是主人。传统的受众观将公众视为“靶子”，认为公众接受信息是被动的，“传播什么就相信什么”。如今，受众变成了用户，从被动接受信息到主动传播信息，用户变成了公关传播的主人。“全员公关”是一些企业所倡导的公关理念，体现在将其员工、股东、合伙人等视为企业对外的传播要素。其实，“全员公关”的理念可以发展至用户。将用户视为公关的一员，更符合新媒体环境下的公关诉求。

互联网和新媒体技术迅猛发展，企业公关迎来了多渠道发声的时代，掌握多样化的公关传播技巧更有助于企业公关。公关传播一定要转变受众观，用户为大，以诚为本，用心沟通。

资料来源：新媒体环境下，企业公关的便捷性与传播技巧大集结 [EB/OL]. (2020-01-16) [2024-08-24]. 搜狐网.

思考

1. 何为传播？→ 认知公共关系传播
2. 何为专业化传播方式？→ 了解公共关系大众传播
3. 传统传播方式有哪些？→ 了解公共关系人际传播
4. 新媒体传播方式有哪些？→ 认知新媒体公关传播

公共关系是对组织信息的一种传播管理活动。组织信息通过各种传播载体进行有效的传播，其本质就是公关，组织由此被社会所认知。

任务一　认知公共关系传播

任务目标

完成本任务，你要了解公共关系传播的含义、要素、功能和传播类型。

任务布置

搜集资料，了解随着现代科学技术的发展，都有哪些新型传播方式出现，分组讨论组织应如何利用新型传播媒介开展公共关系活动。

一、公共关系传播的含义、要素及功能

（一）公共关系传播的含义

凡是人类传递、接收、交流、分享信息的活动过程，都可以称之为传播。“传播”一词源自英文单词“communication”。“communication”除了有“传播”之意外，还包含“交流”“联络”“沟通”等意思，即信息的交流、沟通的现象、行为、规律和方法，其具体含义包括以下三个方面：

（1）信息的传递。信源通过一定的媒介，如广播、电话、电视等，将信息传递给接收方（即信宿）。

（2）双向的交流。传播双方都是信息的参与者，他们之间是相互影响、相互交流的关系，如网络留言、现场互动、对话等。

（3）信息的共享。在传播中，双方通过信息的分享取得了一致的了解、认识、理解或意向，达到了相互之间沟通的效果。

综上所述，公共关系传播是指一个组织为了提高自身的认知度、美誉度与和谐度，借

助传播的方式所开展的传播活动及传播管理。公共关系传播具有社会性、道德性、文化性、情感性和新奇性的特点。

(二) 公共关系传播的要素

(1) 信源。信源是指信息的发布者，即组织。

(2) 信息。信息是指发布的有关组织的各种消息，如组织的经营理念、服务宗旨、组织活动、社会行为等。

(3) 媒介。媒介又称传播渠道或工具，是指记录、保存并传播信息的载体，如广播、电视、网络等。

(4) 信宿。信宿是指信息传播的对象，即信息的接收方——公众。

(5) 反馈。反馈是指信宿对信源发送的信息所作出的反应。

(三) 公共关系传播的功能

公共关系传播的目的是通过准确选择各种媒介，及时向公众传达组织的各种信息，改变公众对组织的看法和态度，以此来赢得公众的信赖和好感。公共关系传播目的的实现依赖于公共关系传播功能的实现，公共关系传播的功能包括：

1. 提供和分享组织的信息

向公众提供及时、准确和有说服力的最新组织信息，与公众分享组织的现状和成果，既满足了公众了解组织状况的愿望和好奇心，又增加了组织经营管理的透明度，使公众能感受到组织的真诚和对公众的重视，从而博得公众对组织行为的理解和支持。

2. 改变公众对组织的态度

组织在其经营发展过程中，难免会受到一些因素冲击而导致公众误解或陷入危机，这时候就需要利用各种沟通技巧和传播媒介，在信息共享的基础上，消除不利舆论的影响，引导公众的态度向着有利于组织的方向转变。

智慧火花

从华为公关看“赢得支持”

2019年5月，时值美国政府把华为列入“实体清单”、限制美国公司卖产品给华为的风口浪尖之际，任正非接受多家中国媒体采访，公关智慧闪耀，“赢得支持”的精神深入骨髓，颇值得借鉴。从“制造热点”出发，走到“赢得支持”，其间有四个阶段要加以注意。

第一阶段，制造热点。

热点话题、热点事件是接触公关的重要入口，此次华为事件就是热点。手机行业受关注，竞争激烈，热点颇多。例如：VIVO 手机在北京水立方召开新品发布会上，总裁上台时掉水里了；酷派 ivvi 手机发布会上，CEO 吊威亚出场，挂半空了。为了热点，这些公司创始人和 CEO 们也是拼了。

第二阶段，追求植入。

“4 小时逃离北上广”“只要心中有沙，哪里都是马尔代夫”“斯巴达三百勇士北京游行”……这些事件你是否听过？那背后的品牌是谁？

许多人只知事件，不知品牌，对品牌而言无疑是巨大浪费。怎么办？把品牌和事件绑定。怎么绑？方法是“三重植入”。

植入分三个层级，最底层级是“表层植入”——品牌和事件一起出现，但传播过程中品牌和事件可以分离。例如，××品牌邀请知名歌手来现场，媒体在传播时会称呼××品牌为“某品牌”，把画面上××品牌的商标打上马赛克。再上一层级是“内核植入”，定义是：品牌和事件一起出现，在传播过程中品牌和事件不可以分离。最高层级是“词植入”，是指品牌名称植入词媒体中，只要提及事件名称，品牌就得以曝光。绑定品牌和事件，应尽量拒绝表层植入，做到内核植入，尝试词植入，如此可以突出品牌形象。

第三阶段：支撑定位。

众所周知，“凡客体”2010 年大热，业绩效果如何？2011 年末，凡客亏损近 6 亿元，一路从 11 000 人裁员到 300 人。

为什么？因为凡客战略出问题了，从做衬衫到做 T 恤，价格带从 80～200 元打到 29 元，“凡客体”传播得越火爆，顾客对品牌的认知就越混淆。“凡客体”告诉我们，战略不对，传播越努力，离目标越远。违背战略，破坏顾客认知的公关，对品牌是有害的。反之，每一次传播都要支撑战略，支撑顾客认知，支撑定位。

例如，无论是做 3 万米高空极限跳伞，还是张家界世界翼装飞行大赛，红牛每一个极限活动都会强调“能量”两字，不断在顾客认知点上积累资源。

第四阶段：赢得支持。

支撑定位，公关就做到顶峰了吗？2018 年，美团进军打车市场时，滴滴 CEO 接受采访时表示：“尔要战，便战。”不仅如此，滴滴还攻击“美团补贴扰乱行业秩序”。这些传播体现了滴滴打车市场的领导地位，但对滴滴有利吗？

美团公关如何回复？——“人民需要两个打车软件”“打破垄断才是终局”。争取公众支持，与“人民”结盟，激发公众反对滴滴，正是公关战王道。

由此看来，公关目标仅是传播吗？不是，公关不仅要传播，还要赢得支持。传播像刮风，过去就过去了；支持像种树，让品牌扎根在公众心田。

毫无疑问，此次华为风波无疑是社会热点，考验着华为的智慧和能力。任正非接受访谈，究竟在对谁说话？既对国内，也对国外。在采访中，任正非一方面对美国企业、对欧洲释放强烈善意；一方面传递华为的节气和实力，赢得国内公众支持；同时还不忘示弱，说自己被公共关系逼着对外，“我老了，打死就算了”，都在为华为赢得支持。

当然，“公关四阶段”并不互斥，而是相互兼容。我们要学习华为，要始终在赢得支持的前提下，思考支撑定位，寻求品牌植入，设法制造热点。

资料来源：快刀何．从华为公关看“赢得支持”[EB/OL]．(2019-07-16)[2024-08-30]．“中国公关网”微信公众号．

3．引导公众行为

组织应通过有效而持续的沟通传播，使公众深入了解组织、认同组织，最终博得公众的理解和支持，促使公众作出对组织有利的行为。

二、公共关系传播的类型

公共关系传播的类型可谓丰富多样，通常有大众传播、人际传播、组织传播、自我传播等。而组织在进行公共关系活动时，由于面对的是广大的公众，因此常采用的传播方式主要有两种，即大众传播和人际传播。

（一）大众传播

大众传播是指传播主体通过大众传播媒介，以社会上分散的公众为对象而进行的大规模的信息生产和传播活动。它主要体现为新闻和广告两种形式。

大众传播一般具有以下特点：

1．传播媒介高度专业化

现代大众传播业是专业化行业，信息的生产、复制和传播活动往往要由专业机构和人员来完成，如报社、杂志社、广播电台、电视台等。信息的传播内容和方式也是由大量的职业者来策划制作，如记者、编辑、播音员等。

2．传播对象高度大众化

大众传播的对象是社会上分散的广大公众，他们所处地域不同、阶层不同、接受信息能力不同，对信息作出的反应也不尽相同，而且他们高度分散，相互之间及与传播者之间也处于分散状态。

3．传播过程具有很强的单向性

大众传播是对分散的、匿名的公众进行单向传播，至于公众看没看、听没听，组织则无法进行判断和预知，而且收集信息反馈意见相对缓慢，手段也比较复杂，花费的成本相对较高。

4．传播内容大众化

由于大众传播面对的是社会公众，因此传播的内容相对通俗化、大众化，要尽可能符合公众的审美观及社会潮流，内容要为公众所关心和接受，以吸引他们的注意力和提高他们的兴趣。

5. 传播活动高效化

现代化的传播技术为大量地、高速地复制和传递信息提供了可能，从而使得传播范围大大扩大，甚至可以跨越国界进行全球性的同步传播，故具有强大的公众舆论影响力。正因为如此，很多组织越来越多地采用大众传播方式来进行传播。

（二）人际传播

人际传播是指作为行为主体的个人与个人之间的信息传播活动。它通常是指个体与个体之间的沟通交流，或者说是确定的个人之间的信息相互作用。它是最常见、最广泛的一种传播方式，也是人类社会赖以生存和发展的重要活动，包括面对面的直接的人际交流和通过媒介的接触交流。

相比于大众传播，人际传播的优点是信息渠道丰富，传播符号多样，双向性强，反馈及时，更具有情感性。

任务二 了解公共关系大众传播

任务目标

完成本任务，你要了解公共关系大众传播的媒介及各种媒介传播的特点，掌握公关新闻传播和公关广告传播的方法和技巧，理解大众传播对组织公关的重要性。

任务布置

仍以穆墩岛景区为背景，为其公关策划方案的组织实施活动撰写一篇新闻稿，扩大景区在公众中的影响力。

一、辨识大众传播媒介

大众传播媒介是向公众大规模传播信息的专业化媒介组织和信息载体，具有传播范围广、传播速度快等特点。目前组织在进行公共关系宣传时常采用的大众传播媒介有以下几种：

（一）报纸

报纸是刊载各种新闻及信息的定期出版物。其优点是：传播面广；传播迅速；具有新闻性，阅读率较高；文字表现力强；便于保存和查找；传播费用低。其缺点是：时效性短；传播信息易被读者忽略；理解程度受读者文化层次限制；色泽较差，缺乏动感。

(二) 杂志

杂志是以成册装订的形式刊出的定期出版物。其优点是：针对性强；时效性长；印刷精美，表现力强。其缺点是：出版周期长；声势小；理解程度受读者文化层次限制。

(三) 广播

广播是指通过无线电波或导线传送声音符号的传播媒介。其优点是：传播面广；传播迅速；感染力强；功能丰富多样。其缺点是：传播效果稍纵即逝，耳过不留，信息的储存性差，难以查询和记录；线性的传播方式，即广播内容按时间顺序依次排列，听众受节目顺序限制，只能被动接受既定的内容，选择性差；广播只有声音，没有文字和图像，听众对广播信息的注意力容易分散。

7-1 广播媒介的优势

(四) 电视

电视是用电子技术传递声音、活动图像及文字的传播媒介。其优点是：视听结合，传达效果好；纪实性强，有现场感；传播迅速，影响面大；功能多样，娱乐性强。其缺点是：和广播一样，传播效果稍纵即逝，信息的储存性差，记录不便也难以查询；电视节目同样受时间顺序的限制，加上受场地、设备条件的限制，使信息的传送和接收都不如报刊、广播那样具有灵活性；电视节目的制作、传送、接收和保存的成本较高。

(五) 互联网

国际互联网即 Internet，是全球最大的、开放的、由众多网络互联而成的、主要采用 TCP/IP 协议的计算机网络，以及这个网络所包含的巨大的国际性信息资源。互联网含有极其丰富的信息资源，并能使处于异地的计算机方便地进行信息交流与资源共享。由于计算机越来越普及以及网络进入千家万户，越来越多的组织开始重视网络这一传播沟通媒介，而且随着微博、微信等新型网络平台的出现，网络传播的影响力也越来越大。其优点是：传播范围广泛；可超越时空进行传播；高度开放；传播主体与受众可双向互动；满足公众个性化需求；传播信息容量大；低成本。其缺点是：信息甄别困难；存在数据安全隐患；给非法活动提供了便利。

7-2 互联网媒介的传播特征

二、掌握公关新闻传播

公关新闻传播是公关实务中运用最广泛和最有效的手段，是公关人员从事公关活动、建立组织形象的最基本的工具。公关人员必须学习和掌握如何利用新闻手段进行传播。公关新闻传播的特点如下：

（1）公关新闻传播具有广泛的、系统的、持续不断的传播优势，这是其他任何单一的大众传播媒介难以达到的。

（2）公关新闻传播能使受众产生客观的印象和感受。

（3）公关新闻传播所投入的经济成本比较低，可信度却比较高。

目前组织常采用的公关新闻传播有三种方式：一是策划新闻事件，二是撰写新闻稿，三是召开新闻发布会。由于新闻发布会属于专题运作范畴，在此不再重复讲解。以下就策划新闻事件和撰写新闻稿做简要介绍。

公关大舞台

这波算盘打得贼精！

众所周知，每逢世界杯，不仅是全世界球迷的狂欢盛宴，更是各路品牌斗智斗勇的竞演舞台。在这种热火朝天的喧闹氛围中，每个企业都策划着各种新闻以"擦边"世界杯营销盛宴。

2018 年 5 月，《南方都市报》整版刊登了由华帝股份有限公司董事长签字的"法国队夺冠，华帝退全款"声明，承诺在 2018 年 6 月 1 日 0 时至 2018 年 6 月 30 日 22 时期间，凡购买华帝公司"夺冠套餐"的消费者，如果法国队夺冠，华帝公司将按所购"夺冠套餐"产品的发票金额退款。

短时间内这一新闻就被置顶霸屏，铺天盖地的媒体宣传也助阵华帝公司，引来一波波关注热潮，相应的产品销售也屡创新高。相对于其他赞助商在世界杯期间投放的容易让观众产生反感的"洗脑"广告，华帝公司的这波营销策划可以说是让人眼前一亮。

法国队本身在球迷中就有大量的拥趸者，夺冠呼声极高。华帝公司这一承诺不仅有可能让消费者"赌赢"的心理期盼得以实现，而且在经济上还有意外惊喜。这一策划完全调动起了消费者的兴奋神经，掀起了舆论的传播热情。在法国队夺得 2018 年俄罗斯世界杯冠军后，华帝股份有限公司正式宣布，将启动退款，并且公布了具体的退款流程。也就是说，公司将要退回 7 900 万元的巨款。

此番官方退款消息出炉后，不少网友纷纷留言："老板，请问还有可能续约吗？""良心企业。""偷偷告诉我是不是买了法国队的彩票？""广告宣传得不错，成功营销。"……

无论是不是成功的品牌推广营销，华帝公司兑现承诺，获得了一致好评。值得一提的是，2018 年 3 月，华帝公司签约法国国家足球队，成为其官方赞助商。有数据显示，2017 年华帝公司实现营收 57.3 亿元，净利润 5.1 亿元，7 900 万元只占其销售额的不足 2%。另外，考虑到各种因素，华帝公司实际退款的数额肯定会低于 7 900 万元。所以又有声音说，华帝不仅没有输，而且赢了。

可以说，华帝这一次“蹭热点”的策划名利双收，网友纷纷表示：这波算盘打得贼精！

资料来源：法国队夺冠，华帝公司宣布“退全款正式启动” 网友：算盘打得贼精 [EB/OL].(2018-07-16) [2024-08-25]. 搜狐网.

（一）策划新闻事件

策划具有新闻价值的事件也叫作“制造新闻”，是组织争取新闻宣传机会的一种技巧，即在真实的、不损害公众利益的前提下，策划、举办具有新闻价值的事件或活动，吸引新闻界和公众的注意力，制造新闻热点，争取被报道的机会，使本组织成为新闻的主角，以达到提高知名度、扩大社会影响力的目的。“制造新闻”有两层含义：一方面是指公关人员赋予组织已开展的事件以新闻价值，另一方面是指组织有意识地、主动地去开展具有新闻价值的活动。媒介对此类问题的新闻报道一般比较挑剔，选择较严格。因此，公关人员需要敏锐地把握舆论导向、流行趋势及社会热点，以便引起媒体关注，激发其报道热情。

1. 新闻策划要领

（1）应该就公众关注的热点话题制造新闻。在不同时期，公众的关注热点会有所不同，如奥运话题、赈灾救灾话题、世博会话题等。公关人员只有及时捕捉到社会热点，并有意识地制造与热点问题挂钩的新闻，才有可能争取到被媒体报道的机会，也才能借此进行宣传，引起公众的注意。

7-3 制造新闻

（2）应该紧扣“新、奇、特”这三点来制造新闻。任何事件的新闻价值都在于它的“新、奇、特”。在大量新闻事件和信息冲击的时代，要想成功地制造新闻，公关人员必须标新立异、别出心裁，以达到吸引公众眼球的目的。

（3）要事先制造一些热烈气氛，使公众有心理准备，以强化制造新闻的效果。

（4）制造新闻时，要有意识地把组织与某些权威人士或社会名流联系在一起。

（5）制造新闻要尽可能地与一些盛大节日或重大事件联系在一起。

（6）要注意与报社、电台和电视台等新闻机构联合举办各种活动，以增加组织在新闻事件中获得报道的机会。

公关大舞台

谁是“中国锦鲤”？

随手转发一条微博，中了一个世界。这就是某“中国锦鲤”的故事。

从寂寂无名到一夜爆红，“中国锦鲤”事件演绎的是互联网时代中国版灰姑娘的故事……

然而，“中国锦鲤”刷屏的背后，不仅仅是由支付宝所发起的一场品牌联动营销活动的故事，从活动营销的效果来看，这无疑是一个多赢的结局。

事件主人公成为超级幸运儿，除了收获让人眼花缭乱的各种奖品以外，还获得了众多网友的关注，成为人们认可的“中国锦鲤”真人本尊，成为网红。而在互联网这个注意力经济时代，高关注度意味着不菲的商业价值。

对于活动主办方支付宝而言，其不仅收获了更多的线上流量和曝光，进一步提升了品牌影响力，还能获得用户数量与用户对其黏性的增长。毕竟在“中国锦鲤”活动如火如荼进行时，支付宝还推出了“境外旅游使用支付宝可能免单”的活动。

对于各家联动的品牌而言，它们不管是成为热点本身还是借势于热点，都会为自身获取曝光与流量。

对于广大的吃瓜群众而言，收获的是茶余饭后的谈资，以此来填充略带空虚的精神生活。

在“中国锦鲤”刷屏的背后，反映的是网络生态的新特点：信息的传播特点和网络营销新特点。

随着互联网的发展，信息传播呈现出社交分发与算法分发相互融合的特点。

中国锦鲤中的“锦鲤”本身就是带着社交属性的词汇，它在人际关系、模式关系、圈层影响、社交爱好等社交逻辑下通过微博、微信朋友圈、QQ空间以及今日头条等渠道实现自我传播扩散。

“中国锦鲤”事件还反映出网络营销的新特点，即借势热点、品牌联动成为一种必然趋势。此外，网络营销对互动形式的要求也逐渐变高。

互联网时代，社会热点事件既引发网民的普遍关注，也为商家带来巨大流量。商家应该摆脱以往的产品思维而转为用户思维，毕竟在互联网这个人人都是自媒体的时代，得用户者才能得市场。

2. 新闻策划技巧

在策划新闻事件时，还要巧妙地运用一些公关技巧。媒体在对新闻事件进行报道时，角度不同，宣传的效果也会有所不同。这就需要公关人员审时度势，尽可能地使组织在新闻事件中引起公众注意，并提升公众对组织的印象或好感。

（1）“驾车”技巧。组织自己开展自认为有意义的活动，争取引起新闻界的注意并引发报道。例如：2018 年 11 月第五届世界互联网大会在浙江乌镇召开，聚集了来自全世界各地的互联网大咖，可谓是一场互联网版的“华山论剑”，一时间乌镇成为全世界的焦点，组织就可以充分利用这一时机来策划一些新闻事件，以加强组织形象建设。又如：在第五届世界互联网大会召开期间，乌镇枕水度假酒店在酒店报告厅组织了一场别开生面的“我与大咖话未来”媒体见面会，邀请行业领军人物畅谈互联网创新，把脉互联网经济的未来，并聚焦探讨了媒体关注的一些热点问题。在这一活动中，由于乌镇枕水度假酒店通过互联网大咖与当时的社会热点——互联网大会挂上了钩，因此加深了公众对该酒店的印象。

(2)“搭车”技巧。组织作为非报道的主体，只是在新闻报道中被提及，但“提”与“不提”就会使组织在公众心目中的形象大为不同。例如：在第五届世界互联网大会举办期间，十几位行业领军人物按惯例仍组织了一次“乌镇饭局”，这次的饭局并没有像以往一样安排在小客栈，而是选择在当地颇有名气的乌镇枕水度假酒店。很明显，在这则新闻报道中，提与不提乌镇枕水度假酒店，给酒店带来的公关效果是截然不同的。

(二) 撰写新闻稿

通过撰写新闻稿来宣传组织的公关传播是最经济合算的，投入不多，产出却很高，同时又能增加公关新闻报道的可信度，所以有人称其为“免费的广告”。

1. 新闻稿的形式

新闻稿的形式具体分为以下几类：

(1) 新闻性报道。这是指由公关部门提供的或由专业记者采写的对事实的报道，它能及时向公众传递信息或证实、澄清某一事实，有极强的告知、吸引注意及影响态度的作用。

(2) 舆论性报道。这是指由编辑或专栏作家以评论、社论或漫画的形式发布的带有政论形式的报道。由于其代表主流媒体的观点，因此对社会舆论有很强的间接影响力。

(3) 服务性报道。这是指以增进知识、方便群众为目的的带有常识性、知识性和指导性的报道，通常是由公关部门配合业务、技术等专业部门向媒介提供的。

(4) 娱乐性报道。这是指在新闻媒介上发布的有关体育、文艺等方面内容的报道。

2. 新闻稿的写作

新闻稿的主要体裁包括消息、通讯和特写。其中消息是最常见的一种形式，它既是报纸的主角，也是广播和电视节目的重要组成部分，在新闻报道中占据举足轻重的地位。公关人员往往可以有意识地通过各种新闻消息报道来提升组织的认知度、美誉度与和谐度，所以掌握新闻稿，特别是消息的写作是十分必要的。

新闻稿的常见结构是“倒金字塔形”，由导语和事实两大部分组成。导语在新闻稿中的地位十分重要，虽然只有一两句话，却要概括一篇新闻中最新、最重要的信息，使人看了便可了解新闻的基本要点。导语是新闻稿的灵魂，最新、最重要的内容即包含其中。导语之后是一般的新闻事实，按重要在前、次要在后的原则排列。

公关大舞台

无锡大剧院上演无人机光影秀：800 架无人机空中“摘星辰”

2022 年 8 月 15 日晚，800 架无人机编队以夜空为幕布，在无锡大剧院上空上演了一场精彩无比的光影盛宴。

本次无人机表演在创意设计上充分融入保利演艺携手《王者荣耀》重磅打造的原创音乐剧《摘星辰》中的元素，同时在无人机表演编队上结合时下最新的无人机机型，包含灯光机、孔明灯机、冷焰火机，在创意设计上融入大量的科技创新技术。

当无人机编队呼啸而起时，大提琴、音符等艺术元素闪耀在夜空中，格外夺人眼球。伴随着无人机阵型不断变换，天空中相继出现“曜”“李白”“庄周”“公孙离”等《摘星辰》音乐剧中人物，中国原创数字IP形象的表演画面让观看者进入独一无二的东方幻想世界。

突然画风一转，天空中出现了正在演奏的“二胡”与“江南山水”，这种古风与现代融合的表演创意，展现出专属于中国传统文化与现代科技深度融合的高光时刻。

此次无人机表演也是无锡大剧院希望通过多元化的艺术形式，不仅实现线上与线下结合的互动，也为《王者荣耀》IP引入新的艺术表达。据悉，保利演艺携手《王者荣耀》重磅打造的原创音乐剧《摘星辰》已经开启全国巡演，10月中旬将在无锡大剧院上演。

资料来源：陈敏．无锡大剧院上演无人机光影秀：800架无人机空中“摘星辰”[EB/OL].(2022-08-16)[2024-08-25]. ZAKER资讯网．

三、了解公关广告传播

公关广告又称组织性广告或声誉广告，是指确定的广告主通过付费方式，取得大众传播媒介的使用权，向大众宣传组织信誉，树立组织形象，提高组织在公众中的认知度的一种广告形式。公关广告的功能是广而告之、提升组织形象、赢得公众美誉。

公关广告的主要优点是：因为是付费传播，组织有更大的自主权，可以自行决定广告的形式和内容，自由选择媒介的时间与空间，同时可以反复地刊载、播放，不必受外界的左右，因而有助于突出组织及其产品的形象和特征，加深人们对组织的印象。但公关广告费用较高，而且以广告形式出现容易造成夸大之嫌，如果广告用语使用不慎或广告画面出现偏差，容易产生反作用。例如，我国江西省宜春市在对城市形象进行宣传时，其广告语“宜春——一座叫春的城市”就引起了公众的诟病。因此，公关广告必须扬“公关”的真实之长，避“广告”的夸张之短，结合其他传播方式，全方位地为塑造组织形象服务。

智慧火花

公关第一 广告第二

广告是风，公关是太阳。风和太阳打赌，看谁能让路上的行人脱下外套。风力越大，行人越是裹紧衣物；太阳出来，阳光和煦，行人纷纷脱下外套。

越是自我吹捧得厉害，越是让消费者树起心防；润物细无声，才能到达消费者心里。

广告是企业的自我吹捧，可信度在行业调查中仅高于汽车销售员。

公关是第三方的客观评价，更能让消费者信任后尝试了解。

广告昂贵，在美国打造一个新品牌大约需要 4 000 万美元的费用，这是许多大品牌、大公司很少推出新品牌的原因，也是很多新品牌无法支撑到成长期的原因。

公关便宜，公关是用新闻撬动消费者心智，以大量的新闻事件来推出一个新的品牌。

广告是空间的，用爆炸式的类军事行动来发动对消费者心智的攻击，可鲜少能够成功。

公关是线性的，不断地积累敲开消费者心门的力量，往往能够水滴石穿。

资料来源：阿尔·里斯，劳拉·里斯．公关第一　广告第二．罗汉，虞琦，译．上海：上海人民出版社，2004.

(一) 公关广告的特点

公关广告是特殊形态的广告。与一般的商品广告的功利性相比，公关广告突出的是情感性。公关广告与商品广告的区别见表 7-1。

表 7-1　公关广告与商品广告的区别

比较项目	公关广告	商品广告
传播内容	组织形象宣传	产品及技术、劳务等宣传
传播对象	公众	顾客及潜在消费者
传播目的	“爱我”：交朋友，树形象	“买我”：卖产品，做生意
传播效果	间接的、潜在的社会影响	直接的、近期的市场效果
营销功能	客观的间接促销	主观的直接促销
影响模式	公众—组织—产品	公众—产品—组织
作用点	情感性	功利性

(二) 公关广告的类型

公关广告是组织为引起公众对组织的注意和兴趣，进而产生好感和信任，最终获得公众的支持和合作的传播活动。公关广告的主题是组织的观念、实力、善意、声誉和形象。公关广告的具体形式多种多样，具体可分为以下几类：

1. 形象广告

形象广告主要是介绍组织各方面的情况，如组织名称、标识、口号、价值观、组织人物等，目的在于通过对组织状况的宣传树立良好的组织形象。形象广告包括以下几类：

7-4　肯德基公关广告

(1) 实力广告：重在通过向公众展示组织规模、设施、技术力量、人才等方面的实力来塑造组织形象，从而使公众对组织形成一种信任感，如“精品空调，格力创造”。

（2）观念广告：向公众宣传组织的经营理念、管理哲学、价值观、政策措施、经营风格、组织精神等，使组织有一个基本的经营导向或信念，对内形成凝聚力，对外产生感召力，使组织形象、理念及精神深入人心。组织有时也可通过观念广告引导公众改变态度，甚至可以重塑公众的价值观。例如，2010 年北京某旅行社的公关广告：“只要半个平方米的价格，日韩新马泰都玩了一圈；一两个平方米的价格，欧美列国也回来了；下一步只好策划去埃及、南非这些更为神奇的所在；几年下来，全世界你都玩遍，可能还没花完一个厨房的价钱；但是那时候，说不定你的世界观都已经变了。生活在于经历，而不在于平方米；富裕在于感悟，而不在于别墅。”这则广告就是试图改变人的消费观念，完成从沉重的“房奴”到潇洒的“游客”的转变。

（3）信誉广告：传播公众对本组织的好评、赞誉，以及在国内外的获奖情况，即借公众之口来做广告，以增强广告内容的客观性。

（4）声势广告：借开业、落成典礼及大型庆典活动等创造声势，以唤起公众的兴趣，提高组织的知名度。

公关大舞台

“发财中国年”红包地铁

2018 年春节期间，今日头条在长沙、沈阳均打造了一趟发财红包专列，该专列一共设计了 6 个主题车厢和 30 组创意插画，整个地铁营造了浓厚的过节氛围。

结合中国人“讨口彩”的传统习俗，今日头条的专列打造了“518 我要发财运车厢”“521 我爱你爱情车厢”“1799 一起久久友情车厢”“818 抱一抱亲情车厢”“837 不生气佛系车厢”“666 溜溜溜给力车厢”……

这些车厢均结合不同数字的组合内涵，从爱情、友情、亲情等话题角度切入，融入了对来年的美好祝愿。此外，今日头条还在车厢内设计了与“发”字财神的互动区，大大调动了地铁族的拍照兴趣，通过拍照分享形成话题“春节上头条”的二次传播。

整体看来，今日头条的发财车厢迎合了受众新年渴望发财的情感需求，营造了春节发财运的仪式感，吸引了大量的目光，不失为一次效果极佳的品牌公关广告。

资料来源：2018 年十大 CNY 营销案例盘点 [EB/OL]. (2018-03-01) [2024-08-25]. 鸟哥笔记网.

（5）解释广告：如果公众因为各种假冒伪劣产品而对组织产生误解，影响了组织的正面形象，那么组织可采取刊登“严正声明”等方式，用以划清界限、消除误解。

2. 响应广告

响应广告的目的在于强调组织对社会现实的关注度与公益性，通过承担社会公民的责任来获得公众的信任与支持。响应广告包括以下几类：

（1）祝贺广告：在节日之际用广告向公众贺喜，如各种各样的贺岁广告；或者对经济生活中所取得的重大成就表示祝贺，如“热烈祝贺第二十九届奥林匹克运动会在北京隆重开幕”。

（2）支持广告：对政府的政策措施或社会生活中的某一重大主题表示积极响应，表达企业关心、参与公众生活，树立好“公民”形象的愿望。这类广告常配合社会赞助，是一种公众服务性广告。

（3）公益广告：公益广告是不以营利为目的而为社会公众切身利益和社会风尚服务的广告。其目的在于为公众谋利益或重塑公众价值观，是组织或社会团体向公众阐明它对社会的功能和责任，表明自己追求的不仅仅是经济利益，还追求社会效益。公益广告有助于组织与公众进行良好的沟通。

公关大舞台

春暖花开　绽放中华——令人难忘的2023年央视公益广告

如果说一年一度的中央广播电视总台“春晚”是中国人的文化年夜饭，那么“春晚”中播出的公益广告，就好像是中国人的年度心灵小结。每一个除夕，每个中国人，都能在“春晚公益广告”里找到自己，找到自己和这个民族、这个时代、这个年度的紧密联结，从而引发深层的心灵共振。

7-5　2023年央视公益广告：《“跃”来“跃”好》

2023年的中央广播电视总台“春晚”舞台上，播出了《花开种花家，幸福中国年》《“村”晚》《“跃”来“跃”好》三支公益广告，延续了人民性、艺术性、现实性的创作追求，不仅创新展现了中华优秀传统文化，更把镜头对准了广大普通民众，展现他们平凡而温暖的生活。最重要的是，三支片子都深深地寄托了中国人对新年、对春天、对未来的美好希望。祈福迎春，这也许恰恰回归了春节的本意。

春节是中国最重要的传统节日，“春晚”也自然成为展示中华优秀传统文化的第一舞台。“春晚公益广告”从诞生伊始就把传承优秀传统文化视为己任，常做常新。让国人在传统文化的浸润下感动落泪的《筷子篇》《中国字中国年》《名字篇》等“春晚公益广告”已然成为经典，每到春节时分，总会在社交媒体上重复刷屏，让感动常在。2023年的三支作品在展现优秀传统文化上依然下足了心思，实现了艺术性创新。

《花开种花家，幸福中国年》：优秀传统文化的“花样”表达

影片以“花”为眼，讲述了5个感人的小故事：大货车司机夫妇千里归家，休息换班时不善表达的丈夫悄悄采了一束野花送给妻子；朴实内敛的父亲看到妻子给即将出嫁的女儿戴上祖传头花首饰，不禁眼角泛湿；在外打拼的小伙子和种植柚子的妈妈通话，妈妈安慰儿子不用挂念自己，今年雨水多，柚子花开了满枝，收成好、“有钱花”；海外老华侨翻开发黄的纪念册，里面夹着老伴年轻时的照片和一朵风干的水仙花信物，追忆伊人，思乡满怀；双鬓染霜的小学教师退休前的最后一节课，不经意发现黑板上贴满了小红花，每朵小红花上都写了同学们对老师的感谢和祝福。影片在结构上，以“花”为暗线，贯穿五个故事依次展开，故事中蕴含的传统文化情感则悄悄氤氲开来，慢慢充盈绽放在观众心底。《花开种花家，幸福中国年》再次完成了中央广播电视总台“春晚公益广告”创作艺术化的创新及超越。

《“村”晚》：乡村振兴的美好画卷

创作团队奔赴祖国东南西北实地拍摄，从林海雪原到江南水镇，从黄土高原到鱼米之乡。在创作思路上，《“村”晚》以四地筹备村晚为主线，配合各地方言“准备好了吗”为线索，在呈现新时代乡村风貌的同时，寓意乡民们也准备好了迎接新的生活。其中，《端牢面碗 biang 响新篇》老腔加摇滚同台演出，奏出新节奏；《狮阵舞花篮》舞狮村民同台竞技，玩出新花样；《秀美乡村　绽放新颜》模特身着剪纸披风，秀出新风采；《舞动新春　庆好日子》炕头儿二人转表演，唱起新生活。《“村”晚》用镜头语言，传递着乡音、乡乐、乡趣、乡情，用歌舞声、鼓掌声、谈笑声，记录着乡村百姓们真实的、振奋的新时代乡村生活。影片中，祖国各地风土民情互不相同，节目样式也各具特色，都传递着、承载着人们追求美好生活的饱满热情。“村晚”的概念也不仅仅是一次节目的荟萃，更是一幅乡村振兴的壮美画卷。在全国如火如荼展开的乡村振兴热潮中，农民变富了，农业变旺了，农村变美了，“村晚”中呈现的一张张农民同胞的笑脸，就像一枝枝在田野中绽放的乡村振兴之花。

《“跃”来“跃”好》：在新春，奏响希望交响曲

兔年说兔，中国人对兔子的第一印象就是“蹦蹦跳跳真可爱”，创意团队采用了“跃”来“跃”好的谐音，以生活中真实的故事为原型，用“越来越”的句式表达每个普通人新春的美好希望。每个故事情节采取“意料之外、情理之中”的小设计，讲述每个人生活中的小期盼、小幸福。家里“越来越热闹”，孩子“越来越懂事”，老人“越来越健康”，中国人“越来越有范儿”“越来越自信”，日子“越来越好”，都是广大人民对平凡生活的美好希望。

冬去春又来，春天花会开。这正是中国人千百年来对春节最美好的希望。2023 年中央广播电视总台“春晚公益广告”带给大家以温暖、以希望、以感动，希望海内外华人都乐享中国年，生活越来越好，幸福像花儿一样绽放。

资料来源：春暖花开　绽放中华：中央广播电视总台 2023 年春晚公益广告大片 [EB/OL]. (2023-01-22) [2024-07-15]. 百家号网.

3. 其他广告

(1) 倡议广告：以组织的名义率先发起某种社会活动，或提倡某种有意义的新观念，以此为广告的主题，动员大众关心和参与，从而显示该组织领导社会新潮流的能力。

(2) 征询广告：通过向公众征询意见和建议，如组织名称、徽标、商标、品牌、专题、对联、广告语等，以此来吸引公众对组织的注意力，增强他们参与的热情和兴趣。

(3) 歉意广告：就自身的过错向公众致歉；或以退为进，以谦逊的方式表达组织已取得的进展和进一步的发展计划。

(三) 公关广告的制作

公关广告除了要达到广而告之的目的外，还要在扩大组织影响力、塑造组织形象、加强与公众的情感融通上下功夫。因此，要想使公关广告真正打动公众，引起公众注意，达到公关广告的效果，就要精心设计和制作公关广告。公关广告的制作要注意以下几点：

第一，主题明确。公关广告最好以政府或组织政策为主题，或以社会热点、组织价值观、弘扬传统文化、倡导爱心奉献为主题，这样的广告主题能起到美化组织形象的目的。

第二，真实可信。广告内容真实与否，关系到组织形象和声誉。公众只有相信你，才会以实际行动支持你。

第三，针对性强。不同的组织面对不同的公众对象，因此广告内容要因人而异，针对不同公关对象设计不同的广告。

第四，要有创意。广告在色彩、动画、语言上都要力求创新，要符合公众的审美意识。

公关大舞台

钉钉本钉　在线求饶

为学生们提供线上课堂直播的钉钉连上热搜，起因竟是小学生组团打一星，钉钉不得已在线求饶，向少侠们卖萌求放过。

新冠疫情期间，学校延迟开学，可学生们的教学进度不能耽误。作为阿里巴巴集团旗下的一款移动办公平台，钉钉就被开发出了“新用法”——为全国1万多所学校、500多万学子提供远程上课服务。

教师们用它直播上课、批改作业，学生们用它打卡、听课、回答问题……这个假期，因为要上网课而变得更充实了。

网传，App只要在应用商店的评分低于一星就会被强制下架。“钉钉如果下架，岂不就不用上网课了?”学生们突发奇想，纷纷跑到应用商店评论区，对钉钉大加赞赏，表示“可真是个神仙软件，让我足不出户体会开学的感觉，畅游在知识的海洋”，随后，反手给钉钉打了一星。一夜之间，钉钉的评论区已被刷爆。

7-6　钉钉本钉　在线求饶

面对如此多的一星，网友们笑了，钉钉的产品经理哭了，他表示“遭不住，给跪了，求放过”。

为表诚意，钉钉还特地制作了道歉视频《钉钉本钉 在线求饶》，请求各位小祖宗，五星一次付清。

不得不说，钉钉这番举动不仅向大家解释了这么多一星评价的原因，惨兮兮的样子也让不少人既心疼又好笑，赢得了很多路人缘。毕竟打一星的是一群孩子，讲大道理是没有用的，除了乖乖求饶，好像也没什么太好的方法。

谁也没有想过钉钉会以这种方式爆红吧?!

在钉钉被一星攻陷、惨遭恶搞的时候，它的下载量却已无声无息地“登顶”了。2020 年 2 月 5 日，钉钉首次超过微信，跃居苹果 App Store 排行榜第一名。钉钉营销部门的员工透露，这一个月完成了 2 年的营销任务。而这次的危机公关，也让不少网友对钉钉好感大增，甚至表示特地下载钉钉去打五星好评。

资料来源：“大家都是我爸爸!”钉钉在线求饶惊呆网友 [EB/OL]. (2020-02-20) [2024-07-16]. 百家号网.

(四) 公关广告的发布时机与媒介

在进行公关广告策划时，公关人员要有敏锐的社会意识，要把握社会热点及重大事件，抓住最佳的发布时机，以引起公众的高度关注。具体时机有：社会重大事件发生之时，组织成立或改名之时，组织推出新产品或新服务之时，组织获得某种重要荣誉之时，组织经营发生重大转向之时，组织出现危机之时等。

公关广告的传播媒介有多种选择，具体要根据公关广告受众、传播内容及组织经济实力来加以确定。

任务三 了解公共关系人际传播

任务目标

完成本任务，你要了解公共关系人际传播的定义及分类，并掌握各种人际传播的应用技巧。

任务布置

请以“最美的我”为主题撰写一篇演讲稿并在班里进行现场演讲，向同学们展示你的风采和形象。

一、人际传播的定义及分类

(一)人际传播的定义

人际传播，是指不借助广播、电视、报纸、杂志等大众传播媒介而进行的信息交流活动。在公关活动中，人际传播是指代表组织利益的组织成员与个体公众、群体公众之间的信息互动。人际传播是最常见、最广泛的一种传播方式，也是组织赖以生存和发展的基本形式。

(二)人际传播的分类

1. 根据所借助的媒介划分

(1)直接传播，是指面对面的信息交流与沟通活动，主要通过语言、动作和表情等个体媒介来进行。

(2)间接传播，是指通过电话、书信、网络等中间媒介进行的人际传播。随着社会的日益现代化和科技的高速发展，这种传播方式逐渐成为主要的传播形式。

2. 根据传播区域及范围划分

(1)组织内部传播，是指在组织内部，上级与下级之间、成员与成员之间的面对面的一种沟通交流方式。

(2)组织外部传播，是指代表组织利益的成员利用一定的媒介与组织外部的公众进行交流传播的活动。

3. 根据人际传播的表现形式划分

根据人际传播的表现形式，人际传播可以分为交谈、演讲、投诉处理等。

二、交谈

交谈是通过交流双方的听、说行为来完成的。交流中，双方既是听者又是说者，这就要求交流双方掌握基本的听、说礼仪及技巧，以取得较好的交谈效果。在公关活动中，交谈是指公共关系人员与公众之间进行的一种面对面的交流活动。它要求公关人员注意交谈的方式、态度、场合及分寸，以赢得与之交谈的公众的信任和好感。

(一)交谈前的准备

在公共关系人际传播中，面对面交谈是宣传组织行为及态度的一种有效的方式。如果能达到预期的交谈效果，则会为组织形象增光添彩；反之，则会给组织形象带来损失，需要花更大的力气才能够挽回负面影响。公关人员应对交谈给予高度重视，交谈前要做好充分的准备。

1. 心理准备

心理准备，是指交谈者在交谈前要在心里对整个交谈过程有一定的思考和认知。要明白交谈的目的，交谈时可能会出现的干扰因素，或者可能需要解答的各种问题。要提前设定交谈的情境因素，如交谈双方因彼此身份地位、周边环境、意外情况、心理素质而产生的压迫感，甚至因为自身条件的卑微而产生的不安感，以保持良好的心态参与交谈。

2. 内容准备

无论是拜访者还是被访者，事先对交谈内容、方式与方法都应有所准备。如果事先能进行有关资料的准备，例如了解对方的性别、年龄、教育程度、兴趣、工作方法、宗教信仰、经验经历等，就能获得更好的交谈效果。

3. 环境准备

太热、太冷、太奢华或太邋遢的地方容易带来交谈的环境障碍。在公共场合进行私人访问，会造成个人观察和表现的障碍，谈论隐私问题时，最好选择不受打扰的安静的地方。在家里谈话与在办公室里谈话，话题的选择及严肃程度也是各不相同的。

一般认为，交谈环境的温度保持在 20℃左右，湿度保持在 40%～60%比较适宜，同时还要考虑光线、色彩及安静程度，避免由于这些物理因素而使交谈受到干扰。此外，在选择和设计室内家具时，除了讲究方便实用、美观大方以外，还需要留有较大的活动空间供交谈使用，以免产生压抑感。

（二）交谈中的语言技巧

语言能力是公共关系人员必须具备的一项重要能力，掌握一定的语言技巧可以提高公关人员在社交场合中的应变能力，从而获得更多的朋友。语言技巧一般表现为以下两种：

1. 接近的语言技巧

接近是人际交往的第一步，接近的语言技巧绝对不是花言巧语，而是以真诚、礼貌、热情、得体为本。接近的语言技巧的具体要求是：

（1）介绍得体。要注意称谓，概括出基本信息，态度亲和。

（2）巧用“我”字。在交谈中，不要过多地运用“我”字，可将“我”换成“我们”，或者在谈“我”时不要念成重音，语言平和，表情温和，以缩短双方距离。

（3）巧妙提问。找到恰当时机，提出对方感兴趣的问题以拉近双方距离。

（4）投其所好。提前了解对方的兴趣，找准对方兴奋点，这样有利于话题展开。

（5）借助媒介。交往时可以因时、因地、因事就近取材，借助一定的事件或媒介来引发谈话。

2. 应对突发事件的语言技巧

在交谈时，难免会出现一些意料之外的事件，这要求公共关系人员妥善处理、巧妙应付，从而使紧张的气氛变得轻松，使窘迫的场面变得自如，使危急的形势得到缓和，变被动为主动。具体的技巧包括：

(1) 有意岔题。交谈中，当发现有不利于自己的话题时，可以采用岔题的办法，把对方的注意力引导到有利于自己的方向上，岔题要自然、及时。

公关大舞台

机智如我——李彦宏

2019 年百度 AI（人工智能）开发者大会在北京国家会议中心举行，现场李彦宏就智能网联汽车以及人工智能开始演讲。

演讲过程中，突然有观众冲上演讲台向李彦宏头部倒了一瓶水。李彦宏先是一愣，后来用英语问道："What's your problem?" 或许是见惯了大场面，李彦宏全程非常镇定，稍加整理后，继续演讲，并说道："在 AI 前进的道路上会有各种各样的事情发生，但是前进的决心不会改变，AI 会改变每一个人的生活。"

李彦宏现场的机智应变，以及借助突发事件而巧妙扣题的演讲技巧，赢得了现场观众的热烈掌声。

资料来源：百度 AI 开发者大会现场李彦宏被泼水 [EB/OL].（2019-07-03）[2024-08-25]. 观察者网.

(2) 巧用幽默。美国前总统里根就任后第一次访问加拿大时，当举行反美示威的人群不时打断这位总统的演说时，里根面带微笑对陪同他的加拿大时任总理皮埃尔·特鲁多（Pierre Trudeau）说："这种事情在美国时有发生，我想这些人一定是特意从美国来到贵国的，他们想使我有一种宾至如归的感觉。"顿时，紧皱眉头的特鲁多眉开眼笑。顺势幽默的应急语言能有效地使人从困境中摆脱出来。

(3) 适时赞美。俗话说："良言一句三冬暖，恶语相加六月寒。"在与公众进行交流时，适时地说出赞美之词会融洽交谈气氛，拉近彼此间的距离，增加公众对组织或个人的好感，面对突发问题，还会产生意想不到的良好效果。但培根说过："即使是好心的赞美，也必须恰如其分。"因此，赞美也是大有学问的。

智慧火花

赞美须知

在人际交往中，赞美是一种重要的沟通技巧，能够帮助我们建立良好的关系，增进彼此的亲近感。然而，有些人可能并不擅长表达赞美之情，或者不知道如何恰当地赞美他人。因此要学会高情商沟通，掌握一些赞美他人的方法与技巧。

1. 要理解赞美的重要性。赞美不仅可以增强彼此的自尊心和自信心，还可以激发对方的积极性和动力。赞美是一种积极的肯定，能够给对方带来愉悦和满足感。通过赞美，我们能够建立起一种积极向上的沟通氛围，使彼此之间更加和谐。

2. 学会观察和发现对方的优点和特点。要赞美对方，首先要对对方进行仔细观察，发现他们的优点和特点。可能对方在某些方面表现出色，或者具备某项特殊的才能。注意观察对方的行为、言辞和态度，发现他们的闪光点，并在适当的时机进行赞美。

3. 学会真诚和具体地表达赞美。赞美应该是真实的，要从内心发出，而不仅仅是一种套话。要表达出自己对对方的赞赏之情，并具体说明为什么欣赏对方的行为或特点。例如，你可以对他人的工作成果表示赞赏，并指出他们的努力和才能令人印象深刻。

4. 学会适时地赞美对方。赞美不仅要真诚，还要适时。当对方取得了一定的成就，或者在某个方面表现出色时，就是进行赞美的好时机。不要等到对方忘记了自己的付出，或者过了太久的时间才给予赞美，这样赞美的效果会大打折扣。

5. 学会多样化的赞美方式。赞美不一定局限于口头表达，还可以通过行为和态度来表达。例如，你可以给对方写一封赞扬邮件，或者在适当的场合赠予礼物，以示赞赏。多样化的赞美方式能够让对方感到更加真实和特别。

6. 学会接受他人的赞美。赞美是双向的，我们要学会接受他人对自己的赞美。当别人赞美我们时，不要轻视自己的价值，也不要抵触他人的认同。要学会认同和珍惜自己所得到的赞美，这样才能更好地与他人建立良好的关系。

赞美是一种积极的力量，能够改善我们的人际关系，使我们的生活更加美好。

资料来源：高情商沟通：怎样学会赞美对方的方法与技巧？[EB/OL].（2023-07-17）[2024-08-26]. 百家号网.

（三）交谈的基本要诀

在交谈的各种场合中要能够应答自如、健谈善侃、吸引公众，必须做到以下几点：

（1）拓宽知识面。公共关系人员应随时随地学习积累。例如，平时多看报纸、杂志、电视，多关心时事动态，广泛涉猎各种书籍，每到一处，都力争对当地的风土人情、地理物产有一个大概的了解，天长日久，就可积累丰富的知识。这样，公共关系人员在交谈时就不会感到语言贫乏、话题太少。另外，公共关系人员在实践中还应不断地学习和积累各种语言技巧，这对提高自己的语言能力大有裨益。

（2）提高心理素质。说话时最重要的是要消除胆怯心理，克服内向心态，大胆发言。

（3）增强自信心。卢梭曾说过："自信对于一个人的事业来说简直就是奇迹。有了它，你的才智可以取之不尽、用之不竭。一个没有自信的人，无论你有多大的才能，也不可能获得成功。"因此在与人交谈时，要放开来讲，以示你有信心与人交谈，并尽可能找到自己熟悉或是得心应手的话题，从而克服胆怯心理。

(4) 注意正确的交谈姿势。正确的交谈姿势应该是自然、放松。站着交谈时，应挺胸、收腹，全身重量均匀地分配在两足，使重心稳定。这样，你会觉得自己的肩膀似乎变宽了，人显得泰然自若，充满信心。坐着交谈时，双脚应平放于地面，不要交叠双腿，更不要跷二郎腿，肩膀应平正，腰背要挺直。

(5) 交谈时，要注意无声语言的巧妙运用，如手势、眼神、表情、头部等，这样更能为你的谈话增添魅力和吸引力。

(四) 交谈中应注意的问题

交谈过程中要注意礼貌语言的使用和听说时的表情、声音及姿态。一般来说，应注意以下这些方面：

1. 眼睛的位置

交谈时应平视对方。很熟的人之间交谈，可注视对方的眼睛；关系一般的人之间交谈，眼睛应平视对方的鼻子和嘴构成的三角区域。交谈时切忌眼神左顾右盼或闪烁不定，也不要死盯住对方，和年轻女子谈话时尤其应注意眼神自然、坦诚。俗话说，“眼睛是心灵的窗户”，真诚的眼神及双方目光之间的交流可以拉近彼此的距离，更容易增加双方的信任感，从而使交谈在轻松的氛围中进行。

智慧火花

SO CLEAR 原则（交流情态语言）

S（space）	与交流者形成一个恰当的角度（直角比面对面好），调整双方的高度和距离，尊重个人空间范围习惯。
O（open）	以开放的姿势和身体语言进行交流。双手交叉于胸前和跷二郎腿都是封闭的姿势。
C（concentrate）	交流中要集中注意力。
L（lean）	用身体的倾斜表示你的态度：过分后仰表示不感兴趣、高高在上，微微后仰表示你想减轻对方的压力，微微前倾表示关心和兴趣，过分前倾意味施加压力。
E（eyes contact）	倾听时保持适当的眼神接触以鼓励对方，眼神接触不宜过多，超过60%就会令对方感到有压力。
A（active feedback）	跟随讲话者的话题给予积极的回应。
R（relax）	在交流时要放松自己。一些习惯性的小动作如抖动双脚、转笔等会给人紧张不安的印象，也是精神涣散的表现。

2. 多用、勤用礼貌用语

交谈是人们交往中使用得最普通也是最重要的形式，因此，交谈中的文明礼貌最能体现出一个人或他所代表的群体的素质和修养。交谈中基本的礼貌用语是：请、您、谢谢、对不起、再见。此外，还有许多表示礼貌或尊敬的用语，如致歉时可说“给您添麻烦了”“不好意思”“打扰了”等；致谢时可说“麻烦了”“辛苦了”“有劳了”“多谢”等；表示尊敬时可说“贵国”“贵公司”“贵姓”等。多用、勤用礼貌用语能创造亲切友好的交谈气氛，使交谈双方愉快舒畅。

3. 说的艺术

关于说的艺术，主要包括以下几点：

（1）说话时应口齿清楚，发音正确，声音要平和，音量要适当。

（2）说话要“诚”，因为“言为心声”。不要矫揉造作，言过其实；说话还应留有余地，尽可能不把话说绝，可以适当选用一些模糊词语，如“或许”“大概”“过些日子”等。视谈话对象的情况，选择适当的话题、得体的语言，也就是“见人说话”“投其所好”；要察言观色，自己说话时，还得随时注意观察对方的无声语言，随时调整自己的话题，切忌不管对方的反应，自己滔滔不绝，口若悬河，这种谈话对别人来说无异于聒噪，只会给别人留下不好的印象。

（3）说话不要涉及他人的隐私。例如，对女士不问年龄、婚否、服饰价格等，对男士不问钱财、收入等；不随便谈论他人的宗教信仰和政治信仰，以免犯忌讳；不要用批评的口气谈论在场者，也不要讥笑他人；男士一般不参与女士圈内的谈话，和女士说话要宽容、谦让，不应随便开玩笑。

（4）适当应用无声语言和语言技巧。

（5）注意自己的无声语言，不要有不礼貌或引起别人误会的动作。

公关大舞台

公关真的要“管好老板的嘴”吗？

这两年，创始人因言生祸事件越来越频繁，前有新东方创始人“向女同胞致歉”，阿里巴巴创始人称“996是福报”，后有搜狗创始人在网上对吐槽加班的员工喊“有种就赶快滚”，美团创始人“七言四行诗”引发股价飘绿。不少公关人感叹，“做好公关首先要管好老板的嘴”。

非常理解公关小伙伴的心情和处境，老板少惹是非，就能减少工作的麻烦和生活的焦虑。但是管好老板的嘴，理论错误，实操难行，结果伤心。先看结果，自带流量的创始人一旦闭嘴，最大的免费传播源就被堵死，市场和公关部门就需要花费更大的力气寻找免费传播，甚至做更多的付费传播，从而产生更高的传播成本。

其实，传播力强的创始人言论，都会引起正面或负面的争议，而互联网时代有讨论价值的话题才有传播性。创始人引发争议，得到的是公众对企业的关注，这个时候不要关注负面的评价，因为你的目标是和持有同样价值观的人成为价值共同体。某创始人关于“996是福报”的言论，“不为996辩护，但向奋斗者致敬”，不是言论和争议有问题，而是他没有意识到已经变化的互联网语境把言论本意引到无法预料的方向。

当然也不乏不断制造话题、制造争议，同时又能在官方和网民中保持良好声誉的创始人。创始人是品牌的代言人，是企业的灵魂。互联网时代企业最重要传播行为，就是创始人发出自己的声音。这样的传播，至关重要、高效且免费。

主动传播和风险规避，永远是一对矛盾体，公关人应该推动、引导，而不是限制。目前一些企业公关部制定了详细的言论禁区文件，听起来绝对正确，但是经过润色的言论一般是无趣的，这些规定会压制老板的表达势能。

从实操的角度看，老板也有几类人：第一类是个性十足、话题满满的老板，他们比一般人看得更远、更深，自身的智慧足够让自己认识到风险；第二类是有表达意愿但是信心不足的老板，公关部提供的对外传播“标准文本”往往让其失落、抱怨；第三类是不愿意表达也不想表达的老板，这才是让公关部真正头疼的。

对老板言论的管理心态，是考验公关人段位的一个指标。希望老板什么也别说、什么事也没有，是初级；希望老板按照提供的“标准文本”讲话，是中级；希望老板引导企业的传播，自己去收拾偶尔的残局，是高级。高级层面上的“背锅”是为了让老板更好地发声，企业更有效地传播，这样的“背锅”是格局，是境界，是职业的价值。

资料来源：李国威．公关真的要“管好老板的嘴”吗？[EB/OL].（2021-07-05）[2024-07-20]. 中国公关网．

4．听的艺术

在交谈中，倾听有时比说更为重要。生活中，一个耐心的、善于倾听别人谈话的人一般都有很多朋友，这就表明，做一个耐心的、善于听别人说话的人，容易得到更多人的信赖。交谈中倾听别人讲话时应注意：

（1）不要随便插话，一定要耐心地听。

（2）不要急于下结论、作出判断，即使有不同的见解，也最好等对方说完后，再做回答。

（3）不管在什么条件下，都应尽量注意听、倾心地听，千万不要显出不耐烦的神情。

（4）设法使交谈轻松自如，不要让对方感到压力和拘束。

（5）借助表情等无声语言，表明你的专注、耐心、友好。

三、演讲

演讲，顾名思义，就是“演”和“讲”，是人们交流思想、沟通感情的一种有效方式。它是人们以体态语言和口头语言为载体向听众传播信息的一种社会活动。演讲既要注重科学性，又要强调艺术性，它是语言和动作配合起来表达的一种宣传艺术。公共关系演讲则是在公关活动中，公关人员为了树立组织形象，争取公众的了解和支持，在特定场合面向公众发表的公开演讲。具体有讨论会、总结会、信息发布会、表彰大会以及各种重要场合的发言，如欢迎辞、祝贺辞、答谢辞、对员工的教育培训等。

（一）演讲与公关

演讲是公关实务常用的传播手段。公关传播中，演讲承担了相当一部分的信息传播任务，是公关实务中非常重要的传播手段。

演讲能力是公关人员必备的职业技能。演讲是一种高级的、具有较高审美价值的口头表达形式。这种口头传播技能是公关人员必备的基本传播技能之一。落落大方的、流畅的、有激情的精彩演讲，有助于加深公众对组织的了解，增进组织与公众的交往，影响公众对组织的态度，有效地树立组织的良好形象，甚至带来良好的社会效益和经济效益。

公关人员除了本身要运用演讲传递信息以外，还常常要为领导者筹划安排各种场合的演讲，起到咨询、顾问和参谋的作用，提出各种可行的参考意见，提高演讲成功的概率，塑造组织“领头羊”的良好形象。

（二）公关演讲的特点

（1）具有较强的感染力。好的公关演讲往往可以打动听众，使其不由自主地沉浸在演讲者的情绪中，产生一种真正的共鸣和沟通。

（2）达成有效的信息交流。公关演讲本身就是一种人际传播活动，可以使信息进行有效的传递。

（3）具有较强的表现力。公关演讲不仅是“讲”，更重在“演”，所以相比于一般的人际传播，对演讲者的表现力和激情要求更高，这样也就更能打动听众。

（4）有助于提高声望。组织公关人员或领导人充分利用各种场合进行公关演讲，更有助于公众认知和了解组织，从而提高组织的社会声望。

（5）直接宣传组织的观点。直截了当，紧扣主题，直接把组织观点呈现给公众。

（6）直接提供权威性资料。公关演讲由于是组织人员与公众的直接交流互动，因此传播的信息及数据资料更加真实、可信，这也是第一手权威资料。

（三）公关演讲的技巧

1. 公关演讲稿的撰写技巧

公关演讲稿的选材、立意、谋篇布局等方面都需要反复推敲。公关专家理查德·拉尔默（Richard Laermer）的“四步骤”结构模式可以作为借鉴：第一步，开场白，引起注意与兴趣，最好语出惊人，尽量不落俗套、出奇制胜，切忌平铺直叙；第二步，引入正题，准确、鲜明、毫不含糊地摆出自己的论点；第三步，举出事例，阐述主题，这样可以激起听众的兴趣，有助于理解意图、深化记忆；第四步，建议或结论，指出解决问题的办法，使听众得到某种启示。

中国古人认为，写文章要“凤头、猪肚、豹尾”，公关演讲稿的结构要求也是如此。

智慧火花

公关演讲三要素

一是措辞，指的是公关演讲稿和演讲内容。公关演讲稿应强调艺术手法，演讲常用五种艺术手法，这样公关演讲就生动了。第一种是幽默法，讲一些幽默的笑话，人家要听；第二种是悬念法，欲知情况如何且听下回分解，听众会说“不，我现在就要听”；第三种是哲理法，如伟大的力量来自崇高的理想；第四种是抒情法，如有感情地朗诵一段诗词；第五种是穿插法，穿插与演讲内容有关的小故事、顺口溜等。用了这些艺术手法，你的公关演讲内容就会生动活泼起来，听众也就愿意听。

二是语气，指的是语调的抑扬顿挫、轻重快慢等。语气不同，表达的意思也就不同，同样的公关演讲稿几个人来读意思就不一样。我们要注意语气轻重。比如“饭总要吃，事情也总要做”这句话，平常说话时可以一口气说完，但是公关演讲时不能这样讲，必须在前置的宾语“饭”和“事情”后面停顿一下，我们这样讲“饭，总要吃；事情，也总要做”，这样就有劲了。又如“我就偏不信邪”，我们在“我”后面停顿一下，讲成“我，就偏不信邪”，这样气魄就出来了。以上是话题停顿。还有一种是尾焦点停顿，焦点在尾巴上的一个词叫做尾焦点。比如说“大家都喜欢他这个人老实”，我们在尾焦点“老实”这个词前面停顿一下，“大家都喜欢他这个人，老实”，这样就把“老实”一词强调出来了。另外，我们练习朗诵、练习讲故事、练习绕口令，这些对练习公关演讲的语调和语气都是很有好处的。

三是态势，指的是眼神、微笑、手势等。

资料来源：张岩松，等．人际沟通与语言艺术［M］．北京：清华大学出版社，2010.

2. 公关演讲的具体技巧

(1) 尽量脱稿，适当使用“小抄”。公关演讲毕竟不是做报告，要突出“演”字。照本宣科式的公关演讲只会使听众昏昏欲睡，因此要尽可能脱稿，保持与听众的眼神互动和交流。

(2) 观点鲜明，语言简洁。公关演讲时间不宜太长，因此要在有限的时间里让公众了解你的态度和观点，就必须言简意赅，高度浓缩概括演讲主题。公关演讲语言贵在简练，要在最短的时间里提供给听众最有价值的信息。另外，作为有声语言，公关演讲的语言还要求通俗易懂、自然朴实、形象生动，如果能够辅以幽默风趣、声情并茂，则效果更好。

(3) 到什么山唱什么歌，见什么人说什么话。公关演讲前要充分了解你的听众是谁，要找到他们感兴趣的话题，以他们能听懂的语言来表述观点。

(4) 精心组织开头和结尾。开头要引人注意，激发兴趣；结尾要彰显力度，富有启示。

(5) 注重自身形象。从一走上公关演讲台，演讲者必然会成为听众注意的焦点。听众喜欢自然的、正直的、诚恳的演讲，对做作的、傲慢的、轻浮的举止言谈会产生反感。所以从登上演讲台的那一刻直到离开会场，演讲者都应该注意自己的一举一动、一言一行。对演讲者总的要求是衣着整洁得体、神情潇洒自然，要面带微笑、步履稳健、举止有度。

(6) 用身体语言说话。在公关演讲过程中，演讲者要懂得适度运用身体语言来表达内容。

(7) 通过声音的变化吸引和控制听众。公关演讲者要注意观察听众的反应，如果听众开始窃窃私语或显示出不耐烦，这时就要适当提高音量或放慢语速来控制场面，引起听众的注意。

(8)"卡壳"处理。"卡壳"是指演讲过程中某句（段）台词被遗忘，构成一种语言障碍。常用的处理方法包括：

第一，冻结"忘点"，对其进行"冷处理"，即先把"忘点"跳过去，等想起来时再加以补充。

第二，拖延时间，利用调整话筒的位置，端起茶杯喝水，或者说一些与听众交流的话，这些无伤大雅的举动可以为你赢得一些思考和回忆的时间。

第三，超前减速，有时在"卡壳"前会有预感，这就可以在"卡壳"的临界点前以合理的减速争取"力挽狂澜"的余地。例如讲长句时，可用控制呼吸的方法使之多出现几个语气停顿，表述深刻的哲理，多让听众回味，从而为自己赢得回旋的余地。

第四，换个说法，将原句（段）的意思用近似的言词代替，使上下句（段）的内容通畅即可。

第五，做深呼吸。

如果上述方法都不奏效的话，就干脆向听众表示歉意，静想一下，或者看看讲稿，镇定与坦诚可以帮助演讲者重新树立信心，相信听众是友好的。如果出现差错而又必须纠正的，可按照正确的讲法再复述一遍，而对那些不至于引起歧义的细枝末节的小错，索性不管它，接着往下讲，而不必做特别声明。

(9) 始终与听众保持目光接触和交流。如果听众出现起哄、鼓倒掌、吹口哨等对公关演讲表示不满的做法，演讲者可迅速判断起哄的原因，然后采取相应的对策。不管是什么情况，演讲者都要临危不乱，从容、沉着、灵活、善于控场，使自己的演讲善始善终。

(四) 优秀演讲者应具备的条件

(1) 有底气，保证自己有足够的权威性。

(2) 具有较强的语言表达能力和技巧。

(3) 富有激情。

(4) 有足够的理智和智慧。

(5) 有优雅的仪表、仪态。

四、投诉处理

组织面对的公众多种多样，在其为公众服务或与公众交流的过程中，常常会由于各种原因而导致公众抱怨或投诉，如飞机不能按时起飞而导致乘客与航空公司之间产生纠纷，因产品质量问题而带来的顾客抱怨与投诉。

公众进行投诉，其根本目的是希望问题得到解决，还希望获得组织的关注和重视。而对公众投诉处理得好坏，也直接决定了组织在公众心目中的形象，以及能否进一步赢得公众的支持。因此，必须对投诉处理加以重视。

(一) 投诉对组织的影响

1. 帮助组织及时发现存在的问题

投诉是联系公众和组织的一条纽带，它能为组织提供许多有益的信息。丹麦的一家咨询公司的主席克洛斯·穆勒 (Claus Moller) 说："我们相信顾客的抱怨是珍贵的礼物。我们认为顾客不厌其烦地提出抱怨、投诉，是把我们在服务或产品上的疏忽之处告诉我们。如果我们把这些意见和建议汇总成一套行动纲领，就能更好地满足顾客的需求。"因此从某种角度来说，投诉实际上是组织获知有价值且免费的信息的最佳来源，公众的投诉往往比公众的赞美对组织的帮助更大，因为投诉表明组织的产品和服务还有提升的空间。

2. 有效阻止顾客流失

竞争的实质就是一场争夺公众资源的竞争，但由于种种原因，组织提供的产品或服务会不可避免地低于公众期望值，造成公众不满意，公众投诉是不可避免的。向组织投诉的公众一方面要寻求公平的解决方案；另一方面说明他们并没有对组织绝望，希望再给组织一次机会。美国运通公司的一位前执行总裁认为："一位不满意的顾客是一次机遇。"相关研究进一步发现，50%～70%的投诉公众，如果投诉得到解决，还会再次与组织做生意；如果投诉得到快速解决，这一比重上升到 92%。因此，投诉为组织提供了恢复公众满意的最直接的补救机会，鼓励不满公众投诉并妥善处理，能够阻止顾客流失。

3. 提高顾客的忠诚度

不满意的顾客不仅会终止购买组织的产品或服务，还会向他人诉说自己的不满，给组织带来非常不利的口碑传播。研究发现，一个不满意的顾客会把他们的经历告诉其他至少 9 名顾客，其中 13%的不满顾客会告诉另外 20 多个人。研究还表明，公开的攻击比不公开的攻击能让顾客获得更多的满足。一位顾客在互联网宣泄自己的不满时写道："只需要 5 分钟，我就向数以千计的顾客讲述了自己的遭遇，这就是对厂家最好的报复……"但是，如果组织能够鼓励顾客在产生不满时向组织投诉，为顾客提供直接的宣泄机会，使顾客的不满和宣泄处于组织控制之下，就能减少顾客寻找替代性满足和向他人诉说的机会。许多投诉案例表明，顾客投诉如果能够得到迅速、圆满的解决，顾客的满意度就会大幅度提高，顾客大都会比失误发生之前具有更高的忠诚度。不仅如此，这些满意而归的投诉者，有的会成为组织的义务宣传者，即通过这些顾客良好的口碑带动其他顾客也购买组织产品。有调查表明，并非所有不满意的顾客都会投诉，因此只要有一名通过口头或书面形式直接向组织提出投诉的顾客，就有约 26 名保持沉默的感到不满意的顾客。这 26 名顾客每个人的不满意情绪都会对另外10名亲朋好友造成消极的影响，这10名中约33%的人会再把这个对组织不利的消息传给另外20个人，即可能受到消极影响的总人数为：26×10×33%×20=1 716（人）。

4. 有效地进行危机预警

一些研究表明，顾客在每4次购买中会有1次不满意，而只有5%以内的不满意的顾客会投诉。所以若将对组织不满的顾客比喻为一座冰山的话，投诉的顾客则仅是冰山一角，不满意的顾客这个冰山的体积和形状隐藏在表面上看起来平静的海面之下，只有当组织这艘大船撞上冰山后才会显露出来，如果在碰撞之后组织才想到补救，往往为时已晚。所以，组织要珍惜顾客的投诉，正是这些线索为组织发现自身问题提供了可能。例如，从收到的投诉中发现产品的严重质量问题，而收回产品的行为表面上看来损害了组织的短期效益，但是避免了产品可能给顾客带来的重大伤害以及随之而来的严重的组织与顾客的纠纷。事实上，很多组织正是从投诉中提前发现问题，然后解决，从而避免了更大的危机。

（二）处理投诉的方法

1. 安抚和道歉

不管顾客的心情如何不好，不管顾客在投诉时的态度如何，也不管是谁的过错，公关人员要做的第一件事就是平息顾客的情绪，缓解顾客的不快，并向顾客表示歉意。公关人员还得告诉顾客，组织将完全负责处理他们的投诉。

2. 快速反应

公关人员用自己的话把顾客的抱怨复述一遍，确信自己已经理解顾客抱怨之所在，而且对此已与顾客达成一致。如果可能，请告诉顾客组织愿尽一切办法来解决他们提出的问题。

3. 移情

当与顾客的交流达到一定程度时，公关人员会自然而然地理解他们提出的问题，并且会理解他们的感受。公关人员应当强调，顾客的问题引起了组织的注意，并给了组织改正这一问题的机会，对此组织感到很高兴。

4. 补偿

对投诉顾客进行必要的且合适的补偿，包括心理补偿和物质补偿。心理补偿是指服务人员承认确实存在问题也确实造成了伤害并道歉；物质补偿是指一种“让我们现在就做些实际的事情解决这个问题”的承诺，如经济赔偿、调换产品或对产品进行修理等，尽己所能满足顾客。在解决了顾客的抱怨后，公关人员还可以送给顾客其他一些东西，如优惠券、免费礼物，或者同意他们以优惠价格购买其他产品。

5. 跟踪

顾客离开前，看顾客是否已经满意；在解决了投诉后一周内，打电话或写封信给他们，了解他们是否依然满意，可以在信中夹入优惠券。一定要与顾客保持联系，将投诉转化为销售业绩，顾客投诉得到了令人满意的解决之时，就是销售的最佳时机。

(三) 建立投诉处理机制

公关人员工作范围广，接触人多，难免会与公众发生各种各样的纠纷，引起公众的不满和抱怨。公众或投诉，或来访，或通过大众媒体向组织发难，这些都会使组织形象蒙受损失，因此组织需要建立投诉处理机制。

1. 建立信访制度

来信来访者，就是公关纠纷的“报警员”。组织要认真处理好公众的来信和来访，特别是关于投诉意见的，组织必须给予充分的重视。有关人员更要主动负责、认认真真地加以对待，除了做好信访工作以外，还应对有关材料定期地进行分类和存档，定时向组织负责人汇报，遇到重大的问题时更应及时上报。

2. 建立自查制度

公众的投诉，通常意味着组织的形象构成方面存在一定的不足。但没有公众的投诉，并不意味自身形象就不存在缺陷和不足，要居安而思危，加强自我检查，这其中包括检查组织是否存在侵害公众利益的行为，组织的产品、服务、环保及各项政策的执行是否到位，存在哪些隐患等。

3. 建立公关调研制度

公关调研可采取两种方法：一是进行民意测验，这是检查公共关系状况、发现组织存在问题的基本方法；二是观察新闻媒体，及时了解社会舆论，通过舆论这面“镜子”帮助组织及时认清自我、发现自我。

4. 建立预测制度

组织可以通过进行民意测验、观察新闻媒介的舆论走向等分析社会发展趋势，预测未来公众所关注的热点以及可能引发的矛盾与纠纷，制定多种应急方案。

任务四　认知新媒体公关传播

任务目标

完成本任务，你要了解新媒体的类型及新媒体传播的特点，掌握新媒体生态环境下公关传播的创新手段及舆情管理，认知新媒体传播的重要性及对组织公关的影响。

任务布置

仍以穆墩岛景区推广为背景，通过新媒体（微博、微信、抖音等）为其设计品牌推广口号及文案，利用新媒体平台加以发布并进行舆情分析，以了解穆墩岛旅游景区品牌推广效果。

一、新媒体传播的定义及特点

（一）什么是新媒体传播

新媒体是传统媒体在网络和数字技术快速发展的背景下，为了符合当代人的猎奇心理及对时间快速把握的基础上出现的新型媒体。新媒体是时代和经济发展的产物，它的出现一方面对传统媒体产生了极大冲击，改变着传统媒体的格局与生态，另一方面对社会生活各个领域产生着极大影响，创造着新的社会生活景观。

同样，随着网络、移动设备等现代技术而带来的新媒体的迅速发展和渗透，新媒体作为一种新兴的传播沟通渠道给组织的公共关系环境与模式带来了巨大的变化。

新媒体传播就是借助于一些新型互联网媒体平台来实现组织与公众之间交流的一种传播沟通方式。新媒体传播具有不可比拟的公关优越性：交互性与即时性、海量性与共享性、多媒体与超文本、个性化与社群化，颠覆了传统公关营销规则，更开创了公关营销的新局面。在新媒体驱动下，传统公共关系中以“人”和“传统媒体”为工具的传播形式已经不适应新媒体时代的需求。调整公关传播策略，加入新媒体元素，建立一种新兴的组织与公众之间的沟通方式是组织公关的当务之急。

公关大舞台

自媒体传播引爆了“核按钮”

2019年4月9日，一段“一名女子坐在奔驰车引擎盖上哭诉”的视频刷爆整个朋友圈，吸引了越来越多吃瓜群众的目光，甚至有网友编撰了奔驰广告：“我们和宝马不同，宝马让女人坐在里面哭，而我们可以让女人坐在引擎盖上面哭……”

事情源于一名女车主花66万元在西安利之星汽车有限公司签订了分期购车合同，用于购买进口奔驰CLS300款轿车。

可距离她签单提车才5分钟，发动机就发生了漏油。为此，她前后三次找4S店协商换车事宜，沟通无果，无奈之下，才有了网上的这段视频。

7-7　奔驰女车主维权

该事件在网络上迅速发酵之后，也引发了监管部门的果断出击。4月11日和12日，西安市高新区市场监管部门介入此事，对双方所签订的退车退款协议情况进行核实；对西安利之星汽车有限公司4S店涉嫌质量问题立案调查，并依法封存涉事车辆，委托法定监测机构实施技术检测。4月14日上午，西安市高新区市场监管部门称，已再次责成西安利之星汽车有限公司尽快落实车主的退车退款事宜。

北京梅赛德斯-奔驰销售服务有限公司随后发布声明称，已经展开对此事的深入调查，并派工作小组前往西安，将尽快与客户预约时间直接沟通，力求在合理的基础上达成多方满意的解决方案。

众多网友评价西安利之星汽车有限公司店大欺客，并且纷纷对奔驰汽车品牌产生了质疑。网民对此事件的围观与攻击，终于让世界知名品牌在自媒体时代低下了高傲的头。

资料来源："坐在奔驰上哭"大火，4S店业务的汽车股逆势重挫[EB/OL].（2019-04-15）[2024-08-27]. 百家号网.

（二）新媒体传播的特点

社会在变化，人的思维方式和行为方式也在变化。传统媒体的单向性传播已不能满足当代人表达自我意识、呈现自我主张的需要。公众从以前单向性被动地接收媒体信息正转向多元化主动性地获取与参与，这使得新媒体传播有了极大的发展空间，也对新时代公关提出了挑战。有资料显示，新媒体拥有越来越多的受众，这就意味着它的影响力也越来越大。要想充分利用新媒体来发展整合公关传播，就先要掌握新媒体传播的特点。

1. 传播内容具有丰富性

新媒体完全摆脱了传统媒体单一的局限，它为人们传递信息提供了一个非常便捷的交流空间。新媒体传播突破了信息量的限制，可以及时、有效地在第一时间传递所有人们需要的信息，新媒体传播的出现把我们带入一个"信息爆炸"新传播时代。新媒体新闻可以同时传播文字、图片、视频、音频等内容，这是其他传播媒介所无法拥有的。另外，新媒体的载体如网络等媒介也实现了传播的民主性、平等性，可使所有信息透明化。

2. 传播过程具备开放性

新媒体传播的过程是开放的，它具有独特性。从时间角度来看，新媒体可以不断地对事件进行跟踪，全天候地对报道进行及时补充。从空间上看，新媒体是开放给所有人的，任何人都可以随时随地参与到信息传播中来。新媒体传播有着多样化的信息传输渠道，这样能够让受众更加快速地参与到信息传播中来，从而逐步实现"全民传播"。新媒体传播的出现能够把通信与计算机连接起来，最大限度地改变了不同媒介之间信息传播的交流方式。

3. 传播呈现感官化

新媒体的信息往往以声音、文字、图形、影像等复合形式呈现，让公众的感官体验更加丰富多彩，从而可以更好地实现传播效果。可以说，新媒体使公关传播从静态公关演进为动态公关，公关生动化时代悄然揭幕。公关生动化强调感官综合体验，通过立体化、多维化、全景式信息沟通，来建立和谐的公众关系。

4. 传播趋于技术化

新媒体的出现终结了以"人"和"传统媒体"为公关工具的笨拙时代。新媒体为公关传播提供了无限的创意与操作空间，这也对组织公关提出了挑战。组织要从规律性、日常性的例行公关演变为创新公关，公关传播难度越来越大，这主要取决于以下三点。第一，信息碎片化。公关的本质是沟通传播，内容是信息。信息多源性、不可控性及碎片化等导致公众注意力分散。虽说信息传播越来越容易，但高效传播并准确到达并不容易。第二，竞争。竞争干扰对差异化公关要求很高，在竞争对手你争我夺之间，公众信息疲劳日益严重。如何触动公众最敏感的那根神经，或者说找出目标受众的兴奋点，吸引公众眼球并互动参与并不是一件容易的事。第三，技术。公关技术包括软技术与硬技术，公关创意是软技术，而对（新）媒体熟悉与应用能力是硬技术。能跟上硬技术的步伐都非易事，更不用说如何把传播创意这一软技术与硬技术有效结合。

5. 传播具有全球化与时效性特征

从速度和广度上来讲，新媒体传播的扩散蔓延，打破了所有的通信限制，覆盖面广，具有很强的时效性。互联网的日趋成熟，潜移默化地加快了信息的传播速度，使人们可以更及时地了解新情况，以缓解人们面对身边各种不熟悉事物时的不确定性。它不仅降低了信息的衰减和变形，而且降低了传统媒体信息失真的缺陷，也大大减少了信息传播的成本。

（三）新媒体与公共关系传播结合的意义

首先，新媒体的出现为公共关系传播开辟了新的传播途径。使用新媒体，公共关系可以迅速提高内容的到达率。内容到达率是所有的公关主体在传播过程中最重要的指标，其意味着传播的有效与否。新媒体改变了传统媒体的传播模式，将“点对面”改进为“点对点”，这就使得公共关系可以将受众根据其特点（如年龄、职业、需求等方面）进行划分，并精准地定向投放信息以进行公关传播。这样受众可以获取最适合他们或他们最需要的公关信息，从而减少受众因获取过多的无关信息而浪费时间，提高了公关传播效果。

其次，新媒体使公关传播更富有个性，增强了受众对信息的接受程度和青睐程度。新媒体互动传播的特点，使得公关更加充满活力。受众从传统传播中的被动接收信息变为新媒体传播中的主动选择信息，新媒体的传播使公共关系从单一的文字传播发展成声音、图像、文字、视频和其他多维信息的共享和交互。在新媒体的帮助下，公关传播由原本的“公关到群体”变成了“公关到个人”，使得受众的选择更加多元，公关传播也更为个性。

最后，新媒体公关传播赋予了公关传播的情感性和亲和力。在新媒体背景下，公关主体无论是对内还是对外的沟通亲和力都上升到了一个新的高度。对于内部的传播，公关主体可以快速、及时地发布各个部门的运作情况，并获取员工的想法和意见，及时地回馈给管理层，从而提高了组织的整体水平并且增强了员工对组织的凝聚力。对于外部的传播，公关主体通过建立组织的公开网站、发布组织的即时信息，并通过在网站上建立专属活动论坛与受众进行时时沟通，能够更直接地获取公众意见，让公众参与到组织的建设中来，增强了公众对组织的忠诚度。

智慧火花

新媒体时代下公关的价值

互联网时代，变化和机遇共同发展，随之而来的社交媒体的发展，正在逐步改变着公关行业。公关，通过认知管理去塑造好的认知，影响用户行为，最终在好的认知与口碑的带动下，增加品牌的美誉度，使其拥有更多的客户与用户。用户的口碑成为品牌的推动器，让用户参与进来，成为产品创意的参与者和产品宣传的推广者，对于品牌的发展极其重要。

品牌的形成都是从人的认知起步的，拥有一定的认知度后，人们对品牌产生信任感，进而出现交易的冲动并且付诸行动，这些潜在的用户就会转变成为真正的用户。用户进而购买品牌商品，由此积累满意度，衍生出品牌忠诚度，并自发地向别人推介，形成品牌的良好口碑，品牌忠实用户由此产生。

那么，该如何在新媒体环境下形成有效的认知管理呢?

第一，利用舆情大数据明确确定互动分享对象；

第二，与受众一起参与、创造场景和内容，并不断互动分享；

第三，利用智能技术工具提升传播效率。

形成一定的品牌认知后，品牌还应当借助公关对品牌进行对位、占位、归位、出位。

首先，构建粉丝群。通过锁定准确的目标人群进行有效分层，进而搭建客户关系管理（CRM）系统和大数据营销基础。

其次，建设内容屋。构建品牌和产品矩阵化的市场传播内容体系，并指引日常传播话题。

再次，构建防弹衣。形成常态化舆情管理机制，实现负面、危机防范与用户口碑引导的双重价值。

最后，发挥扩音器作用。建立“知、用、信”三大层级的有效沟通，达成对营销结果的影响和促进。

传统公关价值体系正在不断地被打破，在新媒体时代下，要紧跟发展的步伐，为组织制定契合自身现状的公关措施。

资料来源：网麦传媒：新媒体时代下，公关的价值与核心有多重要［EB/OL］.（2018-04-08）［2024-08-28］. 搜狐网.

二、新媒体公关传播的策略

随着互联网的发展和智能手机的普及，各种社交新媒体平台逐渐成为社会话题的发源地，既为各类组织提供了传播沟通的新媒体平台，也为个人表达和生活分享提供了自媒体渠道。这也标志着随着新媒体的疯狂生长与使用，自媒体也迅速崛起，开始为大众获取内容提供服务，同时不断焕发出来自广大用户的巨大能量，这也为组织公关缔造了新的传播途径。

目前国内的新媒体平台，大致可以分为资讯类、社交类、视频类、音频类、电商类五大类型。其中，因为“陪伴”与“分享”式内容更迎合受众消费需求，所以各互联网巨头在该领域开始加速布局，如快手、抖音、喜马拉雅 FM、美拍等短视频/音频平台崭露头角，全面迈进“随走随看随播”时代。

（一）新媒体传播工具

1. 社群

社群是指社会中的一种群体，从现代角度定义，社群是基于一个点、需求和爱好，将大家聚合在一起的群体。

随着互联网的兴起，虚拟化社区概念应运而生。虚拟化社区又称网络社区。现代社群就是基于虚拟化社区发展而来的，志同道合的人聚集在一起，一起围绕一件事情进行交流、评论、发表意见，也可以做一个“生产者”，社群成员的创意、想法都非常有可能成为组织开发产品、改善服务、推广形象的重要影响因素。

在公关过程中，组织只要有足够的闪光点、吸引力、人格魅力甚至噱头，就可能迅速聚集一群追随者。组织如果能够经营好这些社群，那么就可能在竞争激烈的新商业世界找到品牌生存和发展的机会，并能在目标受众中赢得良好口碑与形象。

利用社群进行公关，可以制造话题，引导受众参与，也可以培育社群领袖来引导形成有利于组织的群舆论，或者建立品牌社区来维护品牌形象。

2. 微信

微信是腾讯公司推出的一款移动智能手机应用，是为用户提供免费的文字、图片、语音等信息传播的平台。目前微信已覆盖中国 90%以上的智能手机，庞大的用户群无疑可以成为组织挖掘公关元素、施展公关魅力的“金矿”。

微信可以提供的服务很多，除了基础的聊天、互动、交友外，还提供信息发布、广告推送、城市服务、公众号开通等方便用户的多种服务，并与很多的第三方公司合作，开发了多场景应用。

组织可以利用微信平台申请微信公众号，主要有订阅号、服务号和企业号，还有小程序运用。从公关角度而言，微信可以帮助组织实现品牌传播和粉丝培养，而且通过微信公众号平台，可以快速实现从粉丝到用户的转化，强化了组织与受众的沟通交流，通过一些运营活动提高用户参与度，从而大大提高平台的用户黏性。同时，组织还可以通过微信平台发布朋友圈广告、广点通广告、微信大号的软文广告、微信大号的硬广文章等资源，可以找准恰当时机增强组织的认知度，实现美誉度，最终争取受众最广泛的支持。

3. 微博

微博是现今最火热的互联网社交平台之一。在移动互联网迅速发展的今天，公众的生活习惯和行为模式发生了巨大的变化。公众个体由以往的被动选择变成了在网上主动搜索与分享，而且公众的观点与决策会受到他人的影响和引导，这无疑给组织或企业的公关战略带来了新的挑战和机遇。

微博是从一个单一化的社交和信息分享平台转化而来的。在互联网时代，微博凭借其巨大的价值属性成为组织重要的舆论引导和品牌推广工具。微博公关具有立体化、便捷性、高效化、广泛性等特点。

组织可以利用微博这一自媒体实现价值的传递和内容互动，帮助其了解公众特征，为公众提供服务平台，有效提升公众满意度，还可以加速品牌推广，监测微博用户品牌口碑，及时了解公众舆情并处理公关危机。

除此之外，组织可以在微博热门话题中找到热点，并借助热门话题与公众充分互动，创作软文与热门话题衔接，有效带动人气，提高用户的关注度。组织还可以挖掘与其相关的历史，增强公众的好奇心，甚至还可以通过微博这个流量庞大的即时性平台来制造新闻，以借势提升组织影响力。

在运用微博公关时，一是要注意软文和新闻的发布时间，二是要注意避免水军转发，三是要打造优质内容，掀起话题关注度。

智慧火花

全新的媒介生态环境下危机公关的三个优势

当下的媒介环境已被新媒体重塑。新媒体不仅改变了大众传播路径和媒体生态圈，而且深刻地改变了大众的媒体消费习惯：大众不再仅仅是受众，而是传播链条中的参与者。在这种全新的媒介生态环境下，与传统媒体相比，运用新媒体进行危机公关至少具有三个优势。

一是抢时反应。在危机发生后，第一时间进行大众回复，这是危机处理的通用标准。在所有媒介形态中，新媒体在时间抢点上完胜传统媒体，发生即发布的特性，使得新媒体在信息发布上具有强烈的优势。危机公关专家迈克尔·里杰斯特（Michael Regester）著名的“填补信息真空策略”指出：危机发生之初，由于情况一时不明，社会上往往会出现信息真空，这时，谁先说话就会“先入为主”，填补这一信息真空。新媒体由于绕开了传统媒体中“把关人”的环节，因此可以快速传递危机主体发出的反馈信息，在最短时间内满足了大众知情的需求，将危机的损害在开始时就降到最低。

二是情绪疏导。新媒体是一个充满情绪色彩的平台。每条信息、评论的背后都是真实的个体、真实的圈子和关系链。资讯在关系链上顺势而下时，发布者的判断偏好、喜怒哀乐都依附在这条资讯链上随之扩散，大众因此映射出自己的真实感受和见解，并由此进行观点的塑造和站队。事实上，近些年来很多新闻事件都源自新媒体、发酵于新媒体，并形成强大的舆论。在公众眼里，来自新媒体的反馈信息更体现个人态度和立场，因而更具有人情味、感染力，公众的情绪更容易被影响。

三是积极回馈。在新语境下，舆论事件中涉及的每个角色，无论是当事者、见证者还是旁观者，都渴望被关注、被回复。而点对点、情对情的交流正是新媒体的长项，更容易触及大众的情感。这种“多对多”的传播，使每个人不仅有听的机会，而且有说的条件。试想，当某种情绪的宣泄和观点的表达能被及时反馈并给予认同时，就让参与各方有了交流的热情和参与的渴望，从某种程度上也有了被重视的感觉，无形中会增加受众对组织的理解，最终达成和解。正是因为新媒体实现了这种前所未有的互动性和交流即时性，传统媒体经常招致批评的权力欲和与大众的距离感似乎都不复存在。

资料来源：郭书．新媒体危机公关的三种优势［J］．中国广播电视学刊，2015（6）．

4．问答平台

问答平台在互联网运营中具有很好的信息传播和推广作用。通过问答平台来询问或作答的用户，通常对问题涉及的内容都有着极大的兴趣，这使得回答的可信度很高，因此引流效果较好。

利用新媒体问答平台（如知乎、百度知道等）来进行公关传播，通过回答问题和模拟提问的方式来进行组织宣传，能有效地提高组织的知名度，推广效果较好。

5．直播平台

新媒体公关最主要的是抓住“热点”，而在众多的网络平台中，最容易产生热点内容的就是网络直播平台。直播具有即时性、互动性等优点，对积累人气、推广品牌形象具有极大的推动作用。

网络直播的方式主要包括信息披露直播、品牌宣传直播、网红代言直播、客服沟通直播、娱乐活动直播等。目前在中国主要以映客直播、花椒直播等直播平台为代表。

6．视频平台

视频直播是指组织以视频的形式，宣传推广组织文化、理念、产品和活动等内容。视频直播一般要求视频制作的水平高，而且有吸引人关注的亮点。常见的有宣传广告片、微电影等。

互联网视频直播首先要让公众对视频产生兴趣，进而自行主动转变为传播分享者，最后共同的兴趣使观看者群体迅速扩大。通过互联网的快速传播链，公众自发观看、分享和传播，产生“病毒式”的传播效果，为组织的认知度和美誉度加分。

目前比较热门的视频平台有抖音、梨视频、秒拍等。

（二）新媒体公关传播的手段

随着互联网时代的出现，人们对于媒体的需求也越来越多，从以前简单的“获取”新闻，到现在自己也想“参与”到媒体中。新媒体的出现正好满足了人们对“参与”到媒体中的需求。但是随着新媒体的出现，公共关系的不可控性也逐渐提高。在新媒体的背景下，每一个受众都可以成为信息的发布者，并且往往会从受众的角度剖析问题，对待问题的看法也更平民化，所以新媒体的影响力是非常大的。但有一些新媒体传播者为了获取更多的关注，常常扭曲事实、制造舆论，对公关媒体带来一定的负面影响，对公关主体极其不利。再者，新媒体信息发布很快，负面信息传播的速度也是相当惊人。新媒体传播者有时会为了获取一时的虚荣，通过创造虚假信息来获取心理上的满足。因为新媒体不在公关主体的控制范围之内，加之组织竞争对手有可能利用新媒体制造负面舆论，所以给公关传播带来了很大的不可控性。因此，组织要注意制定切实可行的新媒体公关传播手段与方法。

1. 创新报道，减少受众流失

传统媒体的新闻传播是要受众主动阅读才能获取新闻，这种传播方式是以创作者为导向，人们只能被动地去接收传播者所传播的信息。而随着网络的出现，人们可以根据自己的喜好选择新闻，甚至当新媒体出现后人们可以根据自己的喜好创作新闻进行传播。所以传统媒体的受众逐渐流失，越来越多的人聚向网络媒体和新媒体。因此，在新媒体环境下，公关传播要注重创新报道，准确把握受众信息接收习惯，提高舆论引导艺术，力求给受众新的感觉和新的选择。采用受众喜欢的方式，提高新闻内容的吸引力，才能更好地提高受众的接受率。

2. 新媒体与传统媒体有机结合，互补发展

新媒体和传统媒体传播各有利弊，因此要将两种媒体有机结合，优势互补，从而更好地提升舆论引导力。现在很多传统大型媒体也都开设了网络媒体如微博、微信公众号平台等，这样能够更快速、更有效地向受众传播新闻，而且这种传播新闻的可信度也要比小众新媒体的可信度高。因此公关传播和新媒体相结合，往往能带来更好的传播效果。

同时，由于新媒体受众面更广，传播速度更快，因此对于组织公关形象的树立更加深入高效。新媒体平台拥有一定数量的粉丝后就可以成为组织品牌传播的重要途径。另外，组织在新媒体上发布信息能够打破时间限制和地域限制。因此，组织可以充分利用新媒体平台来推广组织文化、品牌、产品等，以帮助组织实现公关目标。

思维与技能训练

一、想一想

1. 公共关系传播的概念及要素是什么？如何对公共关系传播进行分类？

2. 公共关系的大众传播有哪些手段？

3. 公关广告的类型有哪些？

4. 人际传播的概念及分类是什么？如何理解人际传播在公关活动中的作用？

5. 人际传播的表现形式有哪些？各有何技巧？

6. 什么是新媒体传播？其传播特点有哪些？

7. 新媒体传播的工具有哪些？各有何优缺点？

二、做一做

1. 仔细观察你周围的同学，看看他们都具有哪些优点。试着经常赞美别人，并谈谈在日常交往中赞美给你和他人带来的感受。

2. 假设你所在的学校要进行校园文化建设，主题是“和谐校园”，请为学校策划一个传播推广方案，目标是提升学校的认知度、美誉度与和谐度。

3. 请为西安利之星汽车有限公司策划一份利用新媒体传播的危机公关方案。

三、技能实战训练

［实战项目］

请以某个组织为宣传主体，查找资料了解其经营现状及相关成就，为其撰写一篇新闻稿或策划某一新闻事件，以提升组织的社会影响力。

［实训目标］

1. 能利用新闻传播方式提升组织公关形象及社会影响力。

2. 提升文字写作功底，具备一定的新闻稿撰写能力。

［实操流程］

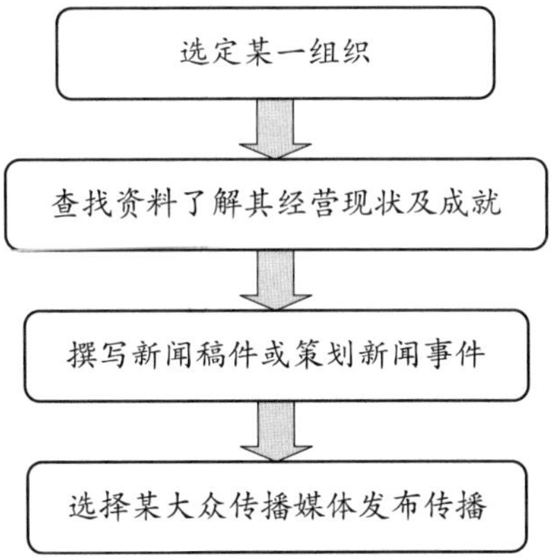

［注意事项］

1. 新闻稿撰写要紧密结合企业最新动态，保证时效性。

2. 新闻事件策划要具备创新性和可行性。

［实训成果与评价］

1. 成果：

（1）以个人为单位为某组织撰写一份新闻稿，帮助组织进行公关传播。

（2）以小组为单位策划一个新闻事件。

2. 评价指标：

序号	项目	评价标准	比重（分）	得分
1	内容	新闻稿结构合理，内容明确，有创新	30	
2	态度	工作态度严谨，团队合作高效	20	
3	知识	新闻事件具有创新性和可行性	25	
4	技能	文字表达能力好，具备良好的新闻传播运用能力	25	
总分			100	

项目核心能力与公关素养自评

	核心能力（素养）	是否提高
通过学习本项目，你的哪些核心能力得到了提升：	表达能力	
	传播推广能力	
	策划能力	
	学习发展能力	
通过学习本项目，你认识到的公关素养有：	口才	
	人格魅力	
	新媒体运用	
自评人（签名）： 年　　月　　日		教师（签名）： 年　　月　　日

项目八 塑造组织公关形象

公关之重，重在和谐

> 树立形象不是作秀，而是把正面的东西主动、积极地展示出来，赢得别人的信任和尊重。
>
> ——公关专家郑砚农

项目解析

随着社会开放程度的提高以及信息传播速度的加快，组织形象已经成为一个组织的立命之本和力量之源。组织形象的优劣决定着组织的生命力和创造力，并决定和影响着公众对组织的态度和行为方式。可以说，公众对组织形象的总印象和总评价，即组织形象在公众心目中的优与劣，决定着组织的生存空间和发展势头。因此，良好的组织形象就是组织的一笔宝贵财富。

项目目标

1. 知识目标

(1) 理解组织形象的含义、种类及构成。

(2) 了解组织形象识别系统的构成。

2. 能力目标

(1) 分析组织形象现状，具备帮助组织塑造良好形象的专业素质。

(2) 能帮助组织建立组织形象识别系统。

3. 素质目标

(1) 爱党爱国，坚持四个自信，为国家形象宣传添砖加瓦。

(2) 注重人文素质积淀，提升审美情趣，具备形象塑造与宣传意识。

公关聚焦

中国国家形象怎么样?

2010年,智利和菲律宾这两个“非热点国家”成为国际关注的焦点。智利成功拯救被困地下69天的矿工,缔造了人类救援史上的奇迹,国家形象由此光芒四射。相比之下,菲律宾对中国香港游客被劫持事件的处理迟缓、低效,最终酿成8人死亡的惨剧,致使菲律宾政府备受诟病,国家形象一落千丈。国家形象塑造是当前全球化背景下各国面临的共同课题,而单一事件,特别是备受国际社会关注的单一事件,有时足以对一国的国家形象造成相当大程度的影响。

近年来,中国也积极推广国家公关,致力于打造崭新形象。2003年“非典”让中国积累了危机公关处理的经验,奥运会、世博会、亚运会、“一带一路”峰会更是中国主动向世界展示和塑造形象的大舞台。从2010年起,中国国家形象宣传片已连续多年向海外展出,标志着中国正全面进入国家“公关时代”。

中国已经迈入新时代,发出中国声音、展示中国形象是实现“中国梦”的重要保证。良好的国家形象不仅有利于向全球输出本国的核心价值观,还能为国家经济建设营造有利的舆论环境。

根据《中国国家形象全球调查报告2018》,中国作为全球发展贡献者的形象进一步凸显。历史悠久、充满魅力的东方大国仍是海外民众对中国的突出印象,他们普遍看好中国经济的未来发展,“一带一路”海外认知度、认同度不断提升。“构建人类命运共同体理念”也得到了广泛认同。

正如习近平总书记所说:“世界那么大,问题那么多,国际社会期待听到中国声音、看到中国方案,中国不能缺席。”

思考

1. 为何说中国进入“国家公关”时代? → 理解组织形象含义
2. 何为组织形象?如何塑造国家形象? → 了解组织形象识别系统

任务一 理解组织形象含义

任务目标

完成本任务,你要理解组织形象的含义与特征,了解组织塑造形象的意义。

任务布置

以你所在学校为公关主体，分析其组织形象构成中实力形象、文化形象、人才形象和品牌形象的现状及发展前景，以小组形式完成一篇组织形象调查分析报告。

组织开展公共关系活动的根本目的就是为组织建立声誉、塑造形象，提高认知度、美誉度与和谐度，以取得公众对组织的理解和信任。因此，了解什么是组织形象及如何塑造组织形象就显得尤为重要。

一、组织形象的含义与特征

（一）组织形象的含义

组织形象是指公众对一个组织的理念、价值观、态度、行为等综合认识后所形成的印象和评价。组织形象对于组织来说至关重要，其含义包括三个方面。第一，组织形象的优劣源于组织的表现和特征。组织形象不是凭空产生的，也不是公众强加给组织的，而是组织在与公众发生各种关系时，通过其行为、表现、态度而在公众心目中留下的一种印象和评价。第二，组织形象是一种综合评价，是公众对于组织的各种具体评价的总和。具体评价构成局部形象，总体评价组合为总体形象。第三，组织形象的评定者是公众。在塑造组织形象的过程中，组织本身只是“运动员”，其行为表现的评价者是广大公众。因此，那种既是“运动员”又是“裁判员”的自我吹嘘不仅无益于组织形象的塑造，而且会招致公众的反感，取得适得其反的效果。

8-1　《中国进入新时代》国家形象宣传片

（二）组织形象的特征

组织形象的塑造不是一朝一夕可以完成的，它需要组织具备“十年磨一剑”的精神。此外，对组织形象的综合评价也取决于组织的各项具体行为和表现。

1. 独特性

良好的组织形象都具有鲜明的个性，要与众不同，这样才能使公众对组织产生深刻的印象，从而提高组织的竞争力。随着技术的进步和信息的透明化，组织在规模、产品、环境等“硬件”方面的同质化倾向越来越明显，因此组织要想脱颖而出，就必须依靠塑造与众不同的组织形象来实现。组织形象是一种“软实力”，而且其作用力持续长久。塑造独特而又优良的组织形象不但有利于消费者识别，而且有利于与其他组织加以区分，这对组织赢得公众、保持信誉、击败或避开竞争对手具有极强的促进作用。

2. 整体性

组织形象的整体性可以理解为四个方面：第一，组织形象取决于组织的所有活动；第二，组织形象取决于组织的全部管理过程；第三，组织形象取决于组织的全体成员表现；第四，良好的组织形象塑造是一个系统工程。可见，树立良好的组织形象不是某一个人、某一项活动、某一个部门就能完成的，它需要组织内部全体成员持之以恒的努力。组织在塑造组织形象的过程中，必须树立全员意识，强调人人参与、事事留心，把组织形象的树立落实到每一个部门的工作中，体现在每一位员工的行为上，贯穿于组织的每一项活动里。

公关大舞台

“尔滨”，冬天里的一把“火”

要问 2024 年元旦假期哪里最“火”，哈尔滨绝对算一个。

据哈尔滨市文化广电和旅游局提供的大数据测算，截至 2024 年元旦假日第 3 天，哈尔滨市累计接待游客 304.79 万人次，实现旅游总收入 59.14 亿元。游客接待量与旅游总收入达到历史峰值。

哈尔滨拿出“掏家底儿”的态度迎接游客，被网友们亲切地称作“尔滨”。一声“尔滨”，可亲可爱，如同冬天里的一把“火”，拉高了冰城的“温度”。

这把“火”，源于热情真诚的待客之道。

在东北，来客（qiě），是来客人的意思。为了招待冬日来客，哈尔滨下足了功夫。游客想拍带月亮的雪景，哈尔滨就用无人机升起人造月亮；怕大家冷，广场建起了“温暖驿站”；连冻梨、冻柿子都开始切片摆盘，变得精致起来……热火朝天的“冰城”捧出一颗真心服务游客，我们隔着屏幕都能感受到这份宾至如归的舒心。

真诚待客永远是最硬的招牌。哈尔滨“火”的不仅是美食美景，而且是当地人表现出的善意、城市营造出的“家”的氛围。对于出门在外的游客，还有什么比感受到“家里人”的关怀和体贴更让人心动的呢？

这把“火”，源于一座城独具特色的乡土气息。

这个冬天，“南客北上”屡上热搜，光彩夺目的北方冰雪游看得不少人心动不已。对于外地游客来说，哈尔滨这个北方城市是与众不同的。不同在它的“土”，在这里你可以吃到“土味香浓实惠”的东北特色菜，欣赏到乡土气息浓厚的民俗文化、地方特色；不同在它的“鲜”，银装素裹的北国风光浪漫鲜活，特立独行的异国建筑新鲜独特，东北人特有的幽默鲜明生动……

留住“土味”，留住一座城市独特的气质与灵魂，不断提高“鲜味”，则为这座城市注入源源不断的活力与动力。当鄂伦春族同胞带着驯鹿出现在哈尔滨街头与游客互动，东北“老铁”借助互联网发出热情邀约……网红城市“尔滨”来了。

这把“火”，也映照出文旅市场加速复苏的好势头。

延续了2023年假日旅游人潮涌动，2024年人们旅游出行的热度丝毫不减，冰雪旅游热度更是持续攀升。数据显示，元旦假期冰雪游预订量同比去年增长126%，哈尔滨、长春、乌鲁木齐、张家口等是冰雪游热门目的地。“走，滑冰去……”这个冬天，滑雪、溜冰等从小众运动走向大众日常，更成为一种社交性拉满的消费潮流，人们的冰雪热情被尽情释放。

冰天雪地也是金山银山。众多北方城市抓住这波热潮，充分利用自身独特的资源禀赋，开发独具特色的冰雪旅游项目。除了哈尔滨，辽宁推出“山海有情　天辽地宁”冬季主题系列活动百余项，将冰雪温泉、民俗文化与体育活动深度融合。北京发放3万张冰雪消费券，助力激发节日消费活力……游客的消费热情与各地多元供给来了一场双向奔赴，碰撞出热气腾腾的“雪花”“冰花”。

其实，让哈尔滨出圈的这把“火”很简单——让游客行得顺心、吃得放心、住得安心、玩得开心、留得下来。

资料来源：李洁琼．“尔滨”，冬天里的一把“火”[EB/OL]．(2024-01-03)[2024-07-20]．新华网．

3．可识别性

组织形象既是公众对组织的总体的、抽象的、概括的认识和评价，又是组织各种表现和行为的再现。组织的这种表现和行为往往会给公众以强烈的刺激，从而使其形象深深扎根于公众心目中。这样，良好的组织形象才能够被公众识别。

4．稳定性

良好的组织形象不仅包含组织的内涵，还包含组织外在的特征与风格。其外在表现如组织的经营状况、销售市场占有率等，实际上都取决于组织的价值观念及经营信条等。任何组织的行为或可识别标志都展示着组织内在的经营作风、精神风貌及组织风格。这种内涵深刻影响着组织的行为和表现，并促使公众对其产生某种印象和评价。而公众一旦对组织形象形成某种认识，那么这种认识会持久而深刻，并在一定的时间和空间范围内保持相对稳定。

5．动态性

组织形象并非一成不变。组织形象是组织精神、组织文化、经营理念、员工形象、产品形象、服务形象等多种要素综合作用的结果，其中任何一个要素变化，都必然会影响公众对组织形象的评价，如商业组织的客户投诉事件、组织突发的危机事件等。这些突发因素将会影响公众对组织的印象。因此，任何组织都不能有一劳永逸的思想，不能躺在组织已树立的良好形象上“睡大觉”，必须时刻注意形象维护，否则，就会给组织带来不必要的麻烦。

二、组织形象的构成

组织形象是一种综合形象，其建立和塑造要考虑各种因素的影响。一般而言，组织形象的构成要素包括以下几个：

(一) 实力形象

实力形象是组织形象存在的物质基础。一个组织强大的经济和技术实力，往往会使组织形象的其他因素找到落脚点。实力形象主要包括组织的固定资产、资金规模、市场占有率、员工人数、设施装备、占地面积、硬件环境等。

(二) 文化形象

文化形象主要包括组织使命、组织精神、组织价值观和组织目标等，它是组织形象的精髓所在。良好的文化氛围可以使组织更具有人文精神，能增添组织的人文魅力。

(三) 人才形象

组织的文化形象最终取决于人的行为表现。因此，组织的员工素质和态度深深地影响着组织形象。一个人才济济、阵容整齐的组织，会使组织的形象倍增光彩。人才形象主要包括人才思想素质、文化层次、技能水平、管理水平、职业道德等。

(四) 品牌形象

品牌价值源于公众的认知，品牌形象是组织形象的生命线。对于商业组织而言，组织形象的优劣很大程度上取决于消费者对组织品牌的认知和评价。如果组织的产品质量、服务、标志等能给公众留下美好的印象，则说明组织形象得到了公众的认可；反之，低劣的品牌形象也会使组织形象毁坏殆尽，从而直接威胁组织的生存。

公关大舞台

中国品牌哪家强?

2023 年 9 月 8 日，全球领先的品牌数据与分析公司凯度集团发布了 2023 年凯度 BrandZ 最具价值中国品牌名单。

凯度 BrandZ 最具价值中国品牌是中国市场内权威公正的品牌排行，品牌估值综合衡量品牌的财务表现与品牌在消费者心目中的品牌力，其数据有“全球品牌价值评估领域的硬通货”之称。自 2011 年首届榜单发布以来，它持续记录了中国品牌的格局演变，也成为展现各行业中国最优秀品牌的舞台。

榜单云集各行各业的精英，上榜品牌均以强韧的品牌实力矢志不渝地引领业绩增长，推动企业行稳致远，书写中国品牌独有的可持续增长故事。

资料来源：索炜．2023年凯度BrandZ最具价值中国品牌100强发布 腾讯、阿里和茅台蝉联前三甲［EB/OL］．（2023-09-08）［2024-08-15］．新华网．

三、组织形象的种类

组织形象是公众对组织的综合评价，它取决于多要素、多方位、多角度的组织内容，因此我们对组织形象可从不同的角度来认识和判断。

（一）从组织形象的虚实分

1. 期望形象

组织的期望形象是指一个组织为自己设计和实施的希望在公众心目中所树立的形象。它往往是理想化的，但它是组织发展不可缺少的内在动力，因为这种理想往往驱动组织规范自己的行为，并促使组织开展各种有效的公共关系活动。一个组织的期望形象越高，自觉作出努力的可能性就越大。但是，组织应在广泛的公共关系调查的基础之上，实事求是地设计经过自己的努力可以实现的期望形象，否则，脱离实际、盲目拔高的期望形象会因无法实现而挫伤组织成员的积极性。因此，组织期望形象的塑造是一个循序渐进、不断调整、不断完善的过程。

2. 实际形象

组织的实际形象是指公众对一个组织的真实看法和评价，是组织形象的客观存在。组织的实际形象是组织将设计好的期望形象，通过实施、调整、完善等行为，在公众心目中形成的对组织的真实看法和评价，是组织的主观努力所形成的客观存在。组织的实际形象与组织的期望形象有时是一致的，但有时又有一定的差距。了解组织的实际形象是制定公共关系目标的基本依据。

组织的实际形象一般可以通过形象调查的方法来加以了解。了解组织的实际形象就是了解公众对组织的普遍看法，以便组织有的放矢地开展形象策划塑造工作。只有清楚地了解自己的实际形象，组织才能以此为起点，塑造理想中的期望形象。

(二) 从组织形象的内容分

1. 整体形象

组织的整体形象是指公众心目中对组织的全部看法和评价。整体形象是组织总体呈现在公众面前的全面形象，它是由各个单项形象构成的。良好的组织整体形象是现代组织的一种无形资产，它与组织的资金、技术和人才并列，是当代管理的核心内容之一。

2. 单项形象

组织的单项形象是指组织在某一个方面所留给公众的印象，如组织的优质产品、良好的服务态度或优雅的购物环境等。组织的单项形象是组织改善自我形象的突破口，充分利用组织的单项形象，可以为构建组织的整体形象打下基础。

3. 特殊形象

组织的特殊形象是指与组织有特殊利益关系和对组织有特殊要求的公众对组织的看法和评价。这是特殊公众从特定的角度对组织形成的特定的看法和评价。组织必须善于处理好特殊公众与其他公众的关系，使特殊形象和整体形象达到平衡统一，以保证组织创造良好的生存和发展环境。

(三) 从组织形象传播的结果分

1. 真实形象

组织的真实形象是组织本身具有的形象。这是组织在设计、实施、调整、完善组织形象的过程中所形成的客观现实形象。

2. 失真形象

组织的失真形象是公众心目中的印象与组织真实形象产生误会、差异甚至歪曲的形象。组织形象的失真主要是在组织形象传播过程中造成的，有传播中的操作因素，有组织本身性质的因素，也有公众认知水平的因素等。在组织形象传播过程中，要从根本上避免组织形象的失真是不可能的，因此努力使组织形象的失真度降低到最低程度就是组织形象传播的重要任务，要力求将最真实的组织形象留给公众。因此，要重视公众对组织评价的反馈意见，防止形象失真。

四、塑造组织形象的意义

任何组织在其生存发展过程中都不可能避免竞争。竞争的最高层次是组织形象的竞争。谁拥有了良好的组织形象，谁就拥有了公众，拥有了公众的支持，就拥有了市场，并拥有了源源不断的利润，就能够在激烈的市场竞争中立于不败之地。塑造组织形象的意义包括以下几个方面：

（一）良好的组织形象是组织的无形资产

组织形象是有价值的。良好的组织形象本身就是一张通向成功的通行证，所有的公众都愿意与有着良好形象和口碑的组织打交道。组织形象的认知度越高、美誉度越好、和谐度越佳，组织的无形资产的价值就越大，发展前景就越好。组织形象的无形资产主要通过品牌价值来体现。

智慧火花

如何有效地进行公关维护？

在当今竞争激烈的市场环境中，企业的形象和声誉对于其生存和发展至关重要。因此，公关维护成为企业管理中不可或缺的一部分。

一、公关维护的概念

公关维护是指企业或组织为了维护自身形象和声誉而采取的一系列措施和策略。公关维护的目的是通过有效的沟通和互动，建立良好的企业形象和声誉，增强公众对企业的信任和认可，从而提高企业的竞争力和市场地位。

二、公关维护的重要性

1. 增强企业形象和声誉

企业的形象和声誉是企业在公众心目中的形象和评价。良好的企业形象和声誉可以增强公众对企业的信任和认可，提高企业的知名度和美誉度，从而吸引更多的客户和投资者。

2. 提高企业竞争力和市场地位

良好的企业形象和声誉可以提高企业的竞争力和市场地位。在竞争激烈的市场环境中，企业的形象和声誉往往成为消费者选择产品和服务的重要因素之一。因此，公关维护可以帮助企业在市场竞争中获得更大的优势。

3. 保护企业利益和形象

公关维护可以帮助企业及时应对各种危机和挑战，保护企业的利益和形象。在面对负面事件和舆情危机时，公关维护可以通过有效的沟通和危机处理，减少损失和影响，保护企业的声誉和形象。

三、公关维护的策略

1. 建立良好的企业形象和品牌

企业形象和品牌是企业的重要资产之一。建立良好的企业形象和品牌可以提高公众对企业的认知和信任，增强企业的市场竞争力。企业可以通过品牌宣传、赞助活动、社会责任等方式来建立良好的企业形象和品牌。

2. 加强与公众的沟通和互动

加强与公众的沟通和互动可以增强公众对企业的信任和认可。企业可以通过媒体宣传、社交媒体、公益活动等方式来加强与公众的沟通和互动，了解公众的需求和反馈，及时回应公众关切。

3. 建立危机管理机制

建立危机管理机制可以帮助企业及时应对各种危机和挑战。企业可以通过制定危机预案、建立危机管理团队、加强危机应对培训等方式来建立危机管理机制，提高危机应对能力。

4. 加强员工管理和培训

员工是企业的重要资源之一，员工的行为和言论往往会影响企业的形象和声誉。因此，企业需要加强员工管理和培训，提高员工的素质和意识，确保员工的行为和言论符合企业的价值观和形象。

资料来源：如何有效地进行公关维护？[EB/OL].（2023-06-07）[2024-08-28]. 百家号网.

（二）良好的组织形象可以为组织的生存发展提供精神支持

良好的组织形象是一个组织生存发展的精神资源，它能对组织员工的行为和表现起到指引和调动作用，具体表现在：

（1）规范与导向功能。组织形象能对员工起到约束和指导作用，让他们自觉地按照组织理念和要求服务公众。

（2）凝聚与整合功能。组织形象就像一股精神力量，能将组织员工“黏合”在一起，共同为实现组织目标而努力。

（3）激励功能。良好的组织形象能让员工有一种归属感和自豪感，可以让员工保持一种积极向上的精神状态，激励他们与组织一同进步。

（4）辐射功能。具备良好形象的组织能感染和带动其他组织的进步，从而创造一批具有社会影响力和责任心的组织群，优化整个社会环境。

（三）良好的组织形象有利于组织发展壮大

良好的组织形象会让公众对组织产生一种“信得过”的心理，从而培养出对组织的忠诚度和支持度，并在激烈的市场竞争中让组织坚守到“吹尽黄沙始到金”，让公众认识到组织的价值和发展潜力。

智慧火花

简单之风吹满地

因百度前公关负责人璩某在抖音平台上发布了一系列短视频，其中如“员工闹分手提离职我秒批”“无须考虑家庭因素”等言论，在社交媒体上引起了广泛争议，外界对百度的企业价值观提出质疑。当事人璩某已在朋友圈发文道歉，并从百度离职。

2024年5月11日，百度公司工会联合会视频号“百度同学”发布MV《简单之风吹满地》，时长2分26秒，称针对扎心的“大厂病”，唱出了“捍卫度厂文化，让百度越来越好的心声”。这首MV一上线，就引发关注与热议，让人们感受到了百度员工维护企业形象的决心和勇气。

8-2 百度：简单之风吹满地

任务二 了解组织形象识别系统

任务目标

完成本任务，你要了解组织形象识别系统的含义和构成，并能帮助组织导入组织形象识别系统。

任务布置

以当地某组织为主体，调查了解该组织是否已导入组织形象识别系统。若已导入，请分析组织形象识别系统现状的优劣；若尚未导入，请帮助组织策划建立组织形象识别系统。

一、组织形象识别系统的含义

组织形象识别系统的英文全称是corporate identity system，其中corporate泛指组织、团体、机构等，identity指身份、同一性，system是系统，简称CIS。它是将组织的理念、行为、视觉、听觉形象及一切可感受形象实行统一化、标准化与规范化的科学管理体系，是由一个组织区别于其他组织的标志和特征所构成的系统，能使组织在公众心目中树立独特的组织形象。导入CIS管理理念，是组织在形象塑造过程中的必然和明智的选择。

CIS的含义包括四个方面。首先，CIS是一个过程。它是组织通过导入CIS战略，长期塑造组织形象的过程，并非组织形象本身。其次，CIS是一项系统工程。它涉及组织文化和行为的方方面面，需要组织对此综合加以考虑。再次，CIS是一项投资行为。CIS的塑造并非立竿见影，它是一项长期工程，需要组织聘请专业人员来策划打造，并且可能要坚持几年才能见效。最后，CIS 是一种组织经营战略。通过导入 CIS 来塑造组织形象，就是把组织的理念、行为、视觉、听觉、环境以及嗅觉等要素综合起来传播。CIS 是组织实施面向未来战略管理的必然选择，是组织战略管理的重要组成部分。

8-3 组织形象识别系统

二、组织形象识别系统的构成

CIS 最初是由理念识别系统（mind identity system，MIS）、行为识别系统（behavior identity system，BIS）、视觉识别系统（visual identity system，VIS）三个要素组成的。随着组织形象设计的发展，CIS 也逐渐被细化为 MIS、BIS、VIS 和听觉识别系统（audio identity system，AIS）。各种要素识别系统相互联系、互为支持，从而形成组织的形象与风采，展现公关策划的真正魅力。目前，部分专业人士认为还应把环境识别系统（environment identity system，EIS）和嗅觉识别系统（olfaction identity system，OIS）纳入 CIS 要素之中。

（一）理念识别系统

理念识别系统（MIS）是一个组织在精神范畴的存在形式，如组织理念、组织文化、价值观念、经营思想等。组织精神范畴的存在形式就是组织灵魂，MIS 是组织 CIS 的核心与精神所在，它既是 CIS 的深层次内容，也是组织精神文化的集中体现，它对 BIS 和 VIS 具有决定性作用，并通过 BIS、VIS 表现出来。

MIS 是组织独特的文化和价值观，它包括组织精神、组织文化、价值观念、经营思想和组织目标等内容。它一般通过经营信条、精神标语、组织座右铭、组织文化和组织理念表现出来。它回答如下问题：我们是谁？我们为什么而生存？我们要做什么？我们将怎么做？我们将做到什么程度？

智慧火花

对理念识别系统的理解

（1）理念像灯塔，具有导向功能。它告诉组织的全体员工，组织向何处去，组织应是一个什么样的组织，组织应具备什么样的“人格”、一颗什么样的“心”。例如，IBM 公司提出“尊重个人，顾客至上，追求卓越”，美国达美航空公司提出“亲如一家”。

（2）理念像发动机，是动力之源，具有激励功能。例如，TDK 公司的理念是“创造——为世界文化产业作贡献，为世界的 TDK 而奋斗”，卡西欧公司的理念是

"我们已经完成创造，但还要创造下去"。

(3) 理念像看不见的紧箍咒，具有规范功能。它告诉员工该做什么，不做什么，什么是最重要的。例如，麦当劳提出"质量、服务、清洁加价值"(QSC+V)。

(4) 理念像磁石，具有凝聚功能。例如，松下公司在理念中强调"团结一致、奋发向上、礼貌谦让、感谢报恩"等。

(5) 理念像光和热，具有辐射功能。例如，北京百货大楼的"一团火"精神，提出"用我们的光和热去温暖每一个人、每一颗心"，使公众感知"新中国第一店"的热情服务与档次。

(6) 理念像警钟，具有保证质量的功能，有座右铭的作用。例如，老字号同仁堂的理念是"炮制虽繁必不敢省人工，品味虽贵必不敢减物力"，苹果计算机公司的理念是"让劣质产品原形毕露"。

(7) 理念像标志，具有识别功能，是公众识别组织的重要依据。例如，"忘记了技术开发，就不配称为佳能"，突出了佳能的科技地位，肯德基的理念是"有了肯德基，生活好滋味"。成功的理念，催发了成功的企业。

资料来源：李兴国，等．北京形象：北京市城市形象识别系统（CIS）及舆论导向［M］．北京：中国国际广播音像出版社，2008.

(二) 行为识别系统

行为识别系统（BIS）是将组织理念转化为组织行为的物化过程。组织理念需要通过组织行为的传播，使组织的形象得以树立。而观念形态上的组织理念只有通过组织行为的实施，才能变成人们看得见、摸得着的客观存在。人们将组织理念的行为转化方式称作BIS。BIS对内负责组织管理，对外负责开展各种活动，见表8-1。

从实施的对象来看，BIS包括内部活动识别和外部活动识别。内部活动识别包括干部教育、员工教育（工作态度、各种礼仪等）、生产福利、工作环境、生产经营设施、组织活动、交流研讨等，外部活动识别包括市场调研、产品及服务项目开发、关系协调、促销活动、传播推广、公益性活动、文化性活动、对外交流、流通对策、经济政策等。BIS是将MIS的本质物化在组织的行为方式上，通过组织的各种制度、行为规范、管理方式、教育训练、公益文化、公共关系、营销活动等体现出来，从而获得组织员工、广大消费者和公众的识别与认同。由于员工是将组织形象传递给外界的重要媒介，公众可以不借助其他传播媒介，而直接通过其员工的行为来认识组织，因此组织在实施BIS时，需要全体员工的共同努力来完成。如果员工的素质有问题，则将给组织带来很大的消极影响。因此，行为识别实际上是理念识别的最重要载体。

BIS是通过组织的经营活动、管理活动、社会公益活动来传播组织的精神与思想，达到优化组织形象的目的的。如果说MIS是组织的“想法”，BIS则是组织的“做法”。

表8-1　行为识别系统的具体内容

<table>
<tr><td rowspan="12">行为识别系统</td><td colspan="2">内部活动识别</td><td>外部活动识别</td></tr>
<tr><td colspan="2">干部教育</td><td>市场调研</td></tr>
<tr><td rowspan="5">员工教育</td><td>工作态度</td><td>产品及服务项目开发</td></tr>
<tr><td>各种礼仪</td><td>关系协调</td></tr>
<tr><td>接待技巧</td><td>促销活动</td></tr>
<tr><td>服务水准</td><td>传播推广</td></tr>
<tr><td>作业精神</td><td>公益性活动</td></tr>
<tr><td colspan="2">生产福利</td><td>文化性活动</td></tr>
<tr><td colspan="2">工作环境</td><td>对外交流</td></tr>
<tr><td colspan="2">生产经营设施</td><td>流通对策</td></tr>
<tr><td colspan="2">组织活动</td><td>经济政策</td></tr>
<tr><td colspan="2">交流研讨</td><td></td></tr>
</table>

(三)视觉识别系统

视觉识别系统(VIS)是静态的识别符号，它是将组织标识符号化、视觉化的传播过程。VIS是把反映组织内在理念的标识通过一定的媒体，转换为组织员工、广大消费者和社会公众能够接收的符号系统，它是CIS中最形象直观、最具有冲击力的部分。人们对CIS的认识是从VIS开始的，早期导入CIS也主要是VIS策划。VIS尽管容易实施、更易于公众识别，但由于它本身缺乏生命力，对组织形象的影响不会持久和深入，有时难以完全反映MIS，因此，VIS不能脱离MIS和BIS。VIS的具体内容见表8-2。

表8-2　视觉识别系统的具体内容

<table>
<tr><td rowspan="2">视觉识别系统</td><td>基本要素应用</td><td>具体项目应用</td></tr>
<tr><td>组织名称
组织品牌标识
组织品牌标准字体
组织专用印刷体
组织标准色
组织造型、象征图案
组织宣传标语及口号视觉设计</td><td>事务用品
办公器具、设施
招牌、旗帜、标识
建筑环境、外观及橱窗
衣着制服
交通工具
产品、规范手册
包装用品
广告传播
展示及陈列规划</td></tr>
</table>

公关大舞台

定了！金华发布城市视觉识别系统

城市视觉识别系统是每个城市的“名片”，是城市形象的代表，传递着一座城市独特的文化和精神。

2019年4月11日，浙江省金华市市政府召开新闻发布会，正式发布了城市视觉识别系统。最新发布的这套城市视觉识别系统由三部分构成：第一部分为城市表述语（城市口号）；第二部分为三个标识，即城市标识、文明创建标识和志愿服务标识；第三部分为城市吉祥物。

“信义之城，和美金华”作为金华城市表述语，其主要含义是，把金华打造成一座崇信重义、和谐美丽的城市，表达了金华人共同的价值追求和精神意愿。

金华城市标识由汉字“金华”构成，整体造型为塔状，灵感来源于金华最具历史性的地标建筑“金华万佛塔”，结合“金华山”“八咏楼”“婺州公园传统牌坊”等金华元素。最底下为一叶轻舟，代表金华的江河文化，寓意金华在历史长河中激流勇进，奋发向前。文字部分的红色脸谱，体现金华的非物质文化遗产——婺剧。从整体结构上看，金华城市标识上窄下宽，重心靠下，给人以稳重、坚实的观感，展现金华的深厚历史文化根基。

金华城市吉祥物为卡通人物形象。其中，男孩以金华佛手为原型，取名为“金金”，通体呈金黄色，代表金华的“金”字，张开双臂，右手竖起大拇指，代表金华是个好地方；女孩以茶花为原型，取名为“华华”，张开双臂，呈拥抱状，代表金华放开怀抱，欢迎世界各地人民的到来。吉祥物脚上的浪花图案寓意着金华源远流长的历史文化底蕴和勇于向前的人文精神。吉祥物造型活泼可爱，亲和力强，且辨识度高，便于后期的制作与开发。

借着创建全国文明城市这股东风，2018年6月金华正式启动城市表述语、城市标识和城市吉祥物的创意设计工作。这套城市视觉识别系统通过系统挖掘金华城市自然地理、人文历史、文化遗产等元素，运用图形化、符号化的方法变成简洁的符号，综合体现了金华独特的城市文化和精神。

金华城市标识将主要应用于金华城市形象的对外宣传，适用范围主要包括四方面：一是政府的公共系统；二是金华的总体形象展示；三是重大活动、对外交往；四是城市建设、城市窗口、重要路段等。

资料来源：郎擎宇．定了！金华发布城市视觉识别系统　包含城市口号、标识、吉祥物［EB/OL］．(2019-04-11)［2024-08-28］．浙江在线网．

（四）听觉识别系统

听觉识别系统（AIS）是组织形象的声音、语音、音乐识别符号。它是将组织形象要素如组织经营理念、组织精神等写成歌曲、编成广告词和形象语言等，通过各种音响、音乐等媒体进行传播的特殊识别系统。AIS由组织歌曲、主体音乐、广播广告词、广播口号或标语、（品牌）名称和听觉识别手册等要素构成，是CIS声音化、语音化、音乐化的过程，是CIS的本质表象化的结果，也是整个CIS中最具有冲击力的部分。

1. AIS设计的种类

AIS的设计包括三大类：第一类是音乐听觉识别系统，主要是通过各种歌曲、音乐听觉识别系统传播组织形象，主要有组织歌曲、主题音乐、广告歌曲、七彩铃音；第二类是声音听觉识别系统，通过组织在生产经营过程中形成的特殊声音来传播组织形象，主要是组织注册的特殊声音等；第三类是语音听觉识别系统，主要是通过各种广告词、形象语言、语音听觉识别系统传播组织形象，主要有广播广告词、广播口号或标语、组织（品牌）名称、特殊的发言人声音等。

公关大舞台

城市宣传片新鲜出炉　无锡“倩影”惊艳世界

钟灵毓秀、人文渊薮的吴地，塑造了这座崇文尚礼的江南之城。太湖孕育了民族工商业的摇篮，更成就了这座人杰地灵、科产腾飞的现代都市——无锡。2022年11月10日，2022版无锡城市形象宣传片《太湖明珠　江南盛地》正式发布。

“人间烟火气，最是抚人心”。小桥流水的江南清晨，“盛开”在小笼热气中的幸福笑脸，美好的一天从这里开始了……

1. 无锡景——久负盛名的太湖明珠

三千年历史人文沉淀，太湖之畔时光悠缓。作为吴文化的发源地，无锡站在太湖烟波浩渺、层云叠浪处。这座绿翠浸润的城市，从历史的深处走来，云水相连的太湖，繁华千年的运河，让无锡这座城市有了包孕吴越的气度，“太湖明珠”的无锡名片早已深入人心。无锡有江南的婉约古典，也有着碧波浩渺的大气。运河水弄堂，深藏江南水乡的古韵悠长。惠山泥人、宜兴紫砂、锡绣……这些具有代表性的非遗技艺，是中华文化的瑰宝。物华天宝，人杰地灵。无锡这方水土滋养出的梁溪脆鳝、无锡排骨、玉兰饼……无锡的“久负盛名”，盛在一餐一饭，唇齿之间。名人灿若群星，太湖佳绝处，有春赏樱花冬看梅的四季秀美，在悠悠古镇聆听一段跨越百年的时空对话。在寄畅园，一曲吴歌声声字字唱着江南。

8-4　2022年无锡城市形象宣传片

2. 高质量——繁荣昌盛的工商名城

百年工商城，“米布丝钱”四大码头，引领工商业的腾飞。无锡是乡镇企业“异军突起”的热土，是“苏南模式”公认的发源地，正用“四千四万”精神，持续开拓奋进。2022年上半年全国人均GDP排名中，无锡再次位居榜首。在全球智慧城市排行榜中，无锡排名第17，位居国内第一。无锡持续擦亮“无难事、悉心办”的营商环境品牌，入围中国企业、制造业企业、服务业企业、民营企业，四张“500强”榜单企业数均为全省第一。无锡敢为人先、敢闯敢拼的城市精神，让这座“百年工商名城”在数智化时代，再次焕发出蓬勃生机和动力。

3. 幸福感——蒸蒸日上的宜居之城

是什么让无锡成为“中国最具幸福感城市”，连续三年获得“中国宜居城市”呢？答案其实很简单，幸福是春赏樱、夏看荷、秋品桂、冬观梅的美好。宽阔整洁的大街小巷、古韵十足的特色街区，在无锡生活的每一个你，都是这座城市最美的风景。

无锡在全省率先建成投用以数字化底座为核心的城市运行中心，公众安全感连续三年位居全省第一。爱才兴才、重商亲商，大力实施“太湖人才计划”，无锡连续两年获评“中国最佳引才城市”。

生活在这样一座生态宜居的山水之城，市民的心中充盈着幸福。

资料来源：震撼首发！2022版无锡城市形象宣传片来了[EB/OL]．(2022-11-10)[2024-08-25]．无锡观察网．

2. AIS设计的原则

设计AIS体现着组织形象特色，需要采用新颖别致的表现手法，一般应遵循以下原则：一是AIS音乐设计要独特，新颖时尚，彰显组织理念，树立组织形象；二是AIS语音设计要强调节奏感，以朗朗上口、响亮悦耳为宜；三是AIS与组织理念、精神等内容相协调；四是AIS彰显组织独特的自然之声和人文之声，体现组织形象的唯一性，如地方民歌、地方戏剧、地方曲艺、地方叫卖、地方口音、网络主页的音乐等。

三、组织形象识别系统的导入流程

目前，越来越多的组织意识到建立CIS的重要性，并且将其纳入组织发展战略中。但CIS的塑造需要全体员工长期的努力，并且要按照科学的程序和方法进行，否则既耗费大量的人力、物力和财力，又达不到预期的形象效果。

（一）作业流程

CIS的导入是一项系统工程，为保证预期目标的实现，组织需要事先作出计划，并按照一定的作业流程来进行，如图8-1所示。

作业流程分为三部分：一是CIS概念导入确立阶段，目的是要对CIS有个清晰的认识，设立相应的组织机构来加以管理和规划，并预先确立规划目标；二是组织实态调研阶段，通过对组织内外环境的调研和分析，了解CIS的现状，以找到组织形象识别系统导入的突破口；三是形象策略确立阶段，要根据调研结果制定具体的形象实施策略，从理念、精神、行动、视觉及听觉多种角度来具体规划导入的内容。

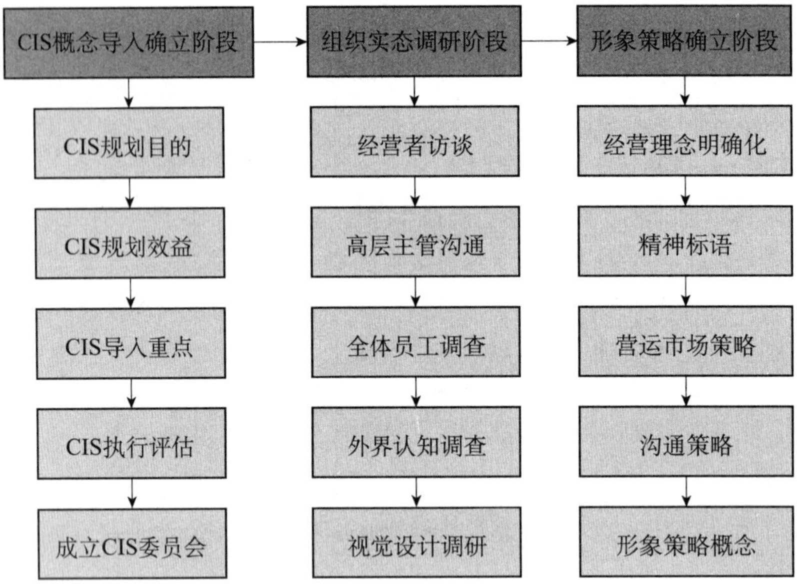

图 8-1　组织形象识别系统作业流程图

(二) 导入内容

组织一旦确立了 CIS 战略规划，就要着手分析 CIS 的内容，并撰写组织形象导入策划书。策划书应包括以下一些具体内容：

1. 明确策划目的或组织形象导入理由

(1) 要具体说明组织必须导入 CIS 战略的理由。

(2) 说明 CIS 的导入、实施可以解决哪些问题。

(3) 说明解决之后，组织的发展方向如何；如果不导入，组织将会面临哪些问题。

2. 明确 CIS 导入的方针

配合上述“问题”或“背景”，策划者必须明确判断并清晰表达组织导入形象设计的方针是什么。

3. 提出具体实施办法

(1) 导入日期。

(2) 具体实施的机构或组织。

(3) 完成日期和预定完成的内容。

(4) 对具体的行动拟定实际的提案。

4. 制定 CIS 导入计划

策划者必须提出简略的导入计划流程图或时间计划表。

5. 费用预算

策划者必须尽可能预估导入 CIS 所需的费用，并列出一览表。

通过上述策划方案的设计，组织领导者及具体执行者可以明确 CIS 导入的原因、目标、内容及费用，并保证该项工作的顺利完成。

智慧火花

塑造组织形象的白金法则

序号	具体内容
法则 1 宗教情怀	以虔诚之心塑造组织形象，让员工与客户感受到组织的热情，时刻以塑造组织形象为念，一刻不忘。
法则 2 必为鸡首	永远要争第一，如果你做不到第一，开创一个你能领袖群伦的领域，塑造你是某一行业顶尖高手的形象。
法则 3 提高曝光率	光是领袖群伦还不够，你必须不断提醒目标公众注意这个事实：品质最佳不见得是市场上的最大赢家，真正的赢家是公众心目中的第一人选。
法则 4 不断创新	解决能见度太低的问题要靠创意，要不断进行脑力激荡。
法则 5 容易记忆	塑造让人过目不忘的形象，用语宜简短有力，能用 2 个字说完的绝不用 3 个字。
法则 6 独家所有	你一定要拥有些什么，一句话或一样东西。重要的是你必须完全拥有，不与任何人分享。
法则 7 英雄主义	塑造形象时不妨在你的形象里添加一些伟大的英雄气概，但不能夸张到让人怀疑的地步。
法则 8 性格鲜明	拟定形象第一步是创造一个能代表你的虚构人物，想象其形象特征，让自己与形象合二为一。
法则 9 连贯法则	不连贯的信息是形象的杀手，所以系列宣传将更有效。
法则 10 正向传播	永远不要停止告诉公众你有多好，但要避免自大或过谦。从始至终只坚持一种声音，让公众一听就知道是谁。永远呈现正面、一致、符合形象的声音。
法则 11 家丑不外扬	绝不要把丑陋的一面示人，尽可能不要在公众面前显露缺点，绝不能以组织的黑暗面示人，除非已不可能隐藏。
法则 12 藏拙法则	不要以弱点示人——即使是微不足道的弱点。如果无法隐藏弱点，应试着将它转变为优点。
法则 13 冲击原则	没有冲击就无法引起注意，太大的冲击又无法取信于人。冲击是必要的元素，组织应至少每三个月检讨一次形象信用指数，了解高冲击信息能否让公众接受。
法则 14 一山只容二虎	一个市场只能有两个主要竞争者，第三、四、五名也许会短暂地冒出头，但终究会渐渐走下坡路。一般而言，第二名的营业额大约是第一名的一半。

思维与技能训练

一、想一想

1. 什么是组织形象?塑造组织形象有何意义?
2. 组织形象具有哪些特征?其构成是什么?
3. 组织在塑造形象时应注意哪些问题?
4. 组织为何要导入 CIS 管理理念?其内涵是什么?
5. 组织怎样才能塑造良好的组织形象?

二、做一做

1. 请帮助当地某公司进行组织形象塑造,要求分别从 MIS、BIS、AIS 等方面导入 CIS。

2. 以某个知名企业为例,查找相关资料,分析其在组织形象塑造上的优劣并提出改进方案。

三、技能实战训练

[实战项目]

请为你所在的组织(学校、企业或城市)进行组织形象策划。

[实训目标]

1. 能了解组织形象构成及形象塑造原则。
2. 能帮助组织建立组织形象识别系统,优化组织形象。

[实操流程]

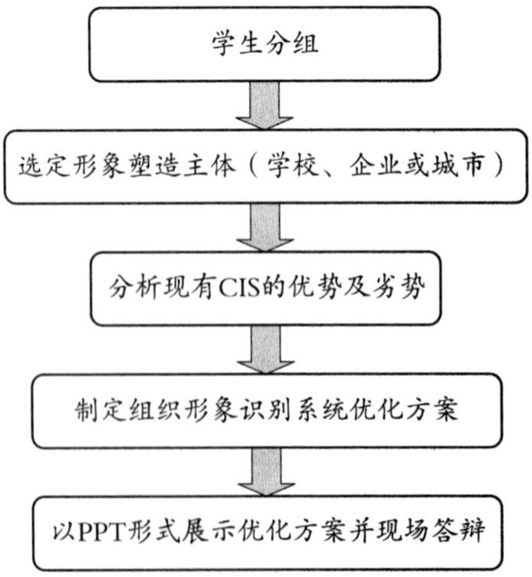

[注意事项]

1. 深入分析现有组织形象识别系统的构成及优劣。

2. 形象优化要兼顾 MIS、BIS、VIS、AIS 和 EIS，要体现创新元素。

[实训成果与评价]

1. 成果：

(1) 各组完成组织形象识别系统优化方案一份。

(2) 制作 PPT，课堂展示汇报组织形象优化方案并现场答辩。

2. 评价指标：

序号	项目	评价标准	比重（分）	得分
1	内容	优化方案完整全面，措施明确，有创新	30	
2	态度	工作态度严谨，团队合作高效	20	
3	知识	方案涵盖 MIS、BIS、VIS、AIS 和 EIS	25	
4	技能	应变能力强，能充分运用多种元素优化组织形象	25	
总分			100	

项目核心能力与公关素养自评

	核心能力（素养）	是否提高
通过学习本项目，你的哪些核心能力得到了提升：	策划能力	
	分析与判断能力	
	宣传能力	
	设计能力	
通过学习本项目，你认识到的公关素养有：	审美意识	
	形象意识	
	全局意识	
自评人（签名）： 年　　月　　日		教师（签名）： 年　　月　　日

参考文献

［1］李道平，等．公共关系学［M］．5 版．北京：经济科学出版社，2014.

［2］赵轶．市场调查与分析［M］．4 版．北京：北京交通大学出版社，2020.

［3］谢红霞．公共关系原理与实务［M］．4 版．大连：东北财经大学出版社，2020.

［4］段文杰．公共关系实例与运作［M］．2 版．北京：高等教育出版社，2008.

［5］王培才．公共关系理论与实务［M］．3 版．北京：电子工业出版社，2014.

［6］朱权．公共关系基础与实务［M］．3 版．北京：机械工业出版社，2017.

［7］邓镝．营销策划案例分析［M］．2 版．北京：机械工业出版社，2014.

［8］阿尔·里斯，劳拉·里斯．公关第一，广告第二［M］．罗汉，虞琦，译．上海：上海人民出版社，2004.

［9］荣晓华．公共关系：理论、实务、案例、实训［M］．2 版．北京：高等教育出版社，2014.

［10］李兴国．公共关系学［M］．北京：中国人民大学出版社，2018.

［11］邢伟，徐盈群．公共关系［M］．2 版．北京：高等教育出版社，2020.

［12］张岩松．商务公关实用教程［M］．北京：清华大学出版社，2016.

［13］谭贤．新媒体营销与运营实战：从入门到精通［M］．北京：人民邮电出版社，2017.

［14］谷静敏，穆崔君．商务沟通与礼仪［M］．青岛：中国石油大学出版社，2016.

［15］徐汉文，张云河．商务礼仪［M］．4 版．北京：高等教育出版社，2024.

［16］肖立，陈艳．公共关系学［M］．北京：清华大学出版社，2021.

［17］张践，陈凌明．公共关系学［M］．4 版．北京：中国人民大学出版社，2020.

［18］张克非．公共关系学［M］．4 版．北京：高等教育出版社，2022.

［19］余明阳，薛可．公共关系策划学［M］．3 版．北京：首都经济贸易大学出版社，2023.

［20］张灿鹏．市场调查与分析［M］．北京：清华大学出版社，2021.

［21］吴少华．公共关系理论与实务：附微课［M］．3 版．北京：人民邮电出版社，2024.

［22］杨加陆．公共关系学［M］．2 版．上海：复旦大学出版社，2021.

附　录

附录一　公关服务行业自律公约

第一章　总　则

第一条　信息传播是公共关系服务的基础，唯有准确、真实的信息传播才能更好地沟通客户与新闻媒体、政府、公众之间的关系。

第二条　以客户为中心乃公关服务机构生存的基础，唯有独立、专业的服务才能满足客户需求、实现客户价值，同时要兼顾公众和社会的利益。

第三条　公开公平地参与市场竞争，用专业经验和商业信誉赢得客户，这是公关服务机构经营活动和服务过程中必须坚持的职业道德和经营原则。

第四条　公关服务机构在经营活动和公司管理中应该严格遵守中国法律的有关规定以及社会公约的有关道德标准。

第二章　信息传播原则

第五条　确保信息传播手段和信息内容符合国家法律的有关规定。

第六条　确保信息传播内容的完整性、真实性和准确性。

第七条　不隐瞒事实真相并有责任及时纠正错误的传播信息。

第八条　自觉抵制各种欺骗客户和公众的信息传播活动。

第三章　客户关系原则

第九条　诚实告知客户自己的专业能力和服务规范。

第十条　提供标准化的服务文案和合同文本，明示收费标准，不承诺自己不能控制的结果。

第十一条　不得假借客户服务的机会和资源宣传推广自己。

第十二条　不同时服务两个利益冲突的客户，除非事先征得客户同意。

第四章　媒介关系原则

第十三条　主动帮助客户建立与媒体长期、友好的合作关系。

第十四条　代表客户与媒体沟通时，遵循客户的意志和合约内容，明示自己的代理身份。

第十五条　严格区分新闻代理业务中的“新闻”与“软文”两种服务方式（“软文”是一种向媒体支付版面费用的广告服务形式）。

第十六条　坚决抵制有偿新闻，遵守中国政府主管部门的相关规定。

第五章　商业保密原则

第十七条　应该与客户签订商业保密协议并承担法律责任。

第十八条　严格保护客户的秘密或隐私。如发现客户秘密外泄，有义务向客户予以提示。

第十九条　严禁在服务过程中使用非法途径或不当工具获取信息或竞争优势。

第二十条　严禁利用他人秘密获取商业利益。

第六章　同业竞争原则

第二十一条　鼓励平等竞争，应该通过提高专业技术水平和服务品质来增强竞争能力。

第二十二条　倡导公平竞争，避免各种诋毁竞争对手的行为发生。

第二十三条　严禁采取欺骗客户、恶意杀价等手段来取得竞争优势。

第二十四条　严禁与客户串通搞假竞标，不应将他人劳动成果据为己有。

第七章　人才流动原则

第二十五条　鼓励人员正常流动，流出人员应保守公司的商业秘密和知识产权。

第二十六条　加强人员流动信息交流，积极配合各类人才流动信息质询工作。

第二十七条　遵守人才流动竞业禁止的原则，人员流动必须遵守与原雇主的有关约定。

第二十八条　禁止以猎头来获取业务，离职人员半年内不得主动争取原雇主的客户。

第八章　共同利益原则

第二十九条　积极推动行业交流和市场推广活动，正确诠释公共关系知识和技术。

第三十条　有义务对广大雇员进行专业培训，并将自己的经验和成果与行业分享。

第三十一条　共同维护和巩固行业的社会地位和商业利益。

第三十二条　在涉及行业重大利益等问题上采取一致行动。

第九章　附　则

第三十三条　缔约者均同意上述原则性条款，并愿意遵守和执行相关约定。

第三十四条　公关公司工作委员会常务委员会将监督《自律公约》的执行情况。

第三十五条　违约者如有足够证据证明，将视情受到委员会的劝诫、警告、通报等处罚。情节严重者，委员会有权将其开除并在行业内通报。

第三十六条　本《自律公约》最终解释权归中国国际公共关系协会公关公司工作委员会。

附录二 公共关系行业标准术语

（中英文对照）

1. 媒体关系 Media Relations

2. 媒体研究/Media study
3. 媒体传播策略/Media communications strategy
4. 消费者触媒行为分析/Consumers media behavior analysis
5. 媒体关系评估/Media relations evaluation
6. 媒体传播计划/Media communication planning
7. 媒体关系管理/Media relations management
8. 媒体监测/Media monitoring
9. 传播绩效评估/Media communications evaluation
10. 软文投放/Advertorial pitching
11. 新闻发布/Press release
12. 专访安排/Interview arrangement
13. 稿件撰写/Press materials drafting
14. 新闻剪报/News clipping

15. 活动管理 Event Management

16. 活动策略/Event strategy
17. 活动计划/Event planning
18. 活动实施/Event execution
19. 活动绩效评估/Event evaluation
20. 现场执行/On-site execution
21. 视觉创意/Visual creative
22. 设计制作/Designing producing

23. 营销传播 Marketing Communications

24. 营销传播研究/Marketing communications study
25. 消费者调查/Consumer surveys
26. 营销传播策略/Marketing communications strategy
27. 营销传播计划/Marketing communications planning
28. 营销传播管理/Marketing communications management

29. 传播绩效评估/Communications evaluation
30. 新产品上市/New product launch
31. 巡展活动/Road show
32. 促销活动/Sales promotion

33. 企业传播 Corporate Communications

34. 企业传播策略/Corporate communications strategy
35. 企业传播计划/Corporate communications planning
36. 企业传播管理/Corporate communications management
37. 传播绩效评估/Communications evaluation
38. 出版物制作/Publishing
39. 网站制作/Website producing

40. 内部传播 Internal Communications

41. 内部沟通体系/Internal communications system
42. 员工意见调查/Employee survey
43. 内部传播策略/Internal communications strategy
44. 内部活动计划/Internal communications initiative planning
45. 内部传播计划/Internal communications planning
46. 内部关系管理/Internal relations management
47. 传播绩效评估/Communications evaluation
48. 内部活动/Internal event
49. 团队建设/Team building
50. 内联网建设/Intranet building
51. 内刊制作/In-house journal

52. 网络公关 Digital PR

53. 网络媒体研究/Digital media study
54. 网络受众分析/Digital audience analysis
55. 网络公关策略/Digital PR strategy
56. 网络传播计划/Digital communications planning
57. 网络媒体管理/Digital media management
58. 网络舆情监测/Digital monitoring
59. 网媒绩效评估/Media communications evaluation
60. 博客管理/Blog management

61. 论坛管理/BBS management
62. SNS 传播/Social network system communications
63. IM 传播/Instant Message communications
64. 搜索引擎优化/Search engines optimizing
65. 网站设计/Web designing

66. 声誉管理 Reputation Management
67. 公关环境研究/PR circumstance study
68. 企业公民政策/Corporate citizenship policy
69. 领导人形象管理/CEO reputation management
70. 企业新闻制度/Press release management system
71. 企业信息监测/Corporate information monitoring
72. 领导人活动安排/CEO's activities arrangement

73. 投资者关系 Investor Relations
74. 投资者关系研究/Investor relations study
75. 投资者沟通体系/IR communications system
76. 投资者关系策略/Investor relations strategy
77. 投资者沟通计划/Investor communications planning
78. 定期信息披露/Information disclosure
79. 沟通绩效评估/Communications evaluation
80. IPO 传播/IPO communications
81. 路演/Road show
82. 年报制作/Annual reports producing
83. 股东大会/Shareholders conference

84. 公共事务 Public Affairs
85. 政府版图研究/Government chart study
86. 政策决策研究/Policy & decision-making study
87. 政府关系策略/Government relations strategy
88. 社区关系策略/Community relations strategy
89. 政府关系管理/Government relations management
90. 社区项目管理/Community project management
91. 利益团体沟通管理/Stakeholders communications management
92. 公益赞助/Sponsorship

93. 危机管理 Crisis Management

94. 危机管理体系/Crisis management system
95. 危机管理手册/Crisis management manual
96. 危机模拟培训/Simulated crisis training
97. 危机预警监测/Media monitoring
98. 危机对策方案/Crisis management solution
99. 危机评估/Crisis evaluation
100. 危机处理/Crisis management execution

图书在版编目（CIP）数据

公共关系实务/霍瑞红主编．--4版．--北京：中国人民大学出版社，2025.1.--（新编21世纪高等职业教育精品教材）．-- ISBN 978-7-300-33437-0

Ⅰ．C912.31

中国国家版本馆CIP数据核字第2024LE2981号

“十四五”职业教育国家规划教材
“十四五”职业教育江苏省规划教材
“十三五”江苏省高等学校重点教材
新编21世纪高等职业教育精品教材·市场营销系列

公共关系实务（第四版）

主　编　霍瑞红
副主编　郑爱翔　陈　律　郁小芳
Gonggong Guanxi Shiwu

出版发行	中国人民大学出版社		
社　　址	北京中关村大街31号	**邮政编码**	100080
电　　话	010－62511242（总编室）		010－62511770（质管部）
	010－82501766（邮购部）		010－62514148（门市部）
	010－62515195（发行公司）		010－62515275（盗版举报）
网　　址	http://www.crup.com.cn		
经　　销	新华书店		
印　　刷	北京溢漾印刷有限公司	**版　　次**	2011年5月第1版
开　　本	787 mm×1092 mm　1/16		2025年1月第4版
印　　张	19	**印　　次**	2025年8月第3次印刷
字　　数	408 000	**定　　价**	48.00元